二〇世紀ナショナリズムの一動態

中谷武世と大正・昭和期日本

木下宏一

三元社

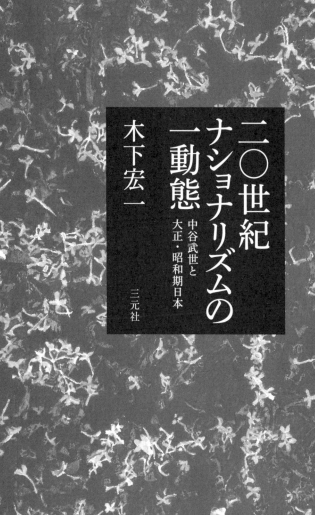

中谷武世（満 34 歳、1932 年 頃）［中谷家所蔵］

東京帝国大学「日の会」集合写真（1920~21年頃）、後列右より2人目中谷［中谷家所蔵］

和歌山歩兵第六十一連隊一年志願兵集合写真（1924年頃）、2列目右より3人目中谷［中谷家所蔵］

大東文化協会主催R. B. ボース、R.M. プラタプ招待会（於華族会館、1925年6月8日）、前列左より本多熊太郎、3人おいてボース、プラタプ、大木遠吉、中列左より中谷、大川周明、3人おいて安岡正篤、若宮卯之助、後列左より2人目綾川武治、2人おいて嶋野三郎、1人おいて満川亀太郎［中谷家所蔵］

全日本興国同志会講演旅行にて（1928年3月頃）、左より渥美勝、R. B. ボース、中央R.M. プラタプ、1人おいて中谷［中谷家所蔵］

大亜細亜《アジア》協会懇談会（1934 年頃）、前列左より5人目松井石根、中列（膝立ち）左端中谷、後列左より8人目下中弥三郎［中谷家所蔵］

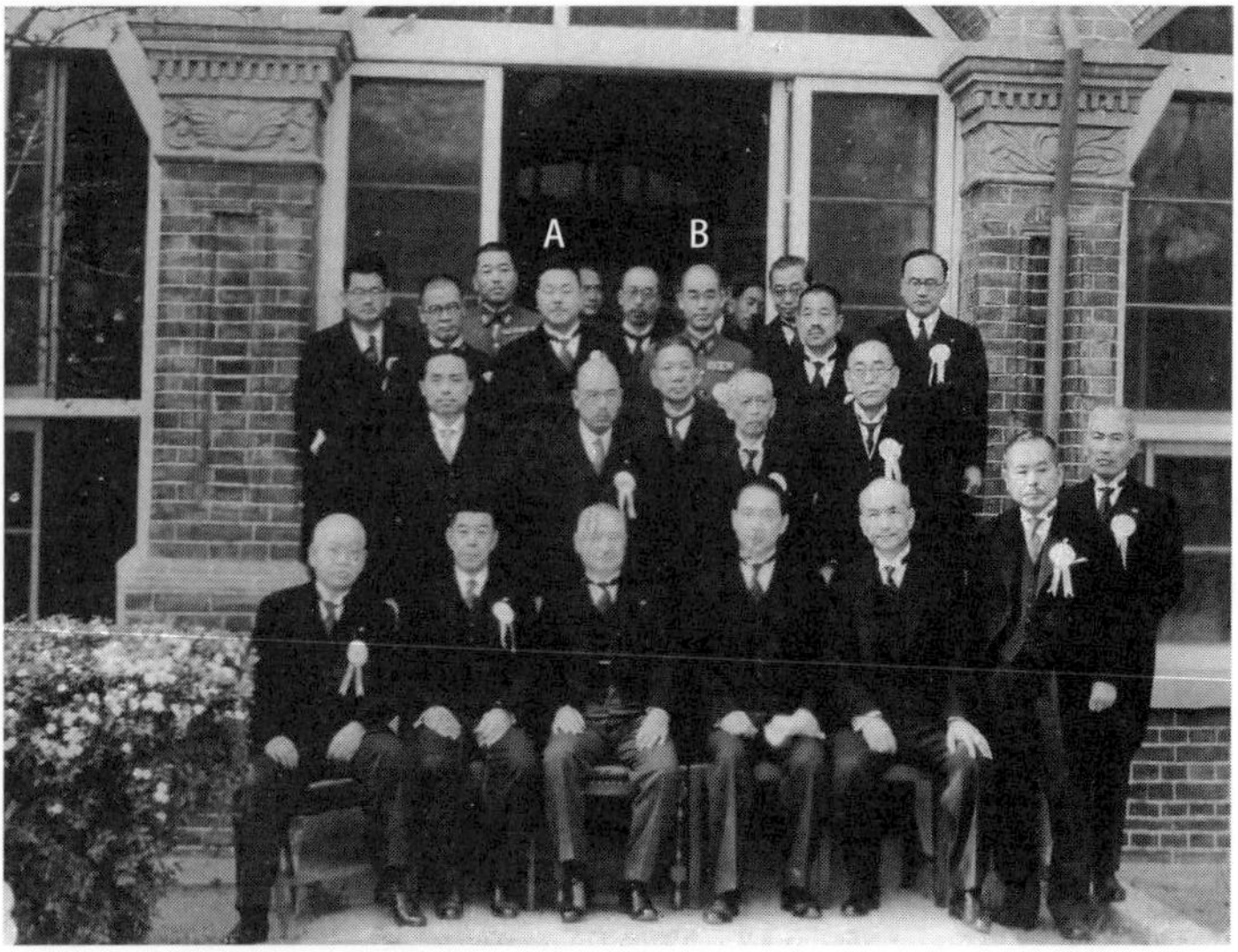

上海・大亜細亜《アジア》主義研究所開所式（1940年5月上旬）、前列左より4人目汪兆銘、後列A：中谷、B：影佐禎昭［中谷家所蔵］

大亞細亞協會役員

總裁 （未定）

會頭 松井石根

顧問 末次信正

副會頭 矢野仁一　村川堅固

評議員
近衛文麿　徳富猪一郎　本多熊太郎　○白鳥敏夫　大藏公望　松江春次
廣田弘毅　小笠原長生　○建川美次　稲垣孝照　松岡洋右　松尾忠二郎
○菊池武夫　○高木陸郎　小林省三郎　津田信吾　河村徹
大谷光瑞　芳澤謙吉　西川虎次郎　村田省藏　增田次郎

理事長 下中彌三郎

理事
○鹿子木員信　今井嘉幸　飯村穰　前田稔　○橋本増吉　長勇　筒井潔　秦彦三郎　森田貫一　和知鷹二　犬塚惟重　中村寧　里屋武夫
本間雅晴　駒井徳三　樋口季一郎　鈴木宗作　○中山優　佐藤佐　田代重徳　影佐禎昭　井上靖　中瀬泝　末澤慶政　加藤辰彌　○牧次郎
○根岸佶　平泉澄　鈴木貞一　岸井壽郎　竹藤峰治　酒井武雄　石川信吾　加來止男　今田新太郎　佐藤安之助　清水董三　○太田耕造　○西原矩彦
栗原正　根本博　○内藤智秀　○今岡十一郎　横山正脩　櫻木俊一　神田正種　柴山兼四郎　楠本實隆　大石保　望月晋五郎　半田敏治　○中谷武世

監事 高木陸郎

（○印は常任）

大亞細亞主義　毎月一回一日發行

定價		
一部	金參拾錢 送料一錢半	△誌代は凡て前金を以て拂込まれたし △送金は成るべく振替に依られたし
半箇年分	金壹圓八拾錢 送料無料	
一箇年分	金參圓六拾錢 送料無料	

昭和十五年十月廿八日 印刷納本
昭和十五年十一月一日 發行

東京市麴町區内幸町大阪ビル六六二號
發行印刷兼編輯者 大亞細亞協會 中谷武世
東京市王子區神谷町一ノ四八二
印刷所 東京印刷株式會社
東京市麴町區内幸町大阪ビル六六二號
發行所 大亞細亞協會編纂部
振替口座 東京五一一三七番
電話銀座(57) 自五一八一番 至五一八九番

大亜細亜《アジア》協会後期役員一覧［『大亜細亜《アジア》主義』第91号（1940年11月）巻末より］

戦後保守政界の盟友たちと
（上）岸信介（1957年5月）
（右）福田赳夫（1950年代）
（下）中曽根康弘（奥の長椅子中央、1950年代）、手前後ろ姿中谷
［中谷家所蔵］

中東・アラブ世界の盟友たちと
（上）日本政府派遣経済調査団員としてG.A.ナーセルエジプト大統領と再会、
中央は団長の高碕達之助（於カイロ 大使館官邸、1958年1月18日）
（下）Y.アラファトPLO議長との初対面（於アルジェ 大統領迎賓館、1971年
1月22日）［中谷家所蔵］

最晩年の中谷（満88歳）と岸信介（満90歳、この翌年に死去）、中谷武世の米寿と叙勲を祝う会（於 ホテルオークラ、1986年11月26日）にて［中谷家所蔵］

中谷の葬儀（於護国寺桂昌殿、1990年10月26日）に参列した中曽根康弘、福田赳夫、宇野宗佑［中谷家所蔵］

凡例

一、本文（引用文、注を含む）中の固有名詞の表記は概ね新字体で統一した（「東條」→「東条」、「彌三郎」→「弥三郎」、「滿洲」→「満州」等）。

二、本文（引用文、注を含む）中の人名には、固有名詞中の人名（「～内閣」等）、一部の私人、現役の研究者、引用文献の著者・編者、引用文献のタイトルおよび写真のキャプションに登場する人物を除き、初出時に西暦で生没年を付した。

三、本文（引用文、注を含む）中の語で今日一般的でないものには、その都度ルビを付した（「亜細亜《アジア》」、「欧羅巴《ヨーロッパ》」等）。

四、引用文について、句読点や仮名遣いは原文通りに記載し、常用漢字表に対応する旧漢字は概ね新漢字に改めた（「當ニ」→「当ニ」等）。

五、引用文中の字句で、明らかな誤字・脱字・誤植と思われるものや判読不明の箇所には〔ママ〕等のルビを付した（「民族回議《〔ママ〕》」、「○○○《〔判読不明〕》」等）。

六、引用文中の〔 〕内は全て引用者による補注であり、また……は前略、中略もしくは以下略を表す。

七、注は各章ごとに1から番号を付した。

八、引用文献の表記については、初出時に、書籍・冊子等は出版元と出版年月を、論文・記事等は掲載誌（紙）名と発行年月（日）を付し、二度目以降は省略した。

【例1 書籍・冊子等】
初出時　中谷武世『大亜細亜《アジア》連合への道』（国民思想研究所、一九三三年一月）○○頁。
二度目以降　中谷前掲『大亜細亜《アジア》連合への道』○○頁。

【例2 論文・記事等】
初出時　中谷武世「満川さんの憶ひ出」（『維新』第三巻第六号、一九三六年六月）△△頁。
二度目以降　中谷前掲「満川さんの憶ひ出」△△頁。

九、引用箇所の表記に関して、原典と異なる著作集や資料集に拠った場合（いわゆる二次引用）、あるいはJACAR（国立公文書館アジア歴史資料センター）やNDLDC（国立国会図書館デジタルコレクション）などの公共データベースに拠った場合は、記号＝を用い、次のように示した。

【例1 二次引用の場合】

初出時　大川周明「五・一五事件 訊問調書」（於市ヶ谷刑務所、一九三三年四月一七日）＝高橋正衛編『現代史資料 五／国家主義運動 二』（みすず書房、一九六四年一月）○○頁。

二度目以降　大川前掲「五・一五事件 訊問調書」＝前掲『現代史資料 五／国家主義運動 二』○○頁。

【例2 公共データベースに拠った場合】

初出時　外務省記録「外秘乙第四七一号 警視総監ヨリ亜細亜《アジア》局長宛 復興亜細亜《アジア》講演会ニ関スル件」（一九二二年一二月八日）＝JACAR（国立公文書館アジア歴史資料センター https://www.jacar.go.jp）Ref.B03041026300 第△△画像。

二度目以降　前掲「外秘乙第四七一号 警視総監ヨリ亜細亜《アジア》局長宛 復興亜細亜《アジア》講演会ニ関スル件」＝JACAR Ref. B03041026300 第△△画像。

二〇世紀ナショナリズムの一動態　中谷武世と大正・昭和期日本

〈目次〉

はじめに　中谷武世とは何者か

二〇一五（平成二七）年四月二九日、第九七代内閣総理大臣・安倍晋三（一九五四―）は、アメリカ合衆国連邦議会上下両院合同会議の壇上で「希望の同盟へ（*Toward an Alliance of Hope.*）」と題して演説を行い、冒頭次のように述べた。

議長、副大統領、上院議員、下院議員の皆様、ゲストと、すべての皆様、一九五七年六月、日本の総理大臣としてこの演台に立った私の祖父、岸信介［一八九六―一九八七］は、次のように述べて演説を始めました。「日本が、世界の自由主義国と提携しているのも、民主主義の原則と理想を確信しているからであります」。以来五八年、このたびは上下両院合同会議に日本国総理として初めてお話する機会を与えられましたことを、光栄に存じます。お招きに、感謝申し上げます。……［1］

一国の首相がかくもその血脈を誇りとし、「保守」政治家としての自身の原点を語るに際しことあるごとに言及［2］してやまない岸信介。戦前は革新官僚の旗手と謳われ、東条内閣の閣僚として軍需産業統制にすぐれた行政手腕を発揮し、戦後は第五六・五七代内閣総理大臣として「日本国とアメリカ合衆国との間の相互協力及び安全保障条約」の締約（一九六〇年一月一九日署名）いわゆる安保改定等に携わった同人の行動が、今日に至る日本国家全体の方向性を大きく決定付けたという事実は、毀誉褒貶はどうあれ、何人も否定し得ないところであろう。

その岸より数十年来の「同志」と信頼を寄せられ、時には腹心となって戦争指導体制の刷新をはかるべく打倒東条の密議を凝らし、時には個人ブレーンとなって六〇年安保騒乱を乗り切るべく自衛隊の治安出動や首相辞意の翻意などの政治決断を強硬にはたらきかけた人物、それが本書の主人公・中谷武世《なかたにたけよ》（一八九八―一九九〇）である［3］。

中谷は、東京帝国大学法学部卒業・同大学院満期退学というきわめて高い学歴を有し、法政大学、陸軍経理学校等で教鞭を執り、戦前戦後を通じて膨大な著述をものした政治学者・思想家である。

その足跡は学界・論壇にとどまらず、戦前は、猶存社、行地社、全日本興国同志会、愛国勤労党、国民思想研究所（後に維新社と改称）、大亜細亜《アジア》協会等々、戦後は、民族と政治社、日本アラブ協会等々、数々の結社・団体に関わり、それらを通じて国家主義・日本主義・アジア主義を基幹とする硬派の思想運動を多方面に繰り広げた。一九四〇年代には政治家として一期ながら衆議院議員をつとめ、戦時―占領期という憲政史の転換点に在って重要な一齣《コマ》を演じた。

人的つながりも多彩で、岸信介の他にも、北一輝（本名輝次、のち輝次郎、一八八三―一九三七）、大川周明（一八八六―一九五七）、安岡正篤（一八九八―一九八三）、広田弘毅（一八七八―一九四八）、福田赳夫（一九〇五―一九九五）、中曽根康弘（一九一八―二〇一九）、松井石根（一八七八―一九四八）、東条英機（一八八四―一九四八）、橋本欣五郎（一八九〇―一九五七）といった歴史上著名な思想家・政治家・軍人たちとそれぞれ浅からざる因縁を有している。

少しく憲法学を学んだ者であれば、一九五五（昭和三〇）年一一月一五日の保守合同・自由民主党結党以来六〇余年の間に幾度となく現実の政治日程にのぼるかにみえては消えていった憲法改正、そ

外交レセプションにて、安倍晋太郎外相（右）に知人を引き合わせる中谷（1980年代中頃）［中谷家所蔵］

の論議の始原に、「いかなる善政でも外国人による政治は堪えられない」と確固たるナショナリズムを標榜した中谷と彼が主宰した院外オピニオン雑誌『民族と政治（*The Nation and Politics.*）』（一九五二年八月創刊、一九五五年九月月刊化）の存在を見出すことは困難ではない[4]。加えていえば、最晩年の中谷が、岸、福田、中曽根の政治手腕を以てしても果たし得なかった「自主憲法制定を中軸とする自民党創立目標の実践」に一縷の望みを託したのは、岸の女婿にして安倍晋三の父、晋太郎（一九二四―一九九一）であった[5]。

第二〇・二一代東京都知事の小池百合子（一九五二―）も、かつて日本アラブ協会の嘱託（一九七七年頃よりアラビア語通訳・講師等を担当、後に事務局長）として会長の中谷に重用され、「日本のやるべきことを泰然としてやれ。ガタガタするな。アメリカの言うがままでは日本民族の自主性はない」等々、親しく薫陶を受けた一人である[6]。

本書は、これまで幾人かの研究者によって部分的に論及・紹介[7]されることはあったものの総説的に取り扱われることはなかった中谷武世の思想と行動の概要を、各種史料・資料に基づき通時的に明らかにするものである。

没後も、第六七代内閣総理大臣の福田赳夫いわく「日本国の為のあの燃ゆるが如き情熱と数々の御功績」と、第七一～七三代内閣総理大臣の中曽根康弘いわく「先生ほど民族主義を学問的に究め、行動的に実践された方はいない」と、第七五代内閣総理大臣の宇野宗佑（一九二二―一九九八）いわく「歴代の内閣に陰ながら御指導と御協力を頂いていた我が保守政界の大先輩」と、首相経験者たちから口々にその行実を讃えられた中谷〔8〕。彼の軌跡を辿ることは、思想が「思想」としてまだ十分に現実世界の起爆剤・推進剤たり得た二〇世紀における、ナショナリズムのアグレッシブな動態の一つを辿ることに他ならない。

注

1　日本時間四月三〇日未明。外務省ホームページ（http://www.mofa.go.jp/mofaj/na/na1/us/page4_001149.html）。
2　例えば、安倍晋三『新しい国へ／美しい国へ 完全版』（文藝春秋、二〇一三年一月）二二一～二二八頁。
3　中谷武世『安保政変史の一齣《こま》』（アジア外交懇談会、一九六〇年一二月）三二、三三頁。矢次一夫、伊藤隆編『岸信介の回想』（文藝春秋、一九八一年六月）七〇、七一頁。中谷武世「巻頭言／誰が岸先生の遺志を継ぐのか」（『民族と政治 岸先生追悼号』第三七二号、一九八七年九月）九頁。赤城宗徳「東条退陣と安保騒動――岸元総理を偲んで」（前同）一九、二〇頁。中谷武世「民族春秋／岸先生と私」（前同）六七、六八頁。
4　中谷武世、神川彦松「対談 憲法改正の基本的論議」（『民族と政治』第八五号、一九六二年七月）三一頁。
5　中谷前掲「巻頭言／誰が岸先生の遺志を継ぐのか」一一頁。

6　小池百合子「協会の主張、私の決意」（季刊『アラブ』第五六号、一九九一年三月）三三頁。大下英治『挑戦――小池百合子伝』（河出書房新社、二〇一六年一〇月）八五～九二頁。

7　例えば、須崎慎一「地域右翼・ファッショ運動の研究――長野県下伊那郡における展開」（『歴史学研究』第四八〇号、一九八〇年五月）、後藤乾一『昭和期日本とインドネシア――一九三〇年代「南進」の論理・「日本観」の系譜』（勁草書房、一九八六年三月）、須崎慎一「現代日本の国家主義――『民族と政治』誌の軌跡」（『歴史学研究』第五九九号、一九八九年一〇月）、後藤乾一『近代日本と東南アジア――南進の「衝撃」と「遺産」』（岩波書店、一九九五年一月）、須崎慎一「戦後日本の保守思想と右翼的ナショナリズム――森本州平・中谷武世らを中心に」（同編『戦後日本人の意識構造――歴史的アプローチ』梓出版社、二〇〇五年三月）、福家崇洋『戦間期日本の社会思想――「超国家」へのフロンティア』（人文書院、二〇一〇年二月）、松浦正孝『「大東亜戦争」はなぜ起きたのか――汎アジア主義の政治経済史』（名古屋大学出版会、二〇一〇年二月）、福家崇洋『日本ファシズム論争――大戦前夜の思想家たち』（河出書房新社、二〇一二年六月）、山口希望「国家主義者による『平和憲法の制定に至る思想的素地』――中谷武世と憲法9条」（『メールマガジンオルタ（http://www.alter-magazine.jp）』第一三四号、二〇一五年二月）、等々。

8　福田赳夫「追悼―中谷武世／巨人中谷武世翁を偲んで」（季刊『アラブ』第五六号、一九九一年三月）六頁。中曽根康弘「追悼―中谷武世／いかに礎石は据えられたか」（前同）七頁。宇野宗佑「追悼―中谷武世／『アラブの大義』は死なず」（前同）九頁。

第一章

めざめと出遇い——修学期

一　紀州和歌山の北辺に生まれて

中谷武世［1］は、一八九八（明治三一）年七月一日、父平松豊楠、母ゆりの長男［2］として和歌山県海草郡西脇野村字西庄六一四番地に出生した。生後まもなく母の実姉イエの嫁ぎ先であった近所の中谷家の養子［3］となり、跡継ぎのなかった同家の長男として育てられた。

海草郡は和歌山県北西部にあり、西脇野村（一八八九年四月一日立村）は更にその北西端部、北に大阪府泉南郡多奈川村と境を接し南に紀伊水道を望む地理に位置する半農半漁の村落であった［4］。同じ字出身で戦後和歌山県会議員等をつとめた樋口徹（一九二七―二〇〇六）は「今日の西庄のあたりは住友金属の埋立地になってしまっているが、二里ヶ浜の名が残るように、白砂青松の絵にかいたような美しい浜だった。目の前の海は絶好の漁場で、地引き網なども盛んに行われていた」［5］と回想しており、そうした南海道特有の明媚な自然環境のもとで武世は比較的恵まれた幼年時代を過ごした［6］。

日常的に行き来していた実家の平松家は、応神天皇（生没年未詳）の頓宮址《あと》と伝えられる村内の木本八幡宮の神職――武世は「神主」と述べているが正確には神事や社務を補佐する「神人《じにん》」であろう――を代々つとめた、大変な敬神の家柄であった［7］。親族の証言によれば、住居も二階に書斎を置くなど本居宣長（一七三〇―一八〇一）の旧宅（鈴屋《すずのや》）を模したつくりになっていた［8］とのことで、歴代戸主の国学（皇朝学）への並々ならぬ傾倒ぶり［9］がうかがえる。

明治期の和歌山は、かつて本居大平（一七五六―一八三三）が紀州藩に仕官し養父宣長の学問をひろめ、幕末には藩公式の学問所として国学所（古学館）が江戸表と領国にそれぞれ創設（一八五五年／一八五六年）されるなどした［10］ことから、日本《みくに》をことさら尊ぶ風土が至るところに残存していたと思われる。加えて武世の幼少期は、日清戦争終結から日露戦争開戦にかけての戦間期に当たり、国家的恥辱とされた露独仏三国干渉（一八九五年四月二三日）以来「臥薪嘗胆」を合言葉に国民意識が大きく収斂し、来たるべき対露宣戦布告（一九〇四年二月一〇日）に向けてナショナリズムが全国的に高揚した時節でもあった。

かかる精神環境において年とともに正直《せいちょく》で逞しい少年に成長した武世は教育熱心な養父母の期待を

尋常小学校時代（詰襟中谷）、実母と弟妹たちと
［中谷家所蔵］

晩年の中谷（満85歳）と木本八幡宮入り口
（1984年2月）［中谷家所蔵］

和歌山中学校庭球部《テニス》集合写真、前列中央中谷［中谷家所蔵］

一身に受けて勉学に励み、西脇野尋常高等小学校では「神童」の名をほしいままにし、県立和歌山中学校（一九一二年四月入学、一九一七年三月卒業）を経て、名古屋の第八高等学校第一部丙類（独語政治科）に合格する[11]。

八高こと第八高等学校は、当時全国に八校存在したナンバースクールのうち最も歴史が浅かったが（一九〇八年三月設置）、元文部省視学官で初代校長の大島義脩《よしなが》（一八七一―一九三五）の方針により兵式体操（軍事教練）に力を入れるなど尚武の校風を以て独特の存在感を発揮していた[12]。第一志望であったかどうか[13]は不明だが、武世の気質によく合致していたことは確かである。

二　長計夢寐《び》に忘れねど――思想的覚醒

一九一七（大正六）年九月、郷里を離れ、憧れの白線丸帽・黒マントに収まった中谷武世は、寄宿舎（学寮）に入り、晴れて大正前期のエリート学生文化圏の一員となった。集団生活への適応能力も高く、一年次には炊事委員を三ヶ月間つとめ学寮有功章を授与され、二年次には学寮委員に当選している〔14〕。

あの頃の寮生活。朝まだき東の地平線に紅が霞んで来る。窓を開けると一面に白い霧が庭の樹々を包んでいる、見上げるとまだ花の梢には星がまたたいている、それを揺がせるように朝の鐘が響き渡る。〔15〕

課外では柔道に打ち込み二年次より部の委員長を任される一方で、菊池寛（一八八八─一九四八）の歴史小説や当時の体育会系学生一般に人気のあった雑誌『冒険世界』、『武侠世界』の未来戦記や愛国冒険小説を愛読するなど、心身ともに強健な日々を送った〔16〕。後に中谷は菊池の短篇小説「蘭学事始」（『中央公論』一九二一年一月号 初出）を論文中に何度も引用し、そこに描かれた杉田玄白（一七三三─一八一七）と前野良沢（一七二三─一八〇三）の和蘭《オランダ》医学への驚倒ぶりに、近代日本人の西洋学問に対する盲目的な信奉と無機的な摂取の萌芽──「日本の近代諸科学は、今に至るまで竟《つい》に蘭学的……死体解剖図的《ターヘルアナトミア》である」──をみて取っている〔17〕。

生涯の宗旨となる国家主義・日本主義・アジア主義に覚醒したのも高等学校時代からで、二年次の第二回寮会（一九一九年五月一〇日）では「世界の曙」と題して演説を行っている〔18〕。この頃中谷が作詞した柔道部の部歌には、

それ大亜細亜《アジア》復興の

長計夢寐《び》に忘れねど
明日の準備《いそぎ》を知らずして
奢れる民を如何せん……[19]

同じく寮歌（公募採用作）には、

第八高等学校正門［松木亮編『創立二十五周年記念出版 第八高等学校学寮史』(同学寮、1934年2月）より］

八高のシンボル 本館前のソテツを背に、後方麦藁帽子の人物より右2人目中谷［中谷家所蔵］

国の濁を浄むべく
我今立てり鋒執りて……[20]

といったフレーズがあり、後々展開される彼の思想運動の祖型を認めることが出来る。すなわち、欧米列強（白人諸国）の植民地支配からのアジア「復興」と、そのための「準備《いそぎ》」として必要な日本国家・国民の抜本的「浄」化と、対外対内二つの基本軸をである。

おりしも、中谷が八高に入学した一九一七（大正六）年から卒業した一九二〇（大正九）年にかけて、日本の学界・言論界・思想界は、一九一四（大正三）年七月末に勃発した第一次世界大戦（欧州大戦）の拡大長期化に伴い発生した内外の諸事象の余波を受けて、まさしく喧々諤々、混迷の極みに陥っていた。当時東京帝国大学法科大学――改正「帝国大学令」の施行された一九一九（大正八）年四月一日以降は法学部――の学生で後に中谷のよき「兄貴分」となる綾川武治（一八九一―一九六六）[21]は次のように述べている。

世界大戦の末期大正六年の露西亜《ロシア》革命は、我が日本の社会主義運動に画期的刺激を与へ、大正七、八年の交は、全国に労働組合及び社会主義団体を簇出《そうしゅつ》した。けれども一方に於て、我が日本が参加した連合国側の、米国参戦誘導の為めにせる〔ママ〕デモクラシー擁護讃美の宣伝は、我が国内に民本主義なるデモクラシー運動を起し、次いで国際連盟組織を促進する為めにせる〔ママ〕国際主義の宣伝は、我が国に流入し来つて我が知識階級間に国際主義の思潮を喚起した。この欧米より殺到し来つた社会主義、デモクラシー、国際主義の三思潮は、常に新しき傾向を喜び迎へんとする習癖を有する学者思想家の大部分を捲き込んで、異常なる迫力を以て、日本精神、日本国家に挑戦し来つたのである。[22]

日本のアカデミズムの頂点に君臨する東京帝国大学の圏域では、一九一八(大正七)年一二月に、法科大学教授の吉野作造(一八七八―一九三三)を中心に民本主義《デモクラシー》の普及と「世界の大勢に逆行する危険なる頑迷思想を撲滅すること」(大綱第二則)を目的とした「黎明会」が、また宮崎龍介(一八九二―一九七一)、赤松克麿(一八九四―一九五五)ら左派学生有志によって人類主義・社会主義の研究・啓蒙と「合理的改造運動」(綱領第二条)の実践を目的とした「新人会」が、相前後して結成される[23]。

他方ではそれらの動きに反発して、一九一九(大正八)年四月に「興国同志会」が組織される。太田耕造(一八八九―一九八一)、天野辰夫(一八九二―一九七四)、立花定(一八九三―没年未詳)、小原正樹(一八九六―没年未詳)、綾川武治、岸信介、塩原時三郎(一八九六―一九六四)、蓑田胸喜(一八九四―一九四六)ら国家主義・日本主義に親近する右派学生有志が結集し、法学部教授で天皇=国家絶対論者の上杉慎吉(一八七八―一九二九)、学習院教授の紀平正美(一八七四―一九四九)、歌人・評論家の三井甲之(本名甲之助、一八八三―一九五三)など有識者の協力を得て、黎明・新人両会を主敵に思想言論闘争を開始したのである[24]。その裏には検事総長の平沼騏一郎(一八六七―一九五二)と側近の弁護士・竹内賀久治(一八七五―一九四六)による資金援助があった[25]。

発足以来学内外に一定の支持者を集めて意気上がる興国同志会――会員数は、一九一九(大正八)

年夏期休業中の全国遊説が世間一般の耳目を集めたこともあって、九月の新学年には「三百」前後に、一〇～一一月頃には「約四、五百名」に達したとされる[26]――は、盛んに演説会や勉強会を開催し、また各地の高等学校に赴いて熱心なPR活動を行った。八高にも紀平正美に引率された一団が学生の勧誘に訪れたという[27]。

かかる「欧州大戦直後の思想的激盪《とう》期」[28]の只中で、中谷が、ナショナリストとして自覚的に始動する日は近づいていた。

三　帝大右派学生の日々――猶存社と日の会

一九二〇（大正九）年七月、第八高等学校を卒業した中谷武世は、翌々月、東京帝国大学法学部政治学科に入学した[29]。西脇野村では立村以来の最高学府進学者とあって、郷里は一時その話題でもちきりであったという。

法科の学生として中谷が熱心に講義を聴講した教官は、行政法第一講座兼憲法第二講座担任教授の美濃部達吉（一八七三―一九四八）、行政法第二講座兼法理学講座担任教授の筧克彦（一八七二―一九六一）、それに憲法第一講座担任教授の上杉慎吉――中谷の入学当初は外遊中（二一～一一月）で不在――などであったが、何より親炙したのは政治学講座担任教授の小野塚喜平次（一八七一―一九四四）であった。かつて対露強硬派七博士に名を連ね、政治学の意味と目的性を「政治現象ノ根本的説明ヲ

東京帝国大学正門［西田繁造『新訂 日本名勝旧蹟産業写真集 関東地方之部』（富田屋書店、1918年9月）より］

帝大時代の中谷［中谷家所蔵］

試ミ国家ノ政策ノ基礎ヲ論究スル」あるいは「国家ノ事実上ノ性質ヲ説明スル」と定立した小野塚［31］を通じて、中谷は、西欧＝ドイツ国家学の流れを汲む近代日本政治学の理論と方法論を基礎から徹底的に学んだ。

もとより、机にかじりついてばかりいたわけではない。入学からほどなく経った九月のある日、構内を逍遥していた中谷は、同年一月に起こった森戸事件［32］によって活動休止してしまった興国同志会の後継団体の一つ「日の会」の会合（法学部第三十二番教室）の案内を目にし、興味をひかれ出席する。その日講師として登壇したのは大川周明であった［33］。大川は当時、南満州鉄道株式会社（満鉄）の附属調査機関たる東亜経済調査局の高級社員（編輯課長）であり、欧米植民地（特にインド）事情に精通した気鋭の論客として英国大使館をはじめ各方面にその名を知られていた［34］。世界各地就中アジアにおける白人労働者と有色人労働者の差別待遇の実相を「マルクス［Karl Marx, 1818-1883］は万国の労働者団結せよと言ったが、万国の労働者は決して団結しない」と明快な表現で摘示する大川の語りにすっかり魅了された中谷は、会合終了を待って挨拶に赴き、みずからもかねて「アジアの民族運動について関心を持っている」ことを述べた［35］。両者は早速意気投合し、翌日大川とその部下（東亜経済調査局編輯課調査係主任）の笠木良明（一八九二―一九五五）は、豊多摩郡千駄ヶ谷町九〇二番地の「猶存社《ゆうぞんしゃ》」と表札を掲げた屋敷に中谷を帯同し、そこの主人で革命思想家の北一輝に紹介したのである［36］。

周知の通り、猶存社は、一九一九（大正八）年八月に大川周明とやはりアジア主義者でジャーナリストの満川亀太郎（一八八八―一九三六）を中心に結成され、翌年一月には上海滞在中の北一輝を招聘して本格的に陣容を整えた、「革命主義、国家主義で、而して民族主義」［37］の新興右派結社であった。明治末に中国に渡り辛亥革命の動向と帰趨を現地でつぶさに見聞して来た北の革命談義――「金ボタンの学生がみな革命をやったんだ、革命は学生と兵士が主力だ」［38］云々――は、その大人的風貌から発せられる巧みな弁舌と相まって、たちまち青年中谷をとりこにし、心服させた。辞去する際、大川より刷り上がったばかりの社の機関誌『雄叫』第三号（一九二〇年一〇月一日発行）を手渡された中谷は、帰りの電車内で、巻頭に示された大川と満川の連名による、

> 眼前に迫れる内外の険難危急は、国家組織の根本的改造と国民精神の創造的革命とを避くることを許さぬ。吾々は日本其者の為め〔ママ〕の改造又は革命を以て足れりとする者でない。吾々は実に人類解放戦の大使徒としての日本民族の運命を信ずるが故に、先づ日本自らの解放に着手せんと欲する。［原文改行］我が神の吾々に指す所は支那に在る、印度に在る、支那と印度と豪州《オーストラリア》との円心に当る安南、緬甸《ビルマ》、暹羅《シャム》に在る。チグリス・ユフ〔ママ〕ラテス河の平野を流るゝ所、ナイル

北一輝〔同著『支那革命外史』（増補4版、内海文宏堂書店、1937年8月）より〕

大川周明〔伊福部隆輝『五・一五事件背後の思想』（明治図書出版協会、1933年10月）より〕

河の海に注ぐ所、即ち黄白人種の接壌する所に在る。人類最古の歴史の書かれたる所は、吾々日本民族に依りて人類最新の歴史の書かるゝ所で無いか。吾々は全日本民族を挙げて亜細亜《アジア》九億民の奴隷の為め〔ママ〕に一大リンコルン〔Abraham Lincoln, 1809-1865〕たらしめなければならぬ。……

との宣言文を感激のあまり何度も読み返したという[39]。それ以来、中谷は、北宅＝猶存社本部に足しげく通うようになり、社の「三尊」と並び称された北、大川、満川をはじめ、欧米留学の経験を持つ観念論的哲学者の鹿子木員信（一八八四―一九四九）、国文学者の沼波瓊音《ぬなみけいおん》（本名武夫、一八七七―一九二七）、中国研究家の前出笠木良明、やはり大川の部下（東亜経済調査局編輯課調査係主任）で国際人種問題研究家の前出綾川武治、同じく大川の部下（前同）でスラヴ・ロシア研究家の嶋野三郎（一八九三―一九八二）、北の配下で行動力に富む岩田富美夫（一八九一―一九四三）と清水行之助（一八九五―一九八〇）など、後々官憲当局より民間の革新系右派勢力の「最も有力なる指導的人物」[40]と評される人々と親交を深めていった。

中谷によれば、後に一部マスコミから政官界の黒幕的存在とみなされ「昭和の由井正雪」の異名を奉られる東洋思想研究家の安岡正篤を社に帯同（一九二二年七月）してメンバーに引き入れたのは、沼波瓊音と自分であるという［41］。

かの《梁山泊》または《トキワ荘》よろしく、「同人全体が非常に仲睦まじく、和気藹々たる雰囲気の仲で、談笑の裡に、然し誰もが熱心に国家改造と民族解放運動を進めて行った」という猶存社での日々は、時として「大学の講義に蠟を噛むやうな興覚〔ママ〕めを感じ」ることの少なくなかった中谷にとって、何よりの精神的よりどころとなった［42］。

猶存社は、北一輝が一九一九（大正八）年八月に上海で起草した『国家改造案原理大綱』（後に『日本改造法案大綱』と改題）を理論的柱に、「革命的大帝国の建設運動」、「国民精神の創造的革命」、「道義的対外策の提唱」、「亜細亜《アジア》解放の為〔ママ〕めの大軍国的組織」、「各国改造状態の報道批評」、「エスペラントの普及宣伝」、「改造運動の連絡機関」、「国柱的同志の魂の鍛錬」［43］等々、従来のナショナリズム諸運動とは一線を画した前衛的なテーゼを掲げていた。わけても北が、『国家改造案原理大綱』のなかで、

> 全日本国民ハ……天皇ヲ奉ジテ速カニ国家改造ノ根基ヲ完《まっと》ウセザルヘカラズ。〔原文改行〕支那印度七億ノ同胞ハ実ニ我ガ扶導擁護ヲ外ニシテ自立ノ途ナシ。我日本亦五十年間ニ二倍セシ人口増加率ニヨリテ百年後少クモ二億四五千万人ヲ養フベキ大領土ヲ余儀ナクセラル。……高遠ナル亜細亜《アジア》文明ノ希臘《ギリシャ》〔日本〕ハ率先其レ自ラノ精神ニ築カレタル国家改造ヲ終ルト共ニ亜細亜《アジア》連盟ノ義旗ヲ飜シテ真個到来スベキ世界連邦ノ牛耳ヲ把リ、以テ四海同胞皆是仏子ノ天道ヲ宣布シテ東西ニ其ノ範ヲ垂ルヘシ。国家ノ武装ヲ忌ム者ノ如キ其智見終ニ幼童ノ類。……

国家ハ自己防衛ノ外ニ不義ノ強力ニ抑圧サル、他ノ国家又ハ民族ノ為メニ〔ママ〕戦争ヲ開始スルノ権利ヲ有ス。（則チ当面ノ現実問題トシテ印度ノ独立及ヒ支那ノ保全ノ為メニ〔ママ〕開戦スルハ国家ノ権利ナリ）。〔原文改行〕国家ハ又国家自身ノ発達ノ結果他ニ不法ノ大領土ヲ独占シテ人類共存ノ天道ヲ無視スル者ニ対シテ戦争ヲ開始スルノ権利ヲ有ス。（則チ当面ノ現実問題トシテ豪州《オーストラリア》又ハ極東西比利亜《シベリア》ヲ取得センガタメニ其ノ領有者ニ向テ開戦スルハ国家ノ権利ナリ）。

との見識において示した、将来的に北部は満州を越えて極東シベリアまで、南部は旧独領南洋群島を越えてオーストラリアまでをも版図に収める「正義」と「武断」の「革命的大帝国」―日本のビジョン〔44〕は、それまで中谷が漠然と抱いて来た「大亜細亜《アジア》復興の長計」に具体的な形相を与えるものであった。

　ところで、叙述は前後するが、東京帝大に入学してまもなく日の会の会合に出席した中谷は、迷わず正会員となり、一年次から幹事をつとめるなどこちらも尋常ならざる熱意を以て右派の学生運動に取り組んでいった。同会は元々、興国同志会を離れた岸信介、三浦一雄（一八九五―一九六三）、永井了吉（一八九三―一九七九）らによって一九二〇（大正九）年二月に組織された学内団体である〔45〕。もっとも岸は中谷と入れ違いで七月に法学部政治学科を卒業しており、両者が直接面識を持つのは下って岸が満州国国務院実業部の次長（一九三六年一〇月就任）をつとめていた頃になるが〔46〕。

　興国同志会の挫折をふまえ、日の会は、極右に偏しないあくまで理論的な見地に立ったナショナリズムを志向すべく、鹿子木員信や大川周明それに沼波瓊音など猶存社のインテリ層を指導者に仰いでいた。なかでも鹿子木は、インド亜大陸に実地に足を踏み入れた当時数少ない知識人の一人であり、一九二一（大正一〇）年四月からは東京帝大文学部の講師（「哲学」担当）をつとめ、中谷ら日の会員と接する機会も多かった[47]。

かくして印度革命は、在印度英国権力の後援たる大英国《〔ママ〕》の世界的覇権そのものゝ脅威たる世界革命と結合することに依つてのみ、始めて幽かなる希望の曙光を認めることが出来る。言葉を換へて曰へば、世界革命は、印度革命実現の外的条件に外ならぬ。[48]

インド滞在中の鹿子木員信（中央）、釈迦入滅（涅槃）の地クシナガラにて（1920年1月19日）［同著『仏跡巡礼行』（大鐙閣、1920年7月）より］

カルカッタで間諜《スパイ》容疑を受け「英国官憲の為め《〔ママ〕》に捉へられ、即時、追放処分を受け」たという鹿子木の、右のようなトロツキー（Leon Trotsky, 1879-1940）ばりの世界同時革命論[49]は、やはり反英―インド独立を説く大川周明の所論ともども中谷を惹き付けてやまなかった。

さて、一九二一（大正一〇）年六月二三日に開催された日の会主催のアタール追悼講演会（於法学部第三十二番教室）は、中谷の本格的な言論デビュー戦となった。在留インド人として一九一六（大正五）年四月から東京外国語学校でヒンドゥスターニー語を教えていたアタール（Hariharnath Thulal Atal, 1889-1921）は、同じく在留インド人でかねて英国大使館の命を受け対日諜報活動に従事（英探）していたとされるムジュムダル（Sisir Kumar Majumudar or Mojumudal, 1889-?）より諜報員《スパイ》として働くことを強請され、その精神的圧迫に抗し続けた結果、同年六月一四日、みずから服毒して命を絶つに至った〔50〕。ガンディー（Mahatma, Mohandas Karamchand Gandhi, 1869-1948）の「非暴力《アヒンサー》」の教えを服膺し、悪と不義に対する「非妥協／不服従」―「真理の把持《サティヤーグラハ》」を身を以て実践したアタールの自死は、日本が長年同盟国として信頼・協調して来たイギリス〔51〕の非情なインテリジェンス行為の実態と相まって朝野に衝撃を与えるものであった。

件のアタール追悼講演会を報じた新聞記事によれば、劈頭のインド式追悼の儀式（梵唄《ぼんばい》、散華《さんげ》）に続いて登壇した中谷は、大川、鹿子木、早稲田大学教授の武田豊四郎（一八八二―一九五七）、衆議院議員の中野正剛（一八八六―一九四三）、亡命インド人で黒龍会機関誌『亜細亜《アジア》時論』記者のサバルワル（サバルバール、サヴァロワル等とも Kesho Ram Sabarwal, 1896-?）〔52〕といった錚々たる弁士たちを前に、幹事としての口上もそこそこに自身の抱懐する「新亜細亜《アジア》主義」を滔々と説き、「無慮《むりょ》［おおよそ］二千の会衆等しく襟を正して緊張《〔ママ〕》」せしめたという〔53〕。

当日出席した著名人のなかには、サバルワルと同様に外務省から「要視察」対象者に指定されていた亡命インド人のボース（Rash Behari Bose, 1886-1945）もいた〔54〕。日本上陸（一九一五年六月五日）以来初めておおやけの場に現れた同人と面識を得た中谷は、爾来公私の別なく接触を保ち、肝胆相照らす盟友となった〔55〕。彼らは後に「欧羅巴《ヨーロッパ》帝国主義に対する抗争の形式に於ける、亜細亜《アジア》精神の発展々開」[56]の種々相を論じた『革命亜細亜《アジア》の展望』（萬里閣書房、一九三〇年一二月）を共著で刊行している。

アタール追悼講演会の予想以上の盛況に手応えを感じた中谷ら日の会幹部は、続けて大阪（於中之島公会堂、一九二一年七月二三日）と仙台（於高等工業学校講堂、同年七月三〇日）で世界革命講演会を開き、以降も同種の企画を次々と実施した[57]。特に、一九二二（大正一一）年一一月三〇日に、魂の会（拓殖大学／東洋協会大学）、潮の会（早稲田大学）、光の会（慶應義塾大学）など都下の右派学生諸団体と共同で開催した復興亜細亜《アジア》講演会（於神田青年会館）は、前出ボースやアフガニスタン君主国の公式使節として来日中の同国政府顧問・プラタプ（プラタップ、プラタープ等とも Raja Mahendra Pratap, 1886-1979）の登壇もあって外務当局に注視された[58]。ここでも中谷は開会の辞を担当し、三〇〇名余の聴衆を前に気を吐き、大いに座を温めている[59]。

復興亜細亜《アジア》講演会登壇者控室にて、左より満川亀太郎、R.B.ボース、綾川武治、R.M.プラタブ、田鍋安之助、大川周明［『東京朝日新聞』1922年12月1日5面 より］

プラタプは英領インド帝国の地方王族（藩王《ラージャー》）の出身であり、民族独立運動の志士として当時世界的に知られた存在であった。第一次世界大戦中は、ドイツのヴィルヘルム二世（Kaiser Friedrich Wilhelm II, 1859-1941）に謁見して戦後のインド独立承認の言質を取り、しかるのち独帝の密書を携えてアフガンに入国し、中欧同盟諸国（独墺土勃）と交戦中の大英帝国の後方攪乱のため種々の策動を行ったといわれる〔60〕。中谷とは初対面でよほど響き合うものがあったのだろう。共産主義にも一定の理解を示して第三インターナショナルより金銭を受領〔61〕するなど現実的な革命家であると同時に愛と慈悲の実践を説く普遍的な宗教家でもあったプラタプは、はるか異国の地で出遇った不敵な面構えの若者をいたく気に入り「我が人類主義の同志」と呼んで、晩年に至るまで深い親愛の情を寄せている〔62〕。

かくのごとく、中谷は、帝大在学中から革新系右派の若手ホープとしてその立ち位置を鮮明化させていった〔63〕。彼の実質揺籃の場となった猶存社は、領袖たる北一輝と大川周明の共産ロシア（ソ連）の承認をめぐる「意見の不一致」等によって一九二三（大正一二）年三月に事実上消滅してしまう〔64〕が、個々の同人たちとの関係性はその後も途切れるどころか、益々強固なものとなっていく。

四　学士将校

一九二三（大正一二）年三月、最終学年の期末試験に合格した中谷武世は東京帝国大学法学部政治学科を卒業し、満二四歳で晴れて天下の法学士の称号を手に入れた〔65〕。しかるに、既に適齢（満二〇歳）で徴兵検査（和歌山連隊区）を受け甲種合格となり、同時に食料・被服・装具等経費自弁の一年志願兵として採用されていた〔66〕ため、大学院への進学を一旦断念し、指定された入営期日（一二月一日）までしばし経歴上の空白期間を送ることになった。

この間中谷は内地を離れ、大学二年次に学生結婚していた妻セイと幼い長男紀世を連れ朝鮮の京城《ソウル》に仮寓し、六月には満川亀太郎と鮮満各地を旅行している［67］。特に、旅順では旧清朝皇族（粛親王家）で愛新覚羅顕玗《あいしんかくらけんし》（日本名川島芳子、一九〇七—一九四八）の異母兄に当たる愛新覚羅憲奎《あいしんかくらけんき》（一八九六—一九四二）に晩餐に招かれ、哈爾濱《ハルピン》では後に中谷のアジア主義運動の最大の理解者となる松井石根陸軍少将と面識を得て日本の国益・国防の最前線であった満州—北東アジア情勢について蒙を開かれ、帰路には民間人ながら軍事探偵として日露戦争で非業の死を遂げた横川省三（一八六五—一九〇四）や沖禎介（一八七四—一九〇四）の碑に詣でるなど、人生の次なる段階へ向けて大いに浩然の気を養ったことである［68］。

その当時ハルピン〔ママ〕の特務機関長をして居られたのが今の松井石根大将であり、奉天には私の親戚の貴志弥次郎中将［当時陸軍少将、一八七三—一九三八］が特務機関長として在勤して居た。夏の暑い日に、満川さんと同道で松井少将をその公館に訪れたことを憶へて居る。これが私と松井大将との初対面でもあつた。［69］

中谷の遠縁（西脇野村の近傍・貴志村の旧家に嫁した伯母の義弟）に当たる貴志弥次郎は、歩兵中佐であった一九一二（明治四五／大正元）年に川島浪速（一八六五—一九四九）ら大陸浪人のグループと通じて満蒙独立運動に参加した経験を持ち、後に満州国建国の立役者の一人となる干冲漢《うちゅうかん》（一八七一—一九三二）をはじめ軍閥割拠する中国政界にパイプを有する、陸軍有数の支那通として知られていた［70］。

和歌山歩兵第六十一連隊営庭［「絵葉書」（発行元、年代不明）より］

その識見と行動力が中谷に及ぼした影響もまた少なくないと考えられる。

さて、一九二三（大正一二）年の秋に外地から帰還した中谷は、妻子を実家に預け、予定通り一二月一日に陸軍第四師団隷下の歩兵第六十一連隊（和歌山市大字湊）に入営し第七中隊に配属された。中学校・高等学校時代に寮生活や体育会系の部活動を経験していた中谷にとって内務班での起居はさほど苦痛ではなく、勤務評定は常に師団内の上位を維持し、上官や古参の下士官兵たちとの関係も良好であったという[71]。従って進級も順調で、一年志願兵所定のコース[72]通り二等卒から一等卒、上等兵、伍長ときて下士官勤務を体験し一年後の終末試験に合格。軍曹で一旦現役満期となり予備役に編入されるも引き続き召集され、見習士官として四ヶ月の甲種勤務演習に参加、期末試験合格および所属部隊の将校詮衡会議可決を経て、一九二五（大正一四）年三月末日、無事除隊となった。

僅々二年ほどの間に「帝大卒の学士」に「帝国陸軍将校」——正式な歩兵少尉任官は一九二七（昭和二）年三月になるが——と、戦前日本社会（特に地方）における「誉れ」[73]を二つともに獲得した中谷に対して、郷党の人々の感嘆と羨望の念はいや増すばかりであったろう。

もとより中谷は、入営中も学問的・思想的研鑽をおろそかにしていたわけではない。多忙な軍務の合間をみては持参した政治学関係の書籍や、大川周明、安岡正篤ら在京の同志から送られた雑誌・小冊子等をよみふけり、思索にふけった。この時期、彼が最も関心を有していたのは、敬愛するプラタプとも共通点の多い、イタリアの革命運動家・思想家で祖国統一の英傑の一人に数えられるマッツィーニ（Giuseppe Mazzini, 1805-1872）の生涯であった［74］。後に中谷は次のように論じている。

在営当時の中谷（手前右）［中谷家所蔵］

> 民族と祖国に捧ぐる燃ゆるが如き熱血、神と人類に奉ずる炬の如き聖志。一面熾烈なる民族主義の先覚たり、他面敬虔なる人道主義の使徒たるに於て、我がラージヤ・プラタプの人物行蔵とマツヂニ〔ママ〕のそれとの間には極めて顕著なる近似が存在する。本来純然たる宗教家たるべき天分と志向とを有するにかゝはらず、彼等の境涯が、否彼等の祖国の境涯が彼等をして革命家としての行蔵に終始せしめたことも共通であり、一は当時に於ける欧州政局の最大の権力者たる墺太利《オーストリア》帝国より自由伊太利《イタリア》を奪還せんことを生死の願望とし、一は現代世界に於ける最大のタイラント大英帝国の桎梏より「母なる印度」を救出することに膚骨を瘠削《せきさく》しつゝある点も、符節を合する如く相似て居る。……マツヂニ〔ママ〕の『義務教』とプラタプの『慈悲教』とは、民族的人道主義の信者が以て日夜に誦読して聖胎の長養に資すべき

二個の経典たるを失はない。[75]

注

1 中谷武世に関する基本的な情報は、親族の証言および以下の文献に拠った。田鍋三郎他『愛国運動闘士列伝』（新光閣、一九三六年六月）一二九、一三〇頁。「特輯／国家主義系団体員の経歴調査第一／中谷武世」（司法省刑事局編『思想資料パンフレット』第八 第三巻、一九四一年四月）四四三、四四四頁。社会問題研究会編『右翼事典——民族派の全貌』（双葉社、一九七一年一月）二七五頁。中谷武世『戦時議会史』（民族と政治社、一九七五年一月）。同『アラブと日本——日本アラブ交流史』（原書房、一九八三年一一月）。同『昭和動乱期の回想 中谷武世回顧録——昭和維新の源流「猶存社」北一輝・大川周明とその同志達』（泰流社、一九八九年三月）。堀幸雄『最新 右翼辞典』（柏書房、二〇〇六年一一月）四四三、四四四頁。なかでも『昭和動乱期の回想』は、中谷が自身の主宰する雑誌『民族と政治』に長期連載（第三一九～四〇四号、一九八二年一〇月～一九九〇年八月）した未完の回想記「民族への自叙伝 中谷武世回顧録——民族運動六十年史」（初回タイトル）の戦前篇をまとめたもので、一定の主観的制約はあるものの、大正～昭和初期の政治思想史を研究する上で必須の資料である。

2 父豊楠は一八七一（明治四）年一一月一四日生まれ、一九四九（昭和二四）年二月九日に満七七歳で死去。母ゆりは一八七五（明治八）年六月八日生まれ、一九五六（昭和三一）年六月一七日に満八一歳で死去。夫妻には、武世以下四男三女があった。日清・日露両戦役に従軍した豊楠は、日露戦後まもなく家族を連れて朝鮮に渡り、持病の喘息を抱えながらも一九一九（大正八）年頃まで彼の地で鉱山関係の仕事に従事していたという。

3　養父中谷作右衛門については、生没年を含め未詳。養母イエは一八五六（安政三）年七月二一日生まれ、一九三一（昭和六）年一一月二〇日に満七五歳で死去。養母に対する武世の恩愛の念はひとしお強く、終の棲家となった世田谷区代田の居宅（一九三五年に入居）の茶室にはイエの写真が掛けられており、朝夕手を合わせていたという。

4　和歌山県海草郡役所編『和歌山県海草郡誌』（名著出版、一九七四年八月、一九二六年版の複刻版）七〇頁。同村は戦後西脇町への町制移行（一九五四年一月一日）を経て和歌山市に編入（一九五六年九月一日）、現在に至っている。

5　樋口徹『日本国への遺言状』（新風舎、二〇〇五年八月）三九頁。

6　ただ健康状態については、鯖にあたりひどい蕁麻疹《じんましん》に罹患するなど蒲柳の質だったようで、尋常小学校への入学も通常より一年遅れている。

7　「個人が死ねば、個々の生命が本来の大生命に帰一してその分身としての命《みこと》にな」る。「人が死ねば神になり、命みこと〔ママ〕と呼ばれ」る。従って葬式の時は「赤御飯をたいて、鯛をそなえて、赤白ののぼりを立て」る。子供心によくのみ込めないながらも、こうした「神道の思想」空間で育った武世は、生涯を通じて、朝夕の神棚への拝礼を欠かしたことはなかったという。中谷武世、大熊信行「対談 三島事件の本質をどう見るか（続）」（『民族と政治』第一八八号、一九七一年二月）六三頁。

8　広大な屋敷と所有する田畑は、戦後、武世の政治・言論活動資金ねん出のため残らず売却されたという。

9　そうした血筋ゆえか、武世の長男紀世は長じて國學院大学〔ママ〕学部国文学科に進んでいる。紀世は一九二二（大正一一）年一〇月一五日生まれ、大学三年次の一九四三（昭和一八）年に学徒動員で応召、甲種幹部候補生に採用され豊橋の予備士官学校を卒業。終戦時は少尉で、朝鮮羅津《らじん》の独立高射砲第四十六大隊の小隊長をつとめており、国境（豆満江《とまんこう》）を越えて侵攻して来たソヴィエト軍と交戦。九死に一生を得て帰還後は、父の母校でもある和歌山県立桐蔭高等学校（旧和歌山中学校）で国語教諭をつとめるかたわら北原白秋系の歌人として活動、二〇一三（平成二五）年一月一三日に満九〇歳で死去。

10　芳賀登『幕末国学の研究』（教育出版センター、一九八〇年三月）四二〜四七頁。田中康二『本居宣長――文学と思想の巨人』（中央公論新社、二〇一四年七月）二二五〜二三二頁。

11　第八高等学校『第八高等学校一覧 第十年度 自大正六年至大正七年』（一九一七年一二月）「生徒氏名」一七一頁。

12　出口競『全国高等学校評判記』（敬文館、一九一二年六月）二五三、二五四頁。松木亮編『創立二十五周年記念出版 第八高等学校学寮史』（同学寮、一九三四年一月）六頁。竹内洋『日本の近代 一二／学歴貴族の栄光と挫折』（中央公論新社、一九九九年四月）一二〇、一二一頁。秦郁彦『旧制高校物語』（文藝春秋、二〇〇三年一二月）七六、七七、一二七、一二八頁。

13　一九一七（大正六）年度の高等学校受験生は、集合試験制度（共通試験・総合選抜方式）の復活により、仮に第一志望のボーダーラインに達しなくても、得点次第であらかじめ選択した第二以下の志望校に合格することが出来た。葛岡敏『中学より大学卒業まで』（国民書院、一九一八年四月）二六〜二九頁。竹内前掲『学歴貴族の栄光と挫折』一〇七、一〇八、三五五〜三五七頁。吉野剛弘「大正前期における旧制高等学校入試――入学試験をめぐる議論と入試制度改革」（『慶應義塾大学大学院社会学研究科紀要』第五三号、二〇〇二年三月）二三〜二九頁。

14　前掲『第八高等学校学寮史』八七、八八、九六、附録二二頁。

15　中谷武世「あの頃の情熱が今に②」（八高創立七〇年記念祭実行委員会編・発行『八高寮歌集』一九七八年一〇月）二〇六頁。

16　中谷前掲『昭和動乱期の回想』一七、二六頁。芥川龍之介「毛利先生」（『傀儡師』新潮社、一九一九年一月）一八九頁を参照。

17　中谷武世「日本国家学の出発」（『維新』第一巻第二号、一九三四年一二月）二〜五頁。同『天皇機関説の批判』（維新社、一九三五年六月）二、三頁。

18 前掲『第八高等学校学寮史』九二頁。中谷武世「満川さんの憶ひ出」（『維新』第三巻第六号、一九三六年六月）七四頁。

19 中谷作詞、笠松某作曲「柔道部部歌」（前掲『八高寮歌集』）一七六頁。満川亀太郎「中谷武世君を語る」（中谷武世『世界の今明日 第四巻／印度と其の国民運動』封入月報第四号、平凡社、一九三三年七月）。中谷前掲『昭和動乱期の回想』二四～二六頁。

20 中谷作詞、諸井桃二作曲「大正七年度寮歌 紅霞む」（前掲『八高寮歌集』）二六頁。中谷前掲『昭和動乱期の回想』二六～二八頁。

21 中谷前掲「満川さんの憶ひ出」七四頁。綾川については、木下宏一『近代日本の国家主義エリート――綾川武治の思想と行動』（論創社、二〇一四年一一月）を参照。

22 綾川武治「純正日本主義運動と国家社会主義運動」（『経済往来』第九巻第三号、一九三四年三月）四二頁。

23 赤松克麿『社会民主主義の旗の下に』（忠誠堂、一九三〇年一一月）一九六～二〇三頁。有馬学『日本の近代 四／「国際化」の中の帝国日本 一九〇五～一九二四』（中央公論新社、一九九九年五月）一九〇～一九五頁。

24 上杉慎吉『暴風来』（洛陽堂、一九一九年一一月）二七三、二七四頁。豹子頭（望月茂）「帝国大学々生の思想団体」（『国本』第一巻第一号、一九二一年一月）一六一～一六三頁。蓑田胸喜「追憶」（『原理日本』第八六号、一九三四年四月）四一頁。同「大川氏の思想と性格に就て」（『維新』第一巻第二号、一九三四年一二月）一〇二頁。竹内賀久治伝刊行会編『竹内賀久治伝』（酒井書房、一九六〇年三月）六五、六六頁。中谷武世「愛国勤労党」（下中弥三郎伝刊行会編『下中弥三郎事典』平凡社、一九六五年六月）一頁。榎本勝己「国本社試論」（日本現代史研究会編『一九二〇年代の日本の政治』大月書店、一九八四年五月）二四二頁。夜久正雄「太田耕造先生と興国同志会の人々」（『亜細亜《アジア》大学教養部紀要』第二九号、一九八四年六月）

一〇七～一一一頁。中谷前掲『昭和動乱期の回想』二、三頁。長尾龍一『日本憲法思想史』（講談社、一九九六年一一月）一〇一、一〇二頁。竹内洋『丸山真男の時代——大学・知識人・ジャーナリズム』（中央公論新社、二〇〇五年一一月）七八、七九頁。同「帝大粛正運動の誕生・猛攻・蹉跌」（同、佐藤卓己編『日本主義的教養の時代——大学批判の古層』柏書房、二〇〇六年二月）一九、二〇頁。

25 萩原淳『平沼騏一郎と近代日本——官僚の国家主義と太平洋戦争への道』（京都大学学術出版会、二〇一六年一二月）九三、九四頁。

26 豹子頭前掲「帝国大学々生の思想団体」一六四頁。東京帝国大学学生課編・発行『昭和七年中に於ける本学内の学生思想運動の概況』（一九三三年二月）「国家主義運動の概況」二頁。

27 中谷前掲『昭和動乱期の回想』五頁。

28 中谷前掲「満川さんの憶ひ出」七四頁。

29 東京帝国大学『東京帝国大学一覧 従大正九年至大正十年』（一九二一年三月）「学生生徒姓名」二七頁。八高卒業時の成績は、第一部丙類三一人中九番であった。第八高等学校『第八高等学校一覧 第十三年度 自大正九年至大正十年』（一九二〇年一二月）「卒業者氏名」二五三頁。

30 中谷、大熊前掲「対談 三島事件の本質をどう見るか（続）」六〇頁。中谷前掲『昭和動乱期の回想』一〇、一一、一四四頁。なお、田鍋他前掲『愛国運動闘士列伝』など一部の資料において中谷は、帝大在学中に「思想的には上杉慎吉博士の影響を受け……」云々と記述されているが、じっさいのところ格別傾倒した形跡はみられず、上杉を中心とする小規模の研究グループ「木曜会」（一九一六年頃より断続的に活動）や学内団体「七生社」（一九二四年一一月一五日盟）との関係も確認出来ない。前掲『昭和七年中に於ける本学内の学生思想運動の概況』「国家主義運動の概況」二～五頁。中谷前掲『昭和動乱期の回想』三〇頁。長尾前掲『日本憲法思想史』一〇〇、一〇一、一〇五～一〇七頁。

31 小野塚喜平次『政治学大綱 上巻』（博文館、一九〇三年四月）三一、四七頁。佐々木隆『日本の近代 一四

／メディアと権力』（中央公論新社、一九九九年九月）二二一～二二六頁。小野塚の政治学説について、概要は大塚桂『近代日本の政治学者群像――政治概念論争をめぐって』（勁草書房、二〇〇一年一二月）三八～四七頁を参照。

32　東京帝大経済学部の機関誌『経済学研究』創刊号（一九一九年一二月）に掲載された森戸辰男助教授（一八八八―一九八四）の論文「クロポトキンの社会思想の研究」を無政府主義《アナキズム》の宣伝とみなした一部の急進的な興国同志会員が、森戸および関係者の処罰を求めて文部次官の南弘（一八六九―一九四六）や平沼検事総長らに直訴に及び、ためにかえって「学問・研究の自由の侵害」と学内世論の猛反発を受けるに至った件。「失はれた大学の自由 七百の学生奮起す」（『東京日日新聞』一九二〇年一月一六日 七面）。「興国同志会の改造」（『大正日日新聞』一九二〇年二月一九日 七面）。豹子頭前掲「帝国大学々生の思想団体」一六四～一六七頁。蓑田前掲「追憶」四一頁。前掲『竹内賀久治伝』六六～六九頁。伊藤隆『昭和初期政治史研究――ロンドン海軍軍縮問題をめぐる諸政治集団の対抗と提携』（東京大学出版会、一九六九年五月）三五五、三五六頁。夜久前掲「太田耕造先生と興国同志会の人々」一一二～一一八頁。中谷前掲『昭和動乱期の回想』三、八、九頁。中村勝範「国家と文化の対立――森戸辰男事件をめぐって」（『法学研究――法律・政治・社会』第六六巻第七号、一九九三年七月）一～二九頁。長尾前掲『日本憲法思想史』一〇二～一〇四頁。竹内前掲『丸山真男の時代』七九～八三頁。同前掲「帝大粛正運動の誕生・猛攻・蹉跌」二〇～二二頁。

33　中谷前掲『昭和動乱期の回想』七三七頁。

34　『東亜経済調査局概況（沿革及自大正九年四月至同十年三月 第十八回事務報告書）』（一九二一年）八、九頁。大塚健洋『大川周明と近代日本』（木鐸社、一九九〇年九月）一〇九～一一四、一二五、一二六頁。同『大川周明――ある復古革新主義者の思想』（中央公論社、一九九五年一二月）八五～九六頁。刈田徹『大川周明と国家改造運動』（人間の科学社、二〇〇一年一一月）二〇、二一、二二〇、二二一頁。

35 中谷前掲『昭和動乱期の回想』六頁。

36 中谷前掲『昭和動乱期の回想』六、七五、九六～九八頁。一方で中谷は「大正十一年頃学生時代北一輝の著書支那革命外史［一九二一年一一月 初刊］を読み其の結論に感服し北を訪ね其後懇意にして居ります」とも述べており、そのあたりの前後関係は多少判然としない。中谷武世「宮内省怪文書事件 聴取書」（於東京地方裁判所検事局、一九二六年九月一六日）＝『北一輝著作集 第三巻』（みすず書房、一九七二年四月）二七〇頁。

37 満川亀太郎『三国干渉以後』（平凡社、一九三五年九月）二四八頁。

38 中谷前掲『昭和動乱期の回想』一〇頁。

39 中谷前掲『昭和動乱期の回想』七三～七五頁。なお中谷は、この時受け取った機関誌は第一号（創刊号、誌題は『雄叫び』、一九二〇年七月一日 発行）と書いているが、これは記憶違いで、じっさいは第三号である。因みに第一号の巻頭にも、主幹の満川単独による「吾人は新しき歴史の創始者たらんとす。……吾人の熱愛する日本国家及び日本民族を以て世界解放の旋風的渦心たらしめんとす。……吾人の志は支那に在り、印度に在り、中央亜細亜《アジア》に在り、否、欧亜阿三州の尽くる所に在り。……」といった中谷が感銘を受けたものとほぼ同じ内容の「宣言」が掲載されている。

40 斎藤三郎『思想研究資料（特輯）第五十三号 秘／右翼思想犯罪事件の綜合的研究（血盟団事件より二・二六事件まで）』（司法省刑事局、一九三九年二月）＝今井清一、高橋正衛編『現代史資料 四／国家主義運動一』（みすず書房、一九六三年五月）二二頁。

41 満川亀太郎「沼波先生のことゞも」（瑞穂会編・発行『噫 瓊音沼波武夫先生』一九二八年二月）五六、五七頁。国民新聞社政治部編『非常時日本に躍る人々』（日東書院、一九三二年一一月）二〇三頁。座間勝平『日本ファッショ運動の展望』（日東書院、一九三二年一一月）二三五、二三六頁。安岡正篤「大川斯禹先生」（『新勢力』第三巻第一二号、一九五八年一一月）六二頁。中谷武世、安岡正篤「対談 猶存社行地社当

時を偲んで」（『民族と政治』第三三二号、一九八三年一月）一六、一七頁。中谷前掲『昭和動乱期の回想』三二一～三三五、六七、九八頁。安岡は中谷の帝大政治学科一期上に当たる。

42　中谷前掲「満川さんの憶ひ出」七四頁。中谷前掲『昭和動乱期の回想』一〇三頁。

43　「本誌の八大綱領」（『雄叫』第三号、一九二〇年一〇月）。猶存社の綱領（綱要とも）というべきものは複数確認されており、いずれも条数や文言が微妙に異なっている。木下半治『日本国家主義運動史』（慶應書房、一九三九年一〇月）四二、四三頁。宮本盛太郎『宗教的人間の政治思想 軌跡編――安部磯雄と鹿子木員信の場合』（木鐸社、一九八四年三月）一三六、一三七頁。中谷前掲『昭和動乱期の回想』七二、七三頁。大塚前掲『大川周明と近代日本』一四四、一五一、一五二頁。堀真清『西田税と日本ファシズム運動』（岩波書店、二〇〇七年八月）一六八、一六九頁。福家崇洋『満川亀太郎――慷慨の志猶存す』（ミネルヴァ書房、二〇一六年四月）一三一～一三三頁。

44　北一輝『国家改造案原理大綱』（謄写版、一九一九年八月稿）＝『北一輝著作集第二巻』（みすず書房、一九五九年七月）二一九、二二〇、二七二～二七四頁。中谷前掲『昭和動乱期の回想』一二六～一三〇頁。

45　豹子頭前掲「帝国大学々生の思想団体」一六九頁。井上孚麿、永井了吉他「笠木良明先生追想座談会（一）」（永井正他編『笠木良明遺芳録』同刊行会、一九六〇年一二月）四二〇頁。中谷前掲「愛国勤労党」一頁。同前掲『昭和動乱期の回想』三、七～九、二九～三二頁。日の会の実勢は、一九二〇（大正九）年一二月頃に会員数二〇～三〇名程度、一九二二（大正一一）年一二月の時点で七九名、一九二五（大正一四）年三月の時点で二三名、翌年七月には一部会員が「暁明会」を組織・分立したため更に減少し、その後自然消滅したとみられる。外務省記録「外秘乙第四七一号 警視総監ヨリ亜細亜《アジア》局長宛 復興亜細亜《アジア》講演会ニ関スル件」（一九二二年一二月八日）＝JACAR（国立公文書館アジア歴史資料センター https://www.jacar.go.jp）Ref.B03041026300 第一四画像。行地社同人「東西南北」（月刊『日本』創刊号、一九二五年四月）四八頁。同「東西南北」（月刊『日本』第一七号、一九二六年八月）四六頁。

46 中谷前掲『アラブと日本』「緒言 私の生涯を貫く民族運動の発展過程とアラブナショナリズムへの共同展開」i頁。同前掲『昭和動乱期の回想』七頁。実業部は一九三七（昭和一二）年七月一日に産業部へ改編される（岸も続投）。

47 豹子頭前掲「帝国大学々生の思想団体」一六九頁。宮本前掲『宗教的人間の政治思想 軌跡編』一二八、一三七〜一三九頁。中谷前掲『昭和動乱期の回想』一一、一二、七四五頁。鹿子木が欧米再留学に出立（一九二三年三月）して以降は、文学部講師（「国文学」担当）の沼波瓊音が会員の信望を集めた。行地社同人「東西南北」（月刊『日本』創刊号、一九二五年四月）四八頁。

48 鹿子木員信『ガンヂと真理の把持』（饒平名智太郎《よへなちたろう》共著、改造社、一九二二年五月）二七九頁。

49 鹿子木員信『ヒマラヤ行』（政教社、一九二〇年七月）「あとがき」八頁。宮本前掲『宗教的人間の政治思想 軌跡編』一二八〜一三二頁。

50 中谷武世『革命亜細亜《アジア》の展望』（R・B・ボース共著、萬里閣書房、一九三〇年一二月）「序」三頁。満川前掲『三国干渉以後』二五三〜二五六頁。United States.Office of Strategic Services.Research and Analysis Branch, *Indian minorities in south and east Asia : the background of the Indian independence movement outside India*, 1944, pp.41-42. 中谷前掲『昭和動乱期の回想』一八頁。アタールを追い詰めたムジュムダル（モジュムダルまたはモズムダル、モジミダル等とも）なる人物について、中谷は英国大使館の「参事官」と書いているが、これは同人に金銭（小切手）を渡していたパーレット参事官（Sir Harold Parlett, 1869-1945）と混同したものであろう。じっさいの肩書は、横浜に事務所を置く北米系の著名な輸入商社・アンドリュース&ジョージ商会の社員であった。アタールの死後も同人はなお数年日本国内にとどまり、現地工作員《スリーパー》として在留インド人の動静や日本の国情を偵察していたという。外務省記録「外秘乙第一、〇七三号 在京印度人ノ現況 警視庁報告」（一九二一年七月一二日）＝JACAR Ref.B03050977700 第一〜七画像。同「外秘乙第一五一号 警視総監ヨリ亜細亜《アジア》局長宛 要注意印度人ノ動静ニ関スル件」（一九二三年三月二七日）＝JACAR

Ref.B03050978200 第一三、一四画像。同「外秘収第二六〇一号 神奈川県知事安河内麻吉ヨリ内務大臣水野錬太郎、外務大臣内田康哉、警視総監赤池濃《あつし》他宛 要注意印度人旅行ニ関スル件」（一九二三年七月二三日）＝JACAR Ref.B03050978200 第一六画像。

51　アタールの死からおよそ半年後、日米英仏「四ヶ国条約」の調印（一二月一三日）を機に明治後期以来の日本の安全保障政策の基軸であった日英同盟（Anglo-Japanese Alliance）は解消された。

52　サバルワルは「排英」運動の志士として知られ、頭山満（一八五五―一九四四）、内田良平（一八七四―一九三七）、杉山茂丸（一八六四―一九三五）らの庇護下に長らく日本で記者生活を送り、井伏鱒二（一八九八―一九九三）、谷崎潤一郎（一八八六―一九六五）など著名な文士とも親交を結んだ。しかし一九三六（昭和一一）年、二・二六事件の渦中に、以前連名で発表した不敬記事――現天皇が南朝系でないことに言及――の件、および某国大使館附武官に情報を流した容疑で東京憲兵隊特高課に検挙され、国外退去を命じられている。外務省記録「外第一七八三号 逓信次官内田嘉吉ヨリ外務次官幣原喜重郎宛 排英印度人『サバルワル』ニ関スル件」（一八一八年七月二日）＝JACAR Ref.B03050976800 第二画像。前掲「外秘乙第一、〇七三号 在京印度人ノ現況 警視庁報告」＝JACAR Ref.B03050977700 第二～四画像。「仮面の革命家 印度志士サバルワル恩を仇のスパイ行為 某国武官の手先となつて〝事件〟の裏面に暗躍」（『東京日日新聞』一九三六年三月二八日 一三面）。中村尚司「在日インド人の独立運動――K・R・サバルワルの回想をめぐって」（田中宏編『日本軍政とアジアの民族運動』アジア経済研究所、一八八三年三月）一六八～一七三頁。

53　「捧燈撒華の梵式にアタル《〔ママ〕》の追悼会――悲痛な盟友の思ひ出 亜細亜《アジア》復興の犠牲者に理解ある人々の流す涙」（『東京朝日新聞』一九二一年六月二四日 五面）。満川前掲『三国干渉以後』二五六、二五七頁。中谷武世「アジア開放《〔ママ〕》運動の先駆者嶋野三郎」（談話筆録、財団法人満鉄会・嶋野三郎伝記刊行会編『嶋野三郎』原書房、一九八四年四月）五〇三頁。同前掲『昭和動乱期の回想』一八～二一頁。坪内隆彦『岡倉天心の思想探訪――迷走するアジア主義』（勁草書房、一九九八年五月）九六、九七頁。当日の演題は、中野正剛

「亜細亜《アジア》復興戦の犠牲者」、大川周明「印度の化身ガンディ」などであった（他は不明）。

54 外務省記録「外秘乙第四二八号 警視総監ヨリ亜細亜《アジア》局長宛 復興亜細亜《アジア》講演会開催ニ関スル件」（一九二二年一一月二一日）＝JACAR Ref.B03041026300 第二画像。同「外秘乙第八〇号 労農代表『ヨツフエ』渡来ニ対スル英、瑞国《スウェーデン》人ノ感想」（一九二三年二月七日）＝JACAR Ref.B06151187800 第一画像。同「外秘乙第九一号 労農代表『ヨツフエ』渡来ニ対スル印度人ノ感想」（一九二三年二月九日）＝JACAR Ref.B06151187800 第四画像。

55 中谷武世「ビハリ・ボース」（前掲『下中弥三郎事典』）三五九頁。同前掲『昭和動乱期の回想』二〇、二一頁。

56 中谷前掲『革命亜細亜《アジア》の展望』「序」三頁。

57 満川前掲「中谷武世君を語る」。同前掲『三国干渉以後』二五七頁。中谷前掲『昭和動乱期の回想』二一～二二五頁。

58 外務省記録「外秘乙第四五四号 警視総監ヨリ亜細亜《アジア》局長宛 復興亜細亜《アジア》講演会ニ関スル件」（一九二二年一二月一日）＝JACAR Ref.B03041026300 第八、九画像。前掲「外秘乙第四七一号 警視総監ヨリ亜細亜《アジア》局長宛 復興亜細亜《アジア》講演会ニ関スル件」＝JACAR Ref.B03041026300 第一四、一五画像。R.M.Pratap, *My Life Story of Fiftyfive Years, December 1886 to December 1941* (Dehradun : World Federation,1947) pp.81-82. 因みにこの時のプラタプの来日目的は、日本政府に対し日阿修好条約締結を打診することにあった。外務省記録「外秘乙第一四二号 労農代表『ヨツフエ』発電報ノ件」（一九二三年三月一九日）＝JACAR Ref.B06150026600 第一～五画像。同「『プラタップ』ノ第二回来訪」（一九二六年）＝JACAR Ref.B04013201200 第六七～六九画像。澤田次郎「アフガニスタンをめぐる日本の諜報工作活動――一九三四―一九三五年を中心に」（『政治・経済・法律研究』第二二巻第一号、二〇一九年一〇月）八一、八二頁。

59 「アフガン使節も参加して――気を吐いた復興亜細亜《アジア》講演会」（『東京朝日新聞』一九二二年一二月一日五

面）。「光さゝぬ国の息苦しき叫び――印度志士ボース氏 ア国の使者プラタプ氏等 ◇昨夜復興アジア講演会で」（『東京日日新聞』一九二三年一二月一日九面）。当日の出講者と演題は以下の通り。綾川武治「欧米国際理論ノ抹殺」、R・B・ボース「復興亜細亜《アジア》ト印度」、満川亀太郎「興亜ノ曙光ヲ望見シテ」、R・M・プラタプ（金内良輔通訳）「日本ニ期待ス」。

60　外務省記録「外秘第一二、四二〇号 大阪府知事中川望ヨリ内務大臣浜口雄幸、外務大臣幣原喜重郎他宛 プラタップノ言動其ノ他ニ関スル件」（一九二六年八月五日）＝JACAR Ref. B04013200700 第六三、六四画像。同「プラタップノ略歴」（一九二六年）＝JACAR Ref.B04013201200 第七九画像。中谷前掲『革命亜細亜《アジア》の展望』一〇四～一一七頁。同前掲『昭和動乱期の回想』一九七頁。Cf. J.Stewart, *The Kaiser's Mission to Kabul: A Secret Expedition to Afghanistan in World War I* (I.B.Tauris & Co.Ltd,2014).

61　外務省記録「諜報機密第九八一号 在上海総領事矢田七太郎ヨリ外務大臣幣原喜重郎宛 全亜細亜《アジア》民族会議列席支那人黄攻素来滬《こ》ニ関スル件」（一九二六年一一月二七日）＝JACAR Ref.B04013201200 第五四画像。

62　R・M・プラタプ「序」（中谷前掲『革命亜細亜《アジア》の展望』）四頁。中谷前掲『アラブと日本』四～八頁。同前掲『昭和動乱期の回想』一九七、一九八頁。

63　さりとて「右」の人々とばかり接して視野狭窄に陥っていたわけではない。例えば、一九二一（大正一〇）年の夏には、日の会の仲間とともに神戸の三菱、川崎両造船所の大規模争議（七～八月）を視察に赴き、現場の指導者で『死線を越えて』（改造社、一九二〇年一〇月）等の著作で知られる労働運動家の賀川豊彦（一八八八―一九六〇）と会談するなどして、種々見聞を広めている。中谷前掲『昭和動乱期の回想』三五～三七頁。

64　大川周明「五・一五事件 訊問調書」（於市ヶ谷刑務所、一九三三年四月一七日）＝高橋正衛編『現代史資料五／国家主義運動二』（みすず書房、一九六四年一月）六八四頁。北輝次郎「二・二六事件 聴取書（第一回）」（於警視庁、一九三六年三月一七日）＝前掲『北一輝著作集第三巻』四四九頁。

65　東京帝国大学『東京帝国大学一覧従大正十二年至大正十三年』（一九二四年八月）「卒業生姓名」五頁。
66　大日本国民教育会編・発行『改正徴兵例規集全』（一九二〇年三月）八、二三頁。中谷前掲『昭和動乱期の回想』四六頁。加藤陽子『徴兵制と近代日本一八六八―一九四五』（吉川弘文館、一九九六年一〇月）一六三、一六四頁。
67　満川の「日記」（一三～二三日）を参照。『満川亀太郎日記――大正八年～昭和十一年』（論創社、二〇一一年一月）二四～二八頁。中谷の妻セイは、平松家の姻戚に当たる神戸の貿易商・岩田賢之進（生没年未詳）の長女で、一九〇三（明治三六）年一一月一三日生まれ。結婚当時は日本女子大学に在学中であった。国事に没頭し家庭をめったに顧みることのなかった武世を陰でよく支え続けたセイは、夫を看取ったのち、二〇〇一（平成一三）年一月八日に満九七歳で死去した。中谷前掲『昭和動乱期の回想』一五六頁。
68　中谷前掲「満川さんの憶ひ出」七四、七五頁。同前掲『昭和動乱期の回想』四六、四七頁。
69　中谷前掲「満川さんの憶ひ出」七五頁。
70　矢田行蔵『満蒙独立秘史紀州出身軍人の功績』（興亜学舎、一九三六年一一月）六四、一〇一～一〇四頁。中谷前掲『昭和動乱期の回想』二一〇、二二一、三〇〇、三〇一頁。波多野勝『満蒙独立運動』（ＰＨＰ新書、二〇〇一年三月）八三～九四頁。
71　中谷前掲『昭和動乱期の回想』四七～五三頁。
72　篠崎賢治郎編『改正一年志願兵志願之友』（菊地屋書店他、一九二一年六月）七四～七八頁。
73　広田照幸『陸軍将校の教育社会史――立身出世と天皇制』（世織書房、一九九七年六月）一〇三、一〇四、三六九、三七〇頁。吉田裕『日本の軍隊』（岩波書店、二〇〇二年一二月）八二～八七頁。
74　中谷前掲『昭和動乱期の回想』五二頁。
75　中谷前掲『革命亜細亜《アジア》の展望』九三、九四頁。同前掲『昭和動乱期の回想』二〇四頁。

第二章　国家主義・日本主義運動の理論と実践

一　硬派知識人としてのキャリア形成①——行地社

現役服務を了え東京に戻った中谷武世は、一九二五（大正一四）年四月に東京帝国大学大学院の法学部に入学する［1］。改めて小野塚喜平次を指導教員として政治学を専攻し、外交史講座担任教授の神川彦松（一八八九—一九八八）、助手の矢部貞治（一九〇二—一九六七）、岡義武（一九〇二—一九九〇）など同門の先輩たちのサポートよろしきも得て、世界各地の民族運動とそれらの思想的バックボーンとなる民族主義の攻究（後述）に取りかかった。そして同時に、猶存社の事実上の後継団体となる「行地社《こうちしゃ》」にも参画する。同社はその前身を「行地会《こうちかい》」といい、関東大震災（一九二三年九月一日）以降皇居内旧江戸城本丸跡の社会教育研究所に起居するようになった大川周明のもとに満川亀太郎、笠木良明、綾川武治、安岡正篤など旧猶存社同人の一部が再結集して出来た「日本精神」研究のための会合（一九二四年四月始動?）であった［2］。

行地社は、「維新日本の建設」、「国民的理想の確立」、「精神生活に於ける自由／政治生活に於ける平等／経済生活に於ける友愛の実現」、「有色民族の解放」、「世界の道義的統一」等を綱領に掲げ、エリート主義の立場から士官候補生以上の軍人、学校教員、学生、農村部の青年団員といった「将来の民衆指導者たるべき人々」を同志として獲得すべくさまざまな事業を行った［3］。中谷も社の「民族部長」として、機関誌月刊『日本』（一九二五年四月創刊）に論考を載せ［4］、社附属の錬成道場たる「大学寮」（一九二五年四月一三日開寮）では舎監兼講師となり二〇名余の在寮生・聴講生に「国家学」と

「民族問題」を講義し、更には他の同人と連れ立って各地で開催された社または社傘下の学生団体の講演会に赴くなど意欲的に活動している[5]。

大学寮には、陸軍騎兵少尉で病気のため依願予備役編入（一九二五年五月）となった西田税（一九〇一—一九三七）も舎監兼講師（「国防学」担当）として住み込んでいた[6]。相部屋となった中谷と西田は互いに軍籍を有しまた鹿子木員信の「印度革命」論に傾倒していた[7]ことから大いに打ち解け合い、加藤高明内閣（護憲三派内閣）の陸軍大臣・宇垣一成（一八六八—一九五六）によって大規模な軍縮が実行（一九二五年五月）された際には、「天国への道は遼《とお》し。日本民族の剣は曇りぬ。我等遂に狂すべき乎《か》」[8]と四個師団の廃止を悲泣した雅文を連名で発表している。後に西田は北一輝の第一の側近となり「革命ブローカー」の悪名を奉られ、中谷とも「それぐ〳〵の立場上の感情に基」づいて齟齬をきたすことになるのだが[9]。

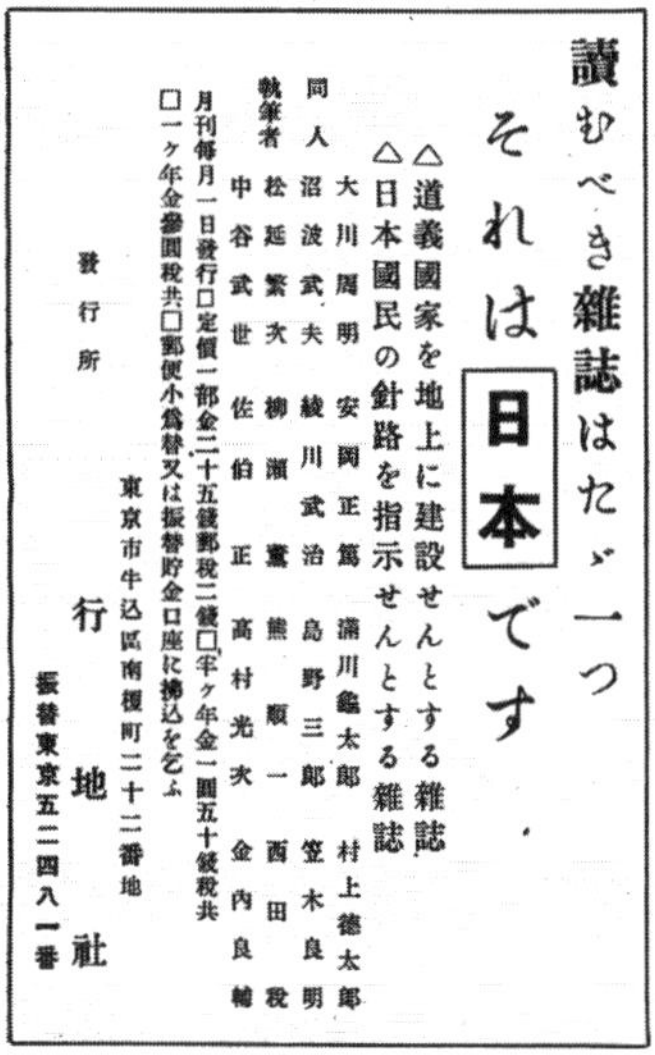

月刊『日本』初期広告［満川亀太郎『大邦建設の理想』（社会教育研究所、1925年4月）巻末より］

ともあれ、革新系右派の一大拠点として行地社の世評は高く、「当時幾多の日本主義運動が行はれて居つたが特異的存在北一輝一派を除いては行地社のそれと比すべきものはなかつた」[10]と後々まで官憲当局に明記されるほどであった。中谷の言説も、そうした社の勢いに煽られてか、より一層白熱化したものとなっていく。例えば、大正期の日本ではスピリチュアルな博愛主義者・無抵抗主義者として、もっぱらトルストイ（Lev Tolstoy, 1828-1910）と並び称されたガンディー〔11〕について、

ガンデイの信条と方法を甘しと観る者は、省みて自己の聖志の欠乏に慚惶《ざんこう》せよ。ガンデイの非暴力主義に渇仰心酔する精神運動家は、現実に対する自己の智見の不徹底を悔顧せよ。

と述べ、彼の位相を「自治実現の急速なる可能を確信し、此の可能を確信するが故に、非暴力非協力をのみ唯一の手段とす」る「何人にも勝る急進主義者」と論断した〔12〕ごときそれである。

ガンディーの「非暴力《アヒンサー》」をナショナリズムのある意味最も過激な方法論の一つとおさえた中谷は、後に重大な局面でその考えを披瀝することになる。参考までにみておこう。一九四五（昭和二〇）年一二月八日、代議士として第八十九回帝国議会（臨時議会）衆議院予算委員会に出席した中谷は、幣原喜重郎首相（一八七二―一九五一）に対し、先に受諾（一九四五年八月一四日）した「ポツダム宣言（Proclamation Defining Terms for Japanese Surrender, Issued, at Potsdam,July 26, 1945.）」就中第九項に示された「武装解除」の履行に関して次のように政府の所信を質した。

今日ノ日本ニ取リテノ最高課題ハ「ポツダム」宣言ノ完全履行ト云フコトデアリマス、国家意思トシテ之ヲ受諾致シマシタル以上ハ、之ヲ好ムト好マザルトヲ問ハズ、之ヲ欲スルト欲セザ

ルトニ拘ラズ、又相手方ノ出方如何ニ関セズ、自主的ニ積極的ニ是ガ完全履行ヲ図ル、茲ニ所謂《いわゆる》道義日本ノ再出発ガアルト確信スルノデアリマス、完全且ツ自主的ニ之ヲ履行スルト云フコトガ肝要デアリマシテ、世上或ハ連合軍ノ速カナル撤収ヲ図ルガ為ニ、成ベク一切ニ亙ツテオ気ニ召スヤウナヤリ方ヲシナケレバイカヌト云ツタヤウナ、因循姑息ナ考ヘ方モ行ハレテ居ルノデアリマスガ、日本ガ「ポツダム」宣言ヲ履行スルノハ日本自身ノ良心、日本自身ノ道義心ニ従ツテ之ヲ履行スルノデアリマシテ、連合軍ノ撤収ノ時期ガ早イカ遅イカハ日本側ノ関知スル所デハナイ、十年居ラウト二十年居ラウトサウ云フコトニ関係ナク日本ハ自ラノ道義心ニ照シテ国家的約束ハ約束トシテ完全ニ之ヲ履行スル、茲ニ道義的再建ノ途ガアルト確信シマス……今日ノ日本ハ完全ニ武装ヲ解除セラレ〔ママ〕居リマシテ、身ニ寸鉄ヲ帯ビナイ国家トナリマシタ、ガ考ヘ方ニ依リマスレバ、国家トシテ生半可ナ武力ヲ持ツテ居ラナイコトガ、即チ所謂《いわゆる》武力的意味ニ於テノ実質的国力ヲ欠イテ居ルト云フコトガ、却テ敗戦日本ノ一ツノ強味デハナイカト考ヘラレル、即チ民族トシテ身ニ寸鉄ヲ帯ビテ居ラヌト云フコトガ、却テ非常ナ強味トモナルト考ヘラレルノデアリマス、即チ恃ム所ハ唯道義力、自分ノ良心ト相手方ノ良心ニ通ズル共通ノ正義感ノミデアル、サウ云ツタ最後ノ極所、最後ノ関頭ニ立ツテ居ルト云フ此ノ心構ヘガ最モ強イノデハナイカト考ヘルノデアリマス、「インド」ノ「ガンヂー」ガ説イタ所ノ非暴力主義、真理ノ把持、所謂《いわゆる》「サチアグラハ」ノ信条、日本国民ハ今ヤ此ノ真理ノ把持、正義の把持、道義国家ノ信条ニ徹スルコトガ一切ニ亙ル再建ノ大前提デハナイカト考ヘルノデアリマス、又事実ソレ意外ニ立直ル途ハナイノデアリマス……〔13〕

これに対し幣原は「深キ同感ヲ以テ拝聴致シタ」と応じ、また国務大臣で憲法問題調査委員長の松本烝治（一八七七―一九五四）も、続く中谷の「憲法民主化ノ見地ニ立チマシテ、此ノ際相当思ヒ切ツタ改正ガ加ヘラレナケレバナラナイト思ヒマス……憲法ノ民主化ヘノ改正ガ要請セラレテ居リマスル今日、憲法改正ニ関スル政府ノ態度ガ斯クノ如キ不透明ナル官僚的秘密主義ヲ以テ終始シテ居リマスルコトハ、洵《まこと》ニ私ハ遺憾デアルト思フ……」との質疑を受けて、日本憲法史上有名な答弁を行った。すなわち、第一に「天皇ガ統治権ヲ総攬セラル、ト云フ大原則ハ、是ハ何等変更スル必要モナイシ、又変更スル考ヘモナイ」、第二に「議会ノ決議ヲ必要トスル事項ハ、之ヲ拡充スルコトガ必要……従来ノ所謂《いわゆる》［天皇］大権事項ナルモノハ、其ノ結果トシテ或ル程度ニ於テ制限セラルルコトガ至当」、第三に「国務大臣ノ責任ハ国務ノ全般ニ対シテ存在スル……国務大臣ハ帝国議会ニ対シ、……間接ニハ国民ニ対シテ責任ヲ負フ」、第四に「人民ノ自由、権利ト云フヤウナモノニ対スル保護、確保ヲ強化スルコトガ必要」といった、いわゆる「松本四原則」の表明である〔14〕。

中谷はいう。ひとたび「国家意思」において「ポツダム宣言」を受諾したからには、小手先の弥縫はやめ、正々堂々「自主的」に「積極的」にその「完全」な履行をはかるべきである。「身ニ寸鉄ヲ帯ビナイ」という目下の現実（非武装）を、国家本来の理想（道義）を実践する「逆縁的機会」〔15〕とこのさい前向きにとらえ、強制によらず「日本自身」がみずから選び取った「真理」、「正義」として内在化する。「敗戦日本」の将来の再建のためには、今は「生半可ナ武力ヲ持ツ」よりも「最後ノ極所、最後ノ関頭ニ立ツテ居ルト云フ此ノ心構ヘ」――殺さば殺せと腕をまくる「非暴力《アヒンサー》」の覚悟

――を据えることが肝要である、と。

外圧への物理的抵抗手段を欠いたかつてのインド―ガンディーと同様の状況に追い込まれた終戦当時の日本―中谷にとって、「非暴力主義《アヒンサー》」は、国家の戦闘精神の唯一可能な表現形式であった[16]。山口希望は、そうした「ポツダム宣言受諾による武装解除を逆手に取」った、いわば「焦土戦略をもって戦勝国アメリカと対峙しようとし」た彼の発想に、ナショナリストとして筋金入りの「したたかさ」を認めている[17]。けだし卓見といえよう。「ポツダム宣言」そのものに対する中谷の本心は、同宣言の執行機関たる連合国軍最高司令官総司令部（ＧＨＱ）の廃止すなわち日本の主権回復（一九五二年四月二八日）後に彼が幾度なく発した、次のような言説に明らかである。

一読其の文調、内容ともにいかにも高圧的威嚇的であって傲慢無礼を極めており、名誉あり誇ある民族の到底受け容れることのできないものである。元の使を斬った北条時宗〔一二五一―一二八四〕、明の封冊を裂いた豊臣秀吉〔一五三六―一五九八〕、本来の日本民族の伝統精神からいえば、即座に斯くの如き非礼極まる降伏強要の文書を拒否して、国を焦土と化すとも、後のベトナムの対米抗戦の如く民族的闘魂を最高度に発揮して、徹底抗戦に進むのが当然であった。また事実、これを拒否して徹底抗戦を主張する者も少くな〔ママ〕ったのであるが、しかし、亡国的廷臣達の謀略により、天皇の「聖断」という当時の日本の政治構造及び日本人の精神構造としては絶対に争うことの出来ない至上の意志によって、このポツダム宣言の受諾が決定され、その瞬間から日本の歴史の最も暗い頁が始まるのである。[18]

なお中谷は、前述の帝国議会でのやりとりこそ「日本国憲法」制定（一九四六年一一月三日公布）に至る議論の始原というべきものであり、とりわけ戦争の放棄を謳った第九条の「思想的素地を作る上に相当の示唆を与えた」[19]と述べているが、彼における非武装国家の提言はあくまで戦勝国によるデベラチオ（Deberatio）——「ローマ帝国がカルタゴを殲滅したる如き……征服による絶滅」[20]——という最悪の事態をみすえた上での、その時点で考え得る最善の方便であったことは留意しておかねばならない。

さて、順調に歩武を進めるかにみえた行地社であったが、一九二五（大正一四）年八月に発生した安田共済生命保険株式会社の争議——現社長の勢力一掃を画策する親会社とそれに反発する一部社員の対立——をきっかけに結束が乱れ始める。行地社の同人で愛弟子の千倉武夫（一九〇一—没年未詳）が社長派に加わっていたことから調停に乗り出した大川周明であったが、北一輝はそれを出し抜いて事態の取りまとめを親会社幹部の結城豊太郎（一八七七—一九五一）に約束し多額の報酬を受け取り、争議も社長派の敗北に終わる[21]。この件に関して、中谷は最初から「国家改造や民族問題に直接関係の無」い市井事と拱手傍観を決め込んだが、北を支持して大川と対立した西田税は一一月に同人から外れている[22]。

更に翌年の夏には、宮内省怪文書事件が表沙汰になる。北一輝の側近となった西田らが北海道の御料地売却に関して宮内省内部に種々の不正があったとする怪文書を大川周明と個人的に親しい内大臣の牧野伸顕（一八六一―一九四九）、宮内次官の関屋貞三郎（一八七五―一九五〇）、内匠頭の東久世秀雄（一八七八―一九五一）に送付し、暗に恐喝を行ったとされる出来事である。背後で糸を引いたとおぼしき北を大川が虚実ないまぜに誹謗中傷するに及び、行地社の分裂は決定的となり、以前から大川の尊大な言動に反感を抱いていた沼波瓊音、満川亀太郎、笠木良明、綾川武治、それに中谷など主要同人のほとんどが七~八月に社を脱退するという騒動に発展してしまう［23］。

なお、該事件の捜査では、中谷も北一輝の関係者として東京地裁検事局で聴取を受けている。一連の裁判記録によると、貴族院議員・元警視総監で宮内省に知己を持つ赤池濃《あつし》（一八七九―一九四五）は六月中旬に怪文書の流布を知り、北に三千円を贈与して事が大袈裟になる前に穏便に収めさせようと画策し、その取り次ぎをかねて面識のあった沼波瓊音に依頼した。ところが北は、額を不服としてかあるいは誤解を招くのを恐れてか、留守宅に届けられた金包みを放置したまま一時姿をくらまし待合に潜伏、あげく西田税ともども「暴力行為等処罰ニ関スル法律」違反の容疑で市ヶ谷刑務所に収監（翌年一月に保釈）されてしまう［24］。宙に浮いた三千円は、八月下旬に、北の次弟昌（一八八七―没年未詳）の依頼で、沼波から北に宛てた手紙とともに中谷が預かることになる。書面には「北

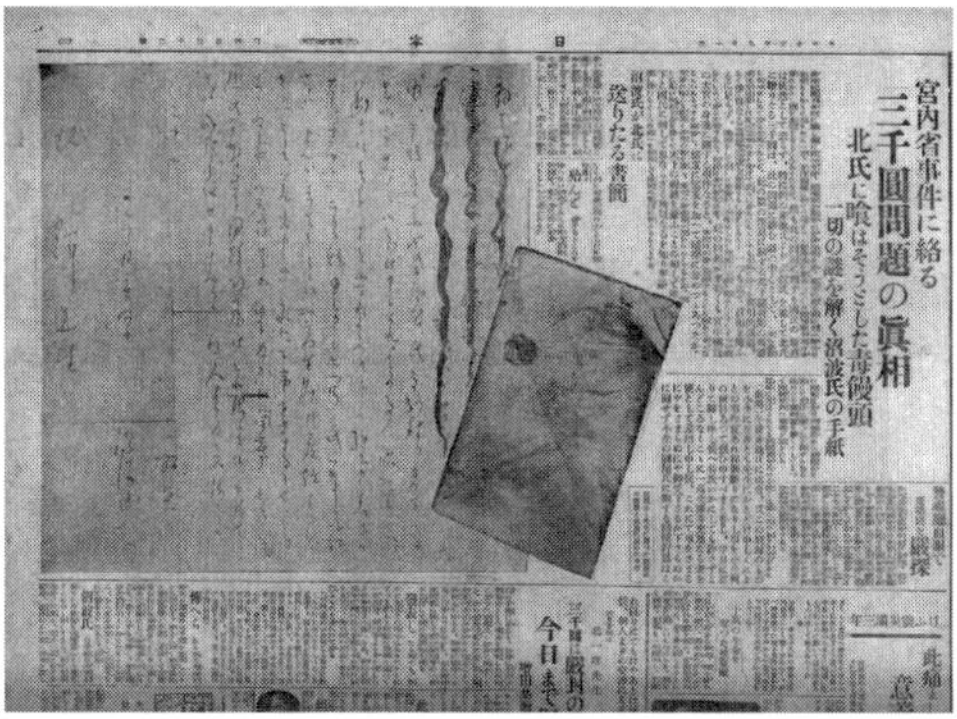
宮内省事件に絡る
三千圓問題の眞相
北氏に喰はさうとした毒饅頭
一切の謎を解く沼波氏の手紙
沼波氏が北氏に送りたる書簡

新聞『日本』（1926年9月1日 3面）［公益財団法人無窮会所蔵］

の体面」に配慮して「貴殿〔北〕が金の事をあれ丈け断わつたに拘はらず尚ほ赤池氏から強て頼まれた為め《〔ママ〕》止むを得ず此金をお届けする」云々との文言があった〔25〕。これが将来公判で有利な材料になると考えた中谷は、一旦新聞『日本』編輯局長の綾川武治に貸した——同人はそれらを写真に撮り紙面に掲載（九月一日付、前頁写真参照）した——のち、「将来弁護士を《〔ママ〕》も頼んで提出するつもり」で満川亀太郎に保管を委ねている〔26〕。

北と中谷の交情はその後も続いたが、一九三〇年代に入って北と西田税が陸軍のいわゆる「皇道派」の革新青年将校たちに直接影響を及ぼし始めた頃から徐々に疎隔が生じていき、やがて中谷は「軍ハ北〔一輝〕、大川〔周明〕ノ徒トノ交捗《〔ママ〕》ヲ絶対ニ排スベキナリ、彼等ハ不純ナリ」〔27〕と、北を大川ともども公然非難するようになる。とりわけ二・二六事件（一九三六年）の前後、彼が主宰した雑誌『維新』（後述）には、

> 美濃部〔達吉〕などは足下にもよる能はざる最兇逆不逞機関説を奉じ己の民主改造案の実行を陛下に号令せしめ奉らんとするが如き不逞民主魔、北一輝及此の民主魔に身も心もなく傾倒心酔して絶対信仰、絶対服従以て其の爪牙を勤むる輩までも混入して改造と叫び維新と呼ぶ、共産改造、無政府改造、民主改造の徒こそ維新の対照《〔ママ〕》として真先に打倒撲滅せらるべきものである。〔28〕

あるいは、

> 北一輝の国家改造原理は、一言以て是を蔽へば、実にジヤンジヤク・ルソオ〔Jean-Jacques Rousseau, 1712-1778〕の流を汲む直接民主々義の思想に外ならない。さればこそ『国家改造案原理』〔ママ〕は、その巻頭第一題して『国民の天皇』〔二重カギカッコママ、以下同〕の悪逆の題目を掲げ、我が神ながらの国体の信念を指して『日本の国体を説明するに高天ケ原《たかまがはら》的論法を以てする』『笑ふべき』ものと嘲笑し、アングロサクソン自由主義を指して『是れデモクラシーの本面目を蔽ふ保守頑迷の者、その笑ふべき程度に於て日本の国体を説明するに高天ケ原《たかまがはら》的論法を以てする者あると同じ』と曰つてその真意の存する所が実に『デモクラシーの本面目』に存することを吐露してゐる。……我等 天皇を持つにあらず 天皇 我等を持ち給ふ。北一輝の所謂《いわゆる》『国民の天皇』とは本末顛倒の見、悪逆不逞の言ひ分と曰はねばならぬ。〔29〕

といったような、北の思想性を悪しざまに罵った文章が散見される〔30〕。

二　硬派知識人としてのキャリア形成②——大東文化協会

行地社での活動と並行して、中谷武世は、一九二五（大正一四）年四月から綾川武治とともに大東文化協会の東洋研究部嘱託（週三日出勤）となり〔31〕、同部が事業中止となる翌年一〇月まで約一年

北昤吉［同著『光は東方より』（大日本雄弁会、1918年8月）より］

大東文化協会事務所／大東文化学院校舎（兼用）［同協会／同学院編・発行『創立沿革』（1932年10月）より］

半、機関誌月刊『大東文化』（一九二四年三月創刊）の編集・発行をはじめとするさまざまな文化事業に携わっている。これは、北一輝の長弟で大東文化学院教授の昤吉（一八八五―一九六一）の斡旋によるものであった［32］。

大東文化協会は、一九二三（大正一二）年二月一一日に創立され、同年九月二〇日には財団法人として設立許可された――併せて附設教育機関の大東文化学院も設立認可された――政府協賛の教化団体であった［33］。その淵源は第四十四回帝国議会（一九二〇年一二月二七日開会）より都合三度にわたって衆議院に提出された「漢学振興ニ関スル建議案」にあり、規約には第一に「皇道ニ遵ヒ国体ニ醇化セル儒教ニ據リ国民道義ノ扶植ヲ図ルコト」が謳われた。役員の顔ぶれも豪華で、会頭には伯爵・貴族院議員の大木遠吉（一八七一―一九二六）、副会頭には貴族院議員の江木千之《かずゆき》（一八五三―一九三二）、衆議院議員の小川平吉（一八七〇―一九四二）、初代学院総長には平沼騏一郎など、保守的信条を有し各界に隠然たる影響力を有する政治家が名を連ねた。

中谷としては、以前から「安岡正篤君の儒教的王道主義に何とはなしの反発を感じ」[34]ていただけに、復古を基調とする協会の路線にさほど魅力を感じることはなかった。それでも彼は前向きに所定の業務をこなし、自身再会を待ち望んだプラタプの約二年ぶり三度目の来日に際しては綾川武治とともに大木遠吉ら幹部連に意見具申して「プラタプ氏ボース氏招待会」（於華族会館、一九二五年六月八日）を盛大に開かしめている[35]。

滞日中、プラタプは日の会にも招かれ、東京帝国大学で「新生への道（Wash the Slate and Rewrite.）」と題して講演（一九二五年六月一日）を行い、現代日本の青年層における物質文明崇拝・科学偏重・宗教軽視の弊を鋭く摘示した[36]。感銘措くあたわず、中谷はこの時の筆録および同人の他の論著二篇を収録した訳書『新日本の青年に寄す』を、大東文化協会出版部より刊行（一九二六年一月）している[37]。

三　硬派知識人としてのキャリア形成③——新聞『日本』

大東文化協会の嘱託は、高給であろうと意に沿わぬ職にフルタイムで就くことをよしとしなかった中谷武世にとって唯一の収入源であったが、家族を抱えての生計[38]を安定させるには至らなかった。そこで彼は、満鉄・東亜経済調査局を退社し日本新聞社の編輯局長に就任（一九二六年五月）した綾川武治の斡旋で同社の嘱託にもなり、週二回の論説と綾川受け持ちの短評欄「十六面棒」の代筆を担当し、それらの稿料と郷里からの時折の仕送りを足して、どうにか糊口をしのぐ道を付けたのである［39］。

新聞『日本』は、虎ノ門摂政宮裕仁皇太子狙撃事件（一九二三年一二月二七日）などに象徴される関東大震災（一九二三年九月一日）後の不穏な世情を憂えた司法大臣（加藤高明内閣）の小川平吉によって、「俗悪ジャーナリズムに対抗」し「腐敗せる社会、堕落せる人心を矯正」すべく一九二五（大正一四）年六月二五日に創刊された、中小規模――一九三三（昭和八）年一〇月一〇日現在の公称発行部数は三三、五〇〇部となっている――の日刊紙であった［40］。創刊当初は数少ない「極右系」紙として、「畢竟は資力の充実に因るのであらうが、此種特色的新聞の存在も亦世間に必要であることを知らしめる」と業界内でも注目されていた［41］。

綾川武治［『埼玉評論』第4巻第3号（1936年3月）より］

小川平吉［轟真広編『空拳努力信濃立志伝』（私家版、1922年9月）より］

ここで中谷は、あたかも水を得た魚のごとく、「日本思想の確立、日本人の行くべき道、愛国政党の必要、宮内省の改革、自由主義の排撃、議会中心主義の誤謬、赤化朝日［新聞］への忠言」等に健筆をふるった［42］。時にはみずから激化する労働運動の現場取材を行い、「武装暴動革命の予行演習としての争議を警告」し、内務省社会局の起草になる労働組合法案（一九二九年一二月一一日草案公表）をめぐっては、その内容を「著しく労働者擁護であり、労働ブローカー跋扈法であり、罷業《ストライキ》増大の法である」とみて議会提出・通過を阻止すべく主筆の若宮卯之助（一八七二―一九三八）らとともに「反対を切言」している[43]。

筆禍を度外視した「果敢な筆陣」[44]の一方で、『日本』は、事実上の社主たる小川平吉が立憲政友会所属の衆議院議員でありしかも三井・三菱等の財閥と関係が深かったことから、記者は経営者側の「旧来の情実関係」への忖度を適宜求められるという制約も抱えていた[45]。だが中谷はそうした事情には一切頓着せず、小川が鉄道大臣をつとめる与党・政友会―田中義一内閣の張作霖（一八七五―一九二八）を傀儡とした「固陋《ころう》姑息」な大陸政策に公然異を唱え、「国民的感情の疎隔の程度より見て日支両国の正面衝突は既に宿命的であるかも知れぬ……一度徹底的に腹の底のムシヤクシヤを曝け出し合つて見ることも已むを得ないところかも知れぬ」といった陸軍の一部強硬派寄りの意見や、「満蒙を支那の中央政権から引き離して、此処に別個の独立政権を樹立して、これを通じて我が権益の保持とソ連の侵略に対する防衛の第一線を守」るべしといった満蒙分離論を事あるごとに論説・短評欄等で披瀝したのであった[46]。

日本
革命思想の歴史的清算

中谷の論説「不戦条約の御批准奏請」が掲載された新聞『日本』（1929年2月16日 1面）［公益財団法人無窮会所蔵］

更に、田中内閣の「パリ不戦条約」調印（一九二八年八月二七日）に関しても、北昤吉と轡《くつわ》を並べてその第一条中の文言 "in the names of their respective peoples（其ノ各自ノ人民ノ名ニ於テ）" の非違性を剔抉し、「日本の場合は国家意志を厳粛な形で表現する場合、或いは国際条約等に参加する場合は憲法上の規定からしても、当然天皇の名に於いてなされる」べきであり「何等の保留を附することなく調印の全権を派遣し、全権またツイウカ〱と調印し終りたる政治的責任は、如何なる遁辞を設くるとも逃避を許されざるもの」と厳しく断じている[47]。こうした新聞『日本』の論調に触発された衆議院議員で野党・立憲民政党の中村啓次郎（一八六七—一九三七）は新聞社に連絡をよこし、該問題を来たる第五十六回帝国議会（一九二八年一二月二六日開会）で取り上げ政府を追及[48]する意向を中谷に伝えた。それに対し中谷は、事前に憲法学者の上杉慎吉や、元外交官で反国際協調外交（反幣原外交）の論客として知られた本多熊太郎（一八七四—一九四八）の意見を聴いて理論武装しておくべきと助言したという[49]。中村と本多はいずれも和歌山県人で中谷とはかねて面識があった。

　本多は平沼騏一郎を会長に推戴して組織を拡大（一九二四年五月）した有名な思想団体、第二次「国本社」の理事でもあった[50]。大正末年頃から旧興国同志会員で弁護士の太田耕造を通じて同社に時折出入りしていた中谷は、本多の推挽で機関誌月刊『国本』（一九二一年一月創刊）に数多くの論考を寄稿している[51]。国本社との縁は中谷に得がたい恩恵をもたらし、彼はやはり同社の理事で当時法政大学の大学部長《〔ママ〕》であった小山松吉（一八六九—一九四八）の斡旋を受け、一九二八（昭和三）年度より同大学専門部第二部の講師として「外交史」を担当する[52]。一九三二（昭和七）年度からは教授として、前年度まで綾川武治が受け持っていた「政治史」も兼担することになる[53]。同大学の教員名簿には確認出来る限り一九四三（昭和一八）年度まで記載があり〔54〕、この間の中谷の言説が、非官立校とはいえ「大学教授」の肩書によって大いに権威性を高められたことは論を俟たない。

四　反共運動——全日本興国同志会

新聞『日本』の嘱託となった中谷武世は、社の講演部よりその弁才を買われ、綾川武治とともに信越地方や関西など各地の在郷軍人会にしばしば出張した〔55〕。

そうしたなか二人は、講演先で築いた個々のつながりを束ねた国家主義・日本主義の全国ネットワーク組織を立ち上げることを思い立ち、一九二七（昭和二）年一一月二三日、新聞『日本』の助成下に「全日本興国同志会」を結成する〔56〕。メインスタッフには、綾川、中谷の他、満川亀太郎、太田耕造、やはり旧興国同志会員で弁護士の天野辰夫、それに桃太郎主義〔57〕の行者・渥美勝（一八七七—一九二八）などが名を連ねた。創立大会に出席した長野県下伊那郡の名士で在郷軍人下伊那連合分会副会長の森本州平（一八八五—一九七一）は、その模様を当日の「日記」に次のように記している。

午前十時開会の大会午前十一時に始まる　綾川武治氏独り奔走したり、……各地方の状況報告及演舌あり、昼食を喫して各地より集まれる熱血児の言を聞く、祖国の窮状を訴えて局面打開の方法を講ずる事頗る切なり、午後三時式後明治神宮参拝、一同社前に於て神明に興国運動を誓ひたり、後修養団に入りて中野貞《〔ママ〕》〔野中貞の誤記、生没年未詳〕、中谷武世の支那民族会議の模様、等雑談を交え〔全日本興国〕同志会の将来等につきても議す、中野《〔ママ〕》氏の諸説面白く中谷氏の亜細亜《アジア》民族回議《〔ママ〕》の状況等面白し、願くは其の会の秩序（順序）を今少し整然たらしめたかりし、……〔58〕

文中の「支那民族会議」または「亜細亜《アジア》民族回議《〔ママ〕》」とは、衆議院議員の岩崎勲（一八七八―一九二七）、今里準太郎（一八八六―一九七六）らの「全亜細亜《アジア》協会」（一九二四年七月一〇日設立）と、中国国民党員で北京議会（国会）議員の黄攻素（生没年未詳）らの「亜細亜《アジア》民族大同盟」（設立年月日不明）と、日中二つのアジア主義団体が共同で主催した「亜細亜《アジア》民族会議（全亜細亜《アジア》民族会議とも）」の二回目を指す。一回目は一九二六（大正一五）年八月一～三日に長崎で開催（於基督《キリスト》教青年会館）され、日本、中華民国、インド、フィリピン、セイロンなどアジア各地から著名な民族運動家五〇名前後が参集した〔59〕。今里ら日本側委員と黄ら中国側委員の「対中二十一ヶ条要求」（一九一五年一月一八日手交）をめぐる齟齬や、旅券《パスポート》紛失（盗難）のため官憲当局に足止め（入国拒否）されたプラタプの不参加等により調整が難航したものの、最終的に「外国統治下ニアル亜細亜《アジア》民族ノ現状改善」、「亜細亜《アジア》諸国ノ間ニ現存スル不平等条約ノ撤廃」等を規約に盛り込んだ「全亜細亜《アジア》連盟」の暫定的成立をみた〔60〕。二回目は翌一九二七（昭和二）年一一月一日より上海で実施される予定であったが、準備委員会において再燃した日中代表間の意見対立が長引き、プラタプの調停でようやく七日に小規模の本会議（談話会）が開かれるにとどまった〔61〕。この時中谷は、日本側代表団の一員として往路の船上でプラタプと合流（一一月三日）しており、英国官憲の指示で舟艇《ランチ》が同国租界側の埠頭へと向かうのを咄嗟の機転で艇長をステッキで威嚇し針路を反転させるという活劇を演じている[62]。

さて、全日本興国同志会は、「創立宣言」において「日本そのものに巣喰ふ邪悪」すなわち第一次世界大戦終結前後から急速に国内に浸透し始めた外来思潮――共産主義や諸派社会主義およびそれらを学問・言論の自由の名のもとに容認する自由主義――を「断滅粉砕」することを謳い、「祖国をして祖国本然の面目に復帰せしむる」べく草の根の思想啓蒙運動を全国的に展開した[63]。

演壇上のプラタプと通訳の中谷、全日本興国同志会主催講演会（場所不明、1928年3月頃）にて［中谷家所蔵］

加盟団体は、森本州平とその盟友で在郷軍人下伊那連合分会副会長の中原謹司（一八八九―一九五一）が率いる下伊那国民精神作興会をはじめ、呉興国青年会、和歌山興国青年会、裏日本興国青年会、下越愛国青年連盟、実行社（下伊那）、成田修養会、気仙沼大気社、弘前旭光義盟、浜松日本主義労農同志会、正気会（浜松）、新日本建設同盟（熊本）、湖国青年連盟（大津）、日本金鶏党（名古屋）、静岡青年国本社、日本思想研究会（名古屋）、農大一志会、信州猶興社、南紀急進国民党、皇国青年同志会、埼玉興国会、等々、最大「五十に達し」たとされ、これらからの求めに応じて、綾川、満川、中谷から中央の世話人は、一時東北から九州まで席を暖める暇もなく勉強会の指導や講演に飛び回ったという〔64〕。例えば中谷は、一九二八（昭和三）年二月四〜六日、三月三〜四日および三〇〜三一日（この時は来日中のプラタプの通訳として）と、二ヶ月の間に都合三回も南信地方に赴いている〔65〕。その遠路厭わぬ行動力と熱した弁論――「日本国民中に獅子心《〔ママ〕》中の虫となりて祖国を得る運動か《〔ママ〕》行はれ居るは実に第一吾々の敵である」として「労働農民党の機関紙無産者新聞を読み挙け《〔ママ〕》て其の実例を説き痛烈なる無産者運動 則《すなわち》 反祖国運動を慨し」た――には、招聘した森本州平も「定めて青年に良感化を与へたるなるべし」と「日記」（一九二八年三月四日）に手ごたえを書き止めている〔66〕。

この他にも全日本興国同志会は、機関紙『日本主義運動』（発刊年月日未詳）の配布や、綾川武治著『共産党運動の真相と毒悪性』（一九二九年四月）、同『共産党運動の害悪』（一九三〇年四月）など教化用刊行物の頒布を行い、一定の成果〔67〕を収めている。

五　日本版ファシズムへの志向――愛国勤労党

右派陣営における新進気鋭の論客として中谷武世が徐々に政治外交論壇にその存在を認知され始めた一九二〇年代後半、日本の政治は、衆議院の第一党が台閣に列するいわゆる「憲政の常道」がようやく定着し、「衆議院議員選挙法改正法律案」いわゆる「普通選挙法案」の可決（一九二五年三月二九日両院通過）や地方議会における普選制の採用を定めた「府県制」・「市制」・「町村制」・「北海道会法」の各法改正（一九二六年六月二四日公布）など、大正デモクラシーの爛熟期を迎えていた。だがその一方で、憲政会と立憲政友会、二大政党間の権力闘争（スキャンダル暴露合戦）が熾烈化し、大阪の松島遊郭の移転・誘致をめぐる贈収賄事件（一九二六年二月二八日発覚）を皮切りに与野党要人の関与したとおぼしき疑獄が次々と明るみに出たことで、政党政治に対する社会一般の不信もまた確実に醸成されつつあった[68]。この頃『大東文化』に掲載された中谷の論説には、そうした時代状況に対する彼の否定的展望が端的に披瀝されている。

……或る民族に発達してその民族に好適なりし政治組織も、之を他の民族に移せば何らの効用をなさず寧ろ却て有害なる結果を招来すること、恰《あたか》も淮南の橘《たちばな》化して淮北の枳《からたち》となると一般なることの何よりの証左である。……凡《およ》そ十九世紀より二十世紀へかけての世界的錯覚の最大なるものは、代議政体、立憲政治に対するそれであつた。アングロサクソンの民族性から謂へば必然的に、世界の政治史の進行よりいへば偶然的に英国に発達し、英国を繁栄せしめたる代議政治を、絶対的良制度と見て挙《こぞ》つて之に学ばんとしたる各国民共通の錯覚である。而して二十世紀初頭に於ける世界的幻滅の最大なるものは、代議政治、議会主義に対する幻滅である。……アングロサクソンの民族性に胚胎し、英、米両国に幸したる政党政治を移して以て直ちに我に幸せしむるを得べしとする錯覚が、所謂《いわゆる》憲政の先達――実は維新運動の落伍者――等の努力によつて国民の常識化せられ終つた。三十年の憲政史とは畢竟三十年の政治的錯覚史である。……然るに維新の惰力漸く衰へ、且つ議会政治が漸く爛熟の域に達して政党政治の定型を執り来るに及び、潜在せる欠陥は顕著に表面に現はれるに至つた。日本の政党政治が英国のそれの

ムッソリーニ［下位春吉編訳『ムッソリニ《ママ》の獅子吼』（大日本雄弁会講談社、1929年12月）より］

> 形式に似来れば似来るほど、その国民生活に及ぼす弊害、民族の進運に及ぼす障礙は甚しくなつた。かくて漸く議会主義、特に政党政治に対する幻滅が来た。[69]

かように断じた中谷は、爾後益々「醜態極に達し」た既存の政党政治に対する反発を強め、当時イタリア王国で全国ファシスタ党（Partito Nazionale Fascista）による一党独裁体制を着々と完成させつつあったムッソリーニ（Benito Mussolini, 1883-1945）に倣って「ファッシヨをやるつもり」と周囲に宣言[70]し、津久井龍雄（一九〇二―一九八九）、矢部周（生没年未詳）、小栗慶太郎（一八九八―一九三五）、神永文三（一八九六―没年未詳）など急逝した高畠素之（一八八六―一九二八）の思想血脈を継ぐ国家社会主義者の一派とも相談しながら試行錯誤を重ねていった[71]。森本州平は「日記」（一九二九年六月一二日）に「激越したる話と日本主義的［政党］進出の急務なる熱心なる態度」[72]と記し、日ごと急進化していく中谷の言動に懸念を抱いている。

　しかして中谷は、一九二九（昭和四）年の秋頃から、津久井らや全日本興国同志会の有志とはかって「愛国大衆党」の組織準備に着手し、翌年二月一一日には「愛国勤労党」と名称を改めた新政党を正式に発足させる[73]。党首は置かず、顧問には九州帝国大学教授の鹿子木員信、満川亀太郎、北昤吉、社会教育家で平凡社社長の下中弥三郎（一八七八―一九六一）[74]、中央常任委員には中谷、天野辰夫、綾川武治、太田耕造、中原謹司、津久井龍雄、矢部周、小栗慶太郎、神永文三、社会学者で明治大学教授の赤神良譲《よしつぐ》（一八九二―一九五三）、中国研究家で元満鉄社員の口田康信（一八九三―一九四五）、社会運動家で後に中谷と衆議院同期当選を果たす佐々井一晁《かずあきら》（本名晁次郎、一八八三―一九七三）といった面々が名を連ねた。結党の直接のきっかけとなったのは、中谷と天野辰夫が福岡の鹿子木員信を訪ねた際に受けた、

自分は独乙《ドイツ》で此の目でナチス［Nationalsozialistische Deutsche Arbeiterpartei 国家／国民社会主義ドイツ労働者党］の運動を見て来たが、第一次大戦の敗戦から崛起して独乙《ドイツ》の再建を図る主導的勢力として、今やナチスは非常な勢いで躍進しており、やがて此の党が独乙《ドイツ》の政権を掌握するのも最早時日の問題である、日本も単なる思想運動としての国民運動では限界があるので、既成政党の腐敗と無力を目前にして国民の間に政治不信が高まっている時、既成政党の打倒と新日本建設のため新しい民族主義の政党を結成する必要があるのではないか。……諸君の運動を近い機会に愛国政党の運動に発展させる必要を内外の情勢が求めているのではないか。[75]

との助言であり、党名の変更もまた、資本主義の発達した近代社会における個人の漫然たる集合体を意味する《大衆》をそのまま用いるよりその大衆をして国家に奉仕せしめるという目的性を前面に出した《勤労》の方が相応しいとの鹿子木の教示によるものであった。

もとより中谷の意識では、党組織はあくまで「全国の革命的日本主義者、急進的愛国主義者の、全

体的闘争の尖端を、政治的に露出しやうとする運動」の一環であり、自分としても「急に議会主義に改宗し政党政治讃美論者に変節し」たわけではなかった[76]。

かくして壮途に就いた愛国勤労党であったが、その内部は必ずしも一枚岩ではなかった。同党の綱領には「天皇ト国民大衆トノ間ニ介在スル一切ノ不当ナル中間勢力ヲ排撃」、「搾取ナキ国家ノ建設」、「全産業ノ国家的統制」、「資本主義ノ傀儡タル特権政党ト国性ヲ無視セル無産政党トニ鋭ク対立シ之カ克服ヲ期ス」等々、政策大綱には「華族ノ政治的並ニ経済的特権ノ廃止」、「選挙被選挙資格ノ婦人ヘノ適用及ヒ資格年齢ノ低下」等々、「天皇」という言葉がなければ左派とみまごうばかりの革新的な主張が幾つも盛り込まれていた[77]。それゆえ、素朴な日本主義の立場を堅持し「マルクスボーイ式」の方法論(階級闘争)に懐疑的な森本州平は準備段階から非協力的な態度[78]を取り、同様に国家社会主義者を左右どちらに主軸があるのか分からない「鵺的の存在」と警戒する綾川武治も名義のみの参加にとどまっている[79]。更には、「大衆」に基礎を置いた政治運動という点にこだわりを持ち党名の変更を快く思わない津久井龍雄も、自信家で「他より見れば稍《やや》独断に過ぐると思はれ」た中谷や天野辰夫に辟易して半年余で脱退(一九三〇年八月)し、以降はみずからを中心とする「急進愛国労働者総連盟」(一九二九年七~八月組織)および「急進愛国党」(一九三〇年八月結成)の育成に専念していく[80]。

ともあれ、愛国勤労党は、数少ない右派の無産政党[81]として、その動向は当初大いに注目されていた[82]。おりしも結党時は、五大海軍国(英米日仏伊)の補助艦保有量の国際制限を議題としたロンドン海軍軍縮会議が開催中(一九三〇年一月二一日~四月二二日)であった。愛国勤労党は早速、新聞

『日本』や同じ右派の「日本国民党」[83]、それに野党・立憲政友会の鳩山一郎（一八八三—一九五九）などと歩調を揃えて、兵力量の決定は海軍省を含む政府の責任事項（「大日本帝国憲法」第十二、五十五条）であると対英米七割未満で協調をはかった与党・立憲民政党—浜口雄幸内閣を、天皇の統帥大権（前同第十一条）を錦の御旗に徹底的に批判・攻撃した[84]。

中谷ら党幹部は、渋川善助（一九〇五—一九三六）[85]ら傘下学生団体有志に命じ、全権委員の一人として「ロンドン海軍軍縮条約」の調印（四月二二日）を終えて帰国した海軍大臣の財部彪《たからべたけし》（一八六七—一九四九）の東京駅着を狙って「降将財部の醜骸を迎ふ」と大書したビラを撒布（五月一九日）させた。また中谷は、調印に悲憤して自決（五月二〇日）した海軍軍令部参謀の草刈英治少佐（一八九一—一九三〇）の追悼講演会（会津支部主催、於若松劇場、七月一二日）に登壇し、「現内閣の措置誤れりとて財閥政党を攻撃し最後に同党の決議せしロンドン海軍条約反対の決議文を朗読」するなどして五〇〇名余の聴衆に「相当感動を与へ」たという[86]。

しかるのち条約の国内批准が迫ると、鹿子木、中谷、天野ら「勤労党之有志」は、海軍部内の反対派（艦隊派）の中心人物で前軍令部長の加藤寛治大将（一八七〇—一九三九）を訪問（八月一二日）し批准阻止に向けて方策を検討する[87]とともに、天皇の諮詢機関である枢密院を党を挙げて「督励」し政府と対決せしむべく「全国各支部に指令」を発している[88]。

最終的に、条約は、古参の枢密顧問官で審査委員長の伊東巳代治（一八五七—一九三四）が賛成に回り、枢府として「御批准然るべし」との奉答文をまとめたことで無事批准・成立（一〇月二日）をみた[89]。だが余燼はくすぶり続け、愛国勤労党と共闘関係にあった右派団体「愛国社」（一九二八年八月一日結成）の佐郷屋留雄（一九〇八―一九七二）は、社主の岩田愛之助（一八九〇―一九五〇）、軍事評論家の平田晋策（一九〇四―一九三六）、前海軍軍令部次長の末次信正中将（一八八〇―一九四四）、それに中谷などから「統帥権」の概念と政府による今回の「統帥権干犯」の動きを縷々教示され、一知半解ながら公憤措くあたわず、遂には浜口雄幸首相（一八七〇―一九三一）を東京駅頭で狙撃（一一月一四日）し重傷を負わせるに至る[90]。また中谷は、キャッスル事件――軍縮会議中に着任した米国大使のキャッスル（William Richards Castle,Jr., 1878-1963）が、同会議に関し日本の世論を誘導すべく一五〇〜三〇〇万米ドル相当の金銭を複数の政府要人や朝野の有識者、『時事新報』、『東京日日新聞』、『東京朝日新聞』等大新聞の幹部にバラ撒いたとされる疑惑――の報道をめぐり、噂の発信元の一つで新聞『日本』と共闘関係にあった右派系新聞『日曜夕刊』理事の仲川吉太郎（生没年未詳）らが『時事新報』編輯局長の伊藤正徳（一八八九―一九六二）らから名誉棄損で告訴された件（一九三〇年一二月六日公訴提起）で、参考人として綾川武治とともに東京地方裁判所検事局の取り調べを受けている[91]。

こうした一連の活動を通じて存在感を発揮した中谷―愛国勤労党であったが、党勢は長続きしなかった。創立から一年経つ頃には「最近財政的窮乏ノタメ殆ンド行動見ルベキモノナカリシ」[92]状態となり、海軍の革新青年将校たちの牽引役であった藤井斉《ひとし》大尉（一九〇四―一九三七）も「日記」（一九三一年一月二二日）に「左翼不振、日本国民党も勤労党も駄目」[93]と書き付けている。それでも、「金権亡国政府を倒せ」、「資本主義の傀儡既成政党と赤露の手先無産政党を撲滅せよ」、「愛国勤労者の政府を樹立せよ」、「満蒙の軍事管理だ」、「暴支の武力膺懲だ」等々過激な文言を書き連ねたポスターやビラを陸軍記念日（三月一〇日）に東京市内要所に貼付・撒布する[94]など時折耳目を集めることはあったが、官憲当局の警戒を強める結果にはなっても、一般大衆の広範な支持にはつながらなかった。地方支部またふるわず、一九三一（昭和六）年九月二七日の長野県会議員選挙で南信支部の中原謹司が党公認として立候補・当選した程度であった［95］。

なお、愛国勤労党には小栗慶太郎が編輯長をつとめる機関誌隔月刊『勤労日本』（一九三〇年五月二七日創刊）があったが、資金不足による発行部数の少なさや当局の干渉を受けての刊行ペースの乱れもあって購読者は限られていた［96］。そこで中谷と神永文三――離党した津久井龍雄、矢部周と袂を分かち小栗とともに残留した――は、新聞『日本』の論説委員に整理部長という各々の立場を利用して同紙を愛国勤労党の事実上の機関紙たらしめ党の主張を随時発信せんと企てたが、ためにかえって小川平吉ら経営陣や主筆の若宮卯之助の不興を招き、それに同調した編輯局長の綾川武治との関係も悪化し、一九三一（昭和六）年の一一～一二月頃に揃って退社を余儀なくされてしまう［97］。この件に納得のいかなかった中谷は、後に同紙を、

> フアツシヨ抬頭の今日となつて、大に振はねばならぬ筈の「日本」〔カギカッコママ、以下同〕新聞、中谷武世、平田晋策等の論説委員去り、坂東大〔ママ〕虚老〔本名宣雄、筆名太虚、一八六八―一九三二〕逝き、紙面の特色がなくなつて、陣容全く寂然。おまけに、工業倶楽部《クラブ》〔工業資本家・実業家団体〕への御忠勤だか政党本部への気兼ねだか、社の方針は反フアツシヨだとある。此の点は年来の思想的仇敵朝日新聞と共同戦線を張るわけだ。折角日本主義の一城塞だつたものを。惜しい。［98］

あるいは、

新聞といへば、綾川武治も愈々《いよいよ》「日本」新聞との腐れ縁をすつぱり切つた〔一九三二年八月退社〕らしい。後は若宮卯之助独裁下の二本〔ママ〕主義プラス二本〔ママ〕主義で資本主義擁護の旗幟愈々《いよいよ》鮮明。工業倶楽部《クラブ》の御機嫌愈々《いよいよ》うるはし。〔99〕

等と、痛烈に当てこすって溜飲を下げている。

一九三二年（昭和七）年一月一七日、下中弥三郎とその盟友佐々井一晁らは日本労働組合総連合の近藤栄蔵（一八八三―一九六五）とはかって、左右の無産勢力を結集したより強力な大衆動員政党を創出すべく、「日本国民社会党準備会」を立ち上げた〔100〕。この挙に対し、右派からは中谷ら愛国勤労党や津田光造（一八八九―没年未詳）ら農本主義者の日本村治派同盟などが組織的参加を表明し、左派からは社会民衆党の島中雄三（一八八一―一九四〇）らや同党を脱退し国家社会主義新党準備会を立ち上げた赤松克麿、平野力三（一八九八―一九八一）らが協議に応じた。だが、合同を目前にして役員詮衡基準等をめぐる下中、佐々井、近藤、中谷、島中らと赤松、平野らの対立が表面化し、五月二九日、予定された大型新党「国民日本党」は立ち消えとなる〔101〕。同日後刻、前者の一団は「新日本国民同盟」を、後者の一団は「日本国家社会党」を別個に結成したが、実質トーンダウンの感は否めなかった。そのため中谷は「時々顔を出すだけ」で新組織の運営には意欲をみせず、草創期の日本共産党出身で思想的に合わない近藤栄蔵の一派が徐々に発言力を高めて来たこともあって、下中の総務委員長辞任（後任は佐々井）に続いて自分も中央常任委員を降り、愛国勤労党もまた附属組織たる「直日のむすび」の名義で「新日本国民同盟との一切の関係を清算」することを表明（一一月一日）している[102]。

この頃愛国勤労党は、中央常任委員で党の「財政的負担」をもっぱら引き受けていた天野辰夫——父天野千代丸（一八六五—没年未詳）は内務官僚を経て実業家に転身し日本楽器製造株式会社（現ヤマハ）社長、帝国製帽株式会社（現テイボー）取締役等を歴任——が、事実上の「主宰者」、「委員長格」として牛耳を執っていた[103]。同人は、血盟団事件（一九三二年二月九日、三月五日）とそれに続く五・一五事件を受けてみずからも「直接行動ニ依ル国家改造ノ為メ《ママ》蹶起スベキ決意」を抱き、井上日召（本名昭、一八八六—一九六七）の盟友で大陸浪人の前田虎雄（一八九二—一九五三）を上海より党本部に招聘（五月二二～二五日）し、現今の「政党幕府」を倒して「皇族ヲ首班ニ推戴スル臨時政府」を樹立すべくその準備に着手する。これがいわゆる神兵隊事件[104]の発端である。

中谷はといえば、そうした党内部の不穏な動きを横目に、一九三二（昭和七）年五月に下中弥三郎、鹿子木員信、満川亀太郎らと「国民思想研究所」を立ち上げ、翌月創刊の機関誌月刊『国民思想』を中心に、ファシズムから「天皇イズム」へと政治運動そのものの理論的軌道修正をはかっていった[105]。

> 日本の国民主義運動、日本主義運動は、世界的現象としての各国のファッシズム運動と共通して居る。反個人主義であり、反階級主義であり、反国際主義であり、反議会主義であり、反資

本主義であり、国民精神に立脚する祖国運動である点、之等の共通点を抽象すれば、日本主義も明かに世界ファッシズムの一種である。而して此の限りに於て之を日本ファッシズムと呼んで差し支へないのである。然も、純正日本主義が、各国のファッシズムと根本に於て相異る一点がある。即ち、天皇イズムである。日本主義の中核をなし基調をなし頂点をなすものは天皇イズムである。日本主義的改造運動、維新運動は、毎《つね》に、天皇イズムに出発し天皇イズムに回帰するのである。ファッシズムに在つては、議会政治の対蹠的政治形態として主張するところのものは、挙国的一党による独裁政治であるが、日本主義に在つては、政党政治、議会政治を超克する理想的政治形態として主張せられるものは、実に天皇政治である。天皇政治はデモクラシイの名に於けるブルジョア独裁、共産主義的プロレタリアの独裁、ファッシズム的強力独裁の何れをも超克するところの全一無私の日本政治なのである。経済機構について云つても、日本主義に於る反資本主義的統制経済は、天皇の産業大権を中心とし、之によりて絶対的に統制せられ運用せられる挙国一家的統制経済なのである。天皇イズムの経済的発現として当然斯くの如き経済機構が要求されるのである。国際的方面に於ても、純正日本主義は、単に、ブルジョア・インターナショナル及び赤色インターナショナルに対立して民族国家主義を強調するに止まるものにあらずして、意図するところはまさに、天皇国家日本の発展完成にあり、太平洋と亜細亜《アジア》大陸の曠野に跨《またが》る大すめらみ国の建設に在り、進んでは皇道による世界光被に在る。……その客観的形貌に於ては幾多の共通点類似点あるにかゝはらず、此の最後の一点に於て、日本主義―すめらみくに主義は、ファッシズムとは異るのである。而して毫厘《ごうり》の差或は千里の差であるかも知れぬ。天皇イズムの認識を把握せざるかぎり、それが如何に現前の社会的情勢に適応し得る如き形貌を備へるものであらうとも、その改造運動、その改造原理は、竟《つい》に日本のものではあり得ないのである。〔106〕

しかるに、その間も天野の奔騰は止まず、一九三三（昭和八）年には、前田虎雄、安田銕《てつ》之助予備役陸軍中佐（一八八九―一九四九）、大日本生産党幹部の鈴木善一（一九〇三―没年未詳）、同じく影山正治（一九一〇―一九七九）、海軍航空廠飛行実験部員の山口三郎中佐（一八八九―一九三四）らと語らってより具体的な暴動計画――「山口中佐ノ［警視庁および首相官邸］空中爆撃ニ呼応シテ一斉ニ武装蜂起シ……一隊ハ閣議中ノ首相官邸ヲ襲撃シテ首相以下全閣僚ヲ鏖《おう》殺」〔107〕――を立案、果ては決行直前に一斉検挙（七月一〇～一一日）されてしまう。

愛国勤労党の主だった幹部たちは天野より事前に計画を打ち明けられるもこれに応ぜず、中谷、下中は口を揃えて中止を勧告していた。それゆえ党そのものは司直の手を免れたが、組織の弱体化は避けようもなかった。ここに至って中谷は党中央委員会を招集（八月末）し、事件の概要・経過を改めて説明するとともに当面の活動休止――事実上の解党――を提議、大方の了承を得たのである〔108〕。官憲当局の観測をみよう。

……残存幹部中谷武世ハ天野、前田等カ出獄スル迄実行運動ヲ打切ルコトトシ国家改造運動ハ現在ノ如キ完璧ニ近キ警察制度ノ下ニ於テハ到底「テロ」ヲ以テ目的ヲ達シ得ルモノニ非ス明治維新ハ浪人勤王ヨリ挙藩勤王、挙国勤王トナリ大業ヲ成就シタルモノニシテ此ノ意味ニ於テ昭和維新断行ノ機運ヲ醸成スル思想運動ニ専心スル必要アリト為シ雑誌「国民思想」《〔カギカッコママ〕》ニ全力ヲ傾注シ以テ今日ニ及ヒタリ〔109〕

六　ファシズムから天皇主義へ――不変国家像の確立

一九三〇年代前半、日本の国内思潮は、満州事変の勃発（一九三一年九月一八日）およびそれに連動した一連の事象――満州国建国（一九三二年三月一日）、リットン調査団報告書（The report of the Commission of Enquiry of the League of Nations into the Sino—Japanese dispute.）の公表（一九三二年一〇月二日）、国際連盟脱退表明（一九三三年三月二七日）、満州国帝政施行（一九三四年三月一日）等々――を受けて漸次孤高意識（反国際協調）を深め、学術・評論にあっては「日本精神」の闡明が、文芸にあっては「日本的なるもの」の探求が盛んに唱道されるようになっていった〔110〕。

満州事変後に於ける日本主義運動の昂潮は、我が国民思想史に於ける一個の驚異的現象に属する。日本主義といへば、従来は兎もすれば一部の観念論者の、若くは懐古的高踏者流の風流事位に考へられ勝ちで、大衆とは凡《およ》そ没交渉視され来つたものであるが、今日に於ては、社会運動、国民運動の指導原理として大衆の意識の裡に漸次広汎な勢力分野を拡げつゝある。大正八、

> 九年頃の自由主義全盛時代、之に継ぐマルクス主義横流時代を通じて、少数の限られたる同志と共に日本精神の運動の孤塁に據つて来た私共としては、今此の所謂《いわゆる》日本主義運動の澎湃たる流汎を見るにつけ感傷めきたる言ひ方ではあるが、寔《まこと》に今昔の感に堪へないものがあるのである。[111]

かかる時代状況のなかで、中谷武世もまた、自身がこれまで意識的に拠って来た北一輝の思想や西欧由来のファシズム理論の影響を脱して、純正の日本主義に立ち戻る必要性を強く自覚するようになる。

> 私は思ふ、日本主義の核心は天皇主義に在る。日本主義的認識の出発点も到達点も共に天皇主義に在る。天皇主義の信念と熱情を除外して日本主義はない。天皇国家としての日本の自覚に発足することなしの国家主義運動は、表見的に如何に威勢のいゝものであつても、それは結局銀幕の上に映写されたナチス運動でありフアスチスチ〔ママ〕運動であるに過ぎぬ。遠心的に運動の拡大を図り、所謂《いわゆる》日本主義国家主義の大衆化に努めるのも結構であるが、求心的に、日本精神そのもの、皇国意識そのものを念々により深く掘り下げていく努力を忘れてはならぬ。[112]

こうした心境の変化は、既にみたように、ナチスをモデルに始めた愛国勤労党の運動が当初期待したほど一般大衆に受け容れられなかったこととも関係していよう。

しからば「天皇主義」とは何か。中谷は、帝大時代に筧克彦より教わった「表現帰一の法理」――「個人の生命を超越し且つそれを包摂す」る「宇宙の大生命」すなわち「神」を第一原理としそこから全てを演繹する[113]――、鹿子木員信より説示された「大いなる一つの精神哲学」――「吾々が数千年少なくとも二千年を通じて、万世一系の皇室を我々の真唯《〔ママ〕》中に擁して、我々の生命を営み来つたとい」う「歴史的事実」に即して現実の日本国家を「常に一点を中心として営まれた生命の組織」と感得する[114]――、更にはオーストリアの社会学者で全体主義・普遍主義の理論家として知られたシュパン（Othmar Spann, 1878-1950）の「社会統体」概念――真正の国家とは一つの有機的・生命的「統体（Ganzheit）」であり、その主権は「全体」を具象化する存在としての王侯階級から全体を構成する「部分」としての国民各職能階級へと上下段階的に分与される[115]――に依って、次のように論じた。

天皇は、いふまでもなく単なる君主ではない。国王ではない。皇帝ではない。……天皇は国民の対立者としての君主にあらず、国土人民の領有者としての国王にあらず、一切の強権者中の最高権力者としての皇帝にあらず、国民の真只中に在り且つ国民一切の生命の帰一宗合する大生命が天皇、「すめらみこと」である。天皇は全一体としての日本国家の一切であり、天皇の御名に於て日本国家は現実に一個の有機的統体なのである。……天皇は万世一系の天津日嗣《あまつひつぎ》である。天孫降臨の太古より永遠の後世に亘つて一系連綿の皇位を体現する現人神《あらひとがみ》にまします。本質としての天皇は一個の自然人におはすにあらずして、祖宗《そそう》列聖［皇祖皇宗《こうそこうそう》］の威徳と日本民族国家の光輝ある歴史とを象徴する皇位そのものにまします。国家は祖宗《そそう》の国家にして御一代の国家にあらずとは此の謂である。天皇に私ある事なし。自然人としての御一個の私を没却して存在せさせ給ふことが天皇本来の御性質なのである。即ち永遠より永遠に亘る無窮の生命たる日本民族国家を一点に凝集して之を象徴し、表現し、体現し給ふのが天皇である。……〔116〕

このような認識は、昭和天皇のいわゆる「人間宣言」（一九四六年一月一日）を経た戦後においてもゆらぐことなく、中谷の天皇観・国家観の核心であり続けた。

これ〔人間宣言〕はマッカーサー〔Douglas MacArthur, 1880-1964〕の占領政策の現われとして、いわば占領軍の強制によってお出しになった宣言であって、天皇の本質には変りありません。本質の天皇は所謂《いわゆる》「人間」じゃないわけです。これは今上天皇が外国の占領軍その他の圧力によってどう仰せられましょうとも、天皇の本質はそれによって動かされることはないのです。……今上天皇が個人御一人の御言葉として、自然人としての今上天皇がどう仰せられましょうとも永遠から永遠にわたる東湖〔藤田、一八〇六―一八五五〕の所謂《いわゆる》「万古天皇を仰ぐ」〔和文天祥正気歌〕この天皇の本質は変わるものではありません。自然人としての、今上天皇はもともと人間なのです。……〔117〕

では、かかる不変の天皇国家――「天皇即ち国体、国体即ち国家」〔118〕――にあって議会はどのように位置付けられるのか。中谷はいう。

天皇政治は君主の専制でもなく、少数の専制でもなく、多数のための多数による多数の専制でもなく、実に全体のための全体による全体の政治である。天皇意志は全体意志であり、普遍意志であり、従つて国家意志民族意志そのものである。国民の総意は天皇意志に帰一せられ、国家意志は天皇意志に於てその絶対表現を見るのである。……天皇意志は、畏れながら単に御一代の今上の御意志、単に当代の国民の総意の表現にあらずして、実に祖宗列聖《そそうれっせい》〔皇祖《こうそ》皇宗《こうそう》〕の神意と三千年の国史を通じての日本民族全体の永久的意志の表現である。……議会は、日本にありては、国民の総意を表現するものでもなく、若くは議会意志そのものが国家意志を構成するものでもない。国民の総意は、日本にありては、議会を通じて天皇意志を構成し、天皇意志を通じて国家意志を構成するのである。西洋国家の場合に於ては、国家は個人の単なる集合である。国家有機体説は彼にあつては多くの場合一個の擬制に過ぎない。従つて国家意志の構成に関しても、議会による「多数」の擬制を必要とした。家族国家氏族国家そのものゝ延長であり拡大である日本国家は、何等の擬制を用ふることなくそのまゝに一個の有機的統体である。……日本に於ける「議会」は遂に天皇政治翼賛機関即ち天皇意志構成の機関たるを以てその本来の性質とし、その真面目の機能とするのであつて、帝国憲法に於ける議会創設の本旨亦之以外になかつたのである。……議会は君主の専制を制遏《あつ》して民利と民意を擁護暢達するための機関にあらず、寧ろ国民の中の少数者の意志、多数の名を籍《か》る少数者の意志、若くは暴民的多数意志による全体意志の阻害を防遏《あつ》し、凝滞障碍なく国民の意志を総合して、全体意志・普遍意志即ち至上意志を構成せしめんがための機関なのである。〔119〕

昭和一〇年代後半の帝国議会は、それ自体意識するせざるとにかかわらず、まさに中谷が論じた意味での本来的性質に沿って、戦争回避を希求した天皇裕仁（一九〇一―一九八九）の個人意志〔120〕をよそに、国民の意志を総合して「本質としての天皇」の意志（国家意志・民族意志・全体意志・普遍意志・至上意志）たるものを構成し、それを以て対米開戦に逡巡する政府の背中を押し――「世界ノ動乱愈《いよいよ》ゝ拡大ス敵性諸国ハ帝国ノ真意ヲ曲解シ其ノ言動倍《ますます》ゝ激越ヲ加フ穏忍度アリ自重限アリ我ガ国策夙《つと》ニ定マリ国民ノ用意亦既ニ成ル政府ハ宜シク不動ノ国是ニ則リ不抜ノ民意ニ信頼シ敢然起ツテ帝国ノ存立ト権威トヲ保持シ以テ大東亜共栄圏ヲ建設シ進ンデ世界永遠ノ平和ヲ確立スベシ」〔121〕――、開戦後は、総力戦の遂行に必要な各種法令に協賛を与え続けたのである。

いずれにせよ、日本をまごうかたなき一つの「大生命」、「生きたる統体」〔122〕とみる中谷の観念的な国家言説は、同様に日本を「宗教的礼拝の現実的対象――『永久生命』」〔123〕とみる三井甲之、蓑田胸喜ら「原理日本社」（一九二五年一一月活動開始）のそれと著しい親和性を持つものであった。三井、蓑田と中谷は、新聞『日本』の反共記事やロンドン海軍軍縮条約反対運動等で幾度も共闘しており、互いに憎からず思う間柄であった〔124〕。左派はいわずもがな、大川周明、安岡正篤、権藤成卿（一八六七―一九三七）など同じ右派に対しても容赦なく筆誅を加えたことで知られる蓑田〔125〕も中谷に対して

は好意的で、時には、

> 「国民思想」《〔カギカッコママ〕》創刊号御恵送を辱く致し只今拝見殆ど全巻一気に通読せしめられ、原理的の思想人生観上の共鳴同感多大なるに歓喜せしめられ、御努力に対して衷心感謝致します。林〔癸未夫《きみお》、一八八三―一九四七〕博士の所論に対する御批判は小生のいはむとする点一つも残りなく、否気づかざりし点をも御批判あり、愈々《いよいよ》時局急迫の秋、御誌同人諸兄の御健闘を祈ります。

と温かい言葉を贈っている〔126〕。一九三五（昭和一〇）年になって美濃部達吉のいわゆる「天皇機関説」が学問的・政治的・社会的に大きくクローズアップされて来ると、中谷は糾弾側の最先鋒であった蓑田〔127〕に呼応して、機関説およびその「基礎をなすところ」の「自由主義的思想体系、学説体系」の「総算的、抜本的清算」〔128〕を訴えている。

> 日本に於ては天皇即ち国体、国体即ち国家である。国体と国家を引離して、而もその国国《〔ママ〕》を外国的な国家と摺り替へようとする驚くべき思想が所謂《いわゆる》美濃部説である以上は、この排撃に向つてあらゆる機会を通して吾々は当つて行かなければならんと考へて居るのであります。〔129〕

かくして中谷はファシズムから「天皇主義」へと整然たる思想的脱皮を遂げ、独伊は直接範として仰ぐ対象ではなくなった。

生きたる国家の典型、生命体としての民族国家の典型は、西には在らずしてまさに東に在る。欧羅巴《ヨーロッパ》新国家学の目指す方向は、ハウスホーフア〔Karl Haushofer, 1869-1946〕が指摘したる如く、実に、我が日本国家そのものにある。ハウスホーフアはその近著「世界的雄邦並に帝国としての日本の発展」《〔カギカッコママ〕》〔*Japans Werdegang als Weltmacht und Empire*, 1933.〕に於て次の如く述べてゐる、「ムツソリニ《〔ママ〕》が、あの偉大なる精力と能力を傾倒して、古代羅馬《ローマ》の廃墟の上に再建せんと拮据《きっきょ》しつつある伊太利《イタリア》フアスチスチ国家の理想が、日本に於ては、或る完成せられたるものとして生き〳〵と現存して居るのだ」と。〔130〕

とはいえ、中谷の独伊、特に前者に対する親近感は、敬師の一人鹿子木員信のヒトラー・ナチスへの過剰な傾倒〔131〕もあって変わることなく、かの国が防共を前提とした日本との従前の友誼をご破算にするかのように突然「独ソ不可侵条約」を締結（一九三九年八月二三日）した際は「これ位の権変《けんぺん》を理解してやらなくて何が友邦であり、何の盟邦であるか」〔132〕と弁護し、更に第二次世界大戦序盤の独軍快進撃（一九四〇年六月二二日フランス降伏）を伝え聞いては「何といふ雄渾なる劇詩であらうか」〔133〕と最大級の賛辞を書き綴っている。

七　対軍関係――陸軍〝清軍派〟と清軍運動

昭和初期の中谷武世は、自身軍籍を有し、また陸軍中将で待命となった貴志弥次郎（一九二五年五月二五日予備役編入）の顔もあって軍部内に知己を広げている。

未遂に終わった軍事クーデター計画・十月事件（一九三一年）の直後には、鹿子木員信の弟子で九州帝国大学法文学部講師の半田敏治（一八九二―没年未詳）の仲介により、該事件の首謀者として検束され謹慎中の橋本欣五郎砲兵中佐と会談し、「満州事変の完遂並びに国家革新運動に関して軍部内の彼の同志と民間の我々の同志とが互に緊密に連絡して共同行動を取ることを約束し」たという[134]。

それより少し前、一九三一（昭和六）年九月には陸軍経理学校の嘱託講師兼研究部職員に採用され、前任の清水澄法学博士（一八六八―一九四七）に代わって一〇名程の甲種学生（一〜二等主計、経理部将校のキャリア組）に正課科目の「憲法」を講義するようになる[135]。同年一〇月には「現下の国際政局と満蒙問題」と題して同校職員・在校生に講話を行い[136]、更に翌年一月には海軍呉工廠教習所の依頼で「現下の世界政局と日本」と題して出張講演を行っている[137]。

中谷の見識は関係者間で高く評価され、中央にも伝わったのであろう。当時陸軍省軍務局軍事課長であった永田鉄山歩兵大佐（一八八四―一九三五）は陸経校長の小野寺長治郎主計監（一八七五―一九三九）を通じて中谷に来省を請い、満州事変の処理、就中現地において着々と進行しつつある「満蒙の政治新体制」はいかなる基本理念のもとに構築されるべきかについて意見を求めた[138]。

永田大佐の問に応えて私が述べたのは、やはり上述のような民族自決主義の原理であって、此の国際公認の理念を基礎にして現実の情勢に対応する構想を立てれば、国際的摩擦も案外尠《すくな》いのではないか、ということを述べた。永田は暫く私の意見を聴き入っているようであったが、やがて、顔を挙げて私を見つめながら、「民族自決」より「住民自決」という方が現実に合っているのではないか、と反問して来た。そこで私は、「住民自決」という言葉は国際法理論としても熟さない言葉であり、結局その地域の住民の「自治」を尊重する範囲を出で得ないものである。支那本土から離脱して満蒙に樹立さるべき独立政権の基礎理念は、矢張り民族自決の原理でなければならない、と更めて強調して此の会談を終ったのである。[139]

ただ、中谷にとってこの時の永田の印象は好ましいものではなく、「部外の意見は一応参考の為〔ママ〕めに聴き置く」といったような冷徹でいかにも高級官僚然とした態度には大いに不快感を刺激されたという[140]。

おりしも陸軍では、犬養毅内閣の陸軍大臣に就任（一九三一年一二月一三日）し続く斎藤実《まこと》内閣でも留任した荒木貞夫中将（一八七七―一九六六）と、その盟友で参謀次長に栄転（一九三二年一月九日）した真崎甚三郎中将（一八七六―一九五六）のもとで露骨な人事の専断と精神主義的な要素の強い軍政・軍令が行われる[141]。その結果、軍備の拡張・近代化が停滞することを懸念[142]した永田鉄山と彼の潜在的影響下にあった池田純久歩兵少佐（一八九四―一九六八）など陸軍省・参謀本部勤務の中堅エリート層は、荒木、真崎とその系閥の排除を志向するようになり、そこからおのずと派閥抗争じみた空気が官衙内に醸成されていった。いわゆる〝皇道派〟と〝統制派〟の暗闘である[143]。

中谷は当初、荒木体制に関して「荒木、真崎、林［銑十郎、教育総監、一八七六―一九四三］の三拍子揃つたことは陸軍近来になき好陣容」[144]と肯定的であった。だが、十月事件の処分で荒木、真崎に中央を逐われた橋本欣五郎をはじめとする旧桜会系の将校たち――長勇歩兵少佐（階級は該事件当時 以下同、一八九五―一九四五）、天野勇歩兵中尉（一九〇一―一九五〇）、鈴木京《たかし》歩兵中尉（生没年未詳）、木下秀明歩兵中尉（生没年未詳）など――や、地方在住の少壮将校たち――歩兵第十一連隊（広島）の杉本五郎歩兵大尉（一九〇〇―一九三七）、電信第二連隊（前同）の常岡瀧雄工兵大尉（生年未詳―一九八四）など――と識り合い、折々意見交換するなかで、このまま皇道派の専権が続けば軍の秩序崩壊は必定、「何とかしなければ」との意識を共有するようになる[145]。これが後々、実体として「誰もその存在を確認した者はな」[146]いともいわれた第三の派閥的結合、いわゆる〝清軍派〟の濫觴であると考えられる。

彼らは、皇道派の勢威に徐々に翳り[147]がみえ出した一九三三（昭和八）年半ば以降、軍組織の廓清運動すなわち「清軍運動」を開始する[148]。南次郎大将（一八七四―一九五五）、小磯国昭中将（一八八〇―一九五〇）、建川美次少将（一八八〇―一九四五）、松井石根中将など、かつての実力者・宇垣一成予備役陸軍大将の系閥に連なるとみなされ、皇道派より目の敵にされた将官たちも自然これに同調するかたちとなった[149]。

問われるままに「清軍」という呼称を提案するなど、軍部外ブレーンとして参加した中谷であったが、じっさいは、著述に加え法政大や陸経の講義、同年三月一日に発足させた大亜細亜《アジア》協会（後述）の運営など、この時期さまざまな仕事に忙殺されており、どうにも片手間で関わらざるを得なかったようである［150］。

個々の思惑はどうあれ、清軍派は「専ら利己的勢力の扶植を眼目として軍の機能体系の配置を意図する者……部内の奸物」を「取り除く」ことを目的とした「私党」と総じてみられた［151］。「奸物」とは荒木、真崎に他ならず［152］、清軍運動はその意味で、永田、池田ら統制派と「同一方向の努力を試み」［153］んとするものであった。それゆえ「清軍派の人々を或は統制派ともいふんでせう、いつか或る雑誌か何かで見ました」と両派を同一視し、南次郎や松井石根を「統制派の主だつた人々」に数えたり「初期統制派」とカテゴライズする軍関係者も少なくなかった［154］。

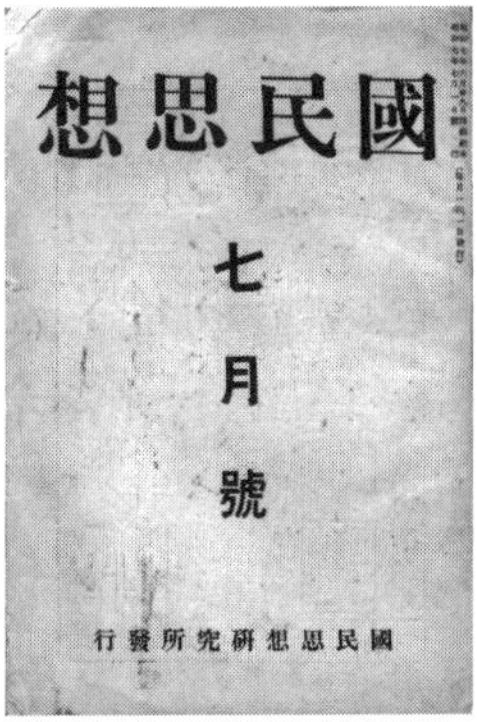

『国民思想』第1巻第2号（1932年7月）表紙

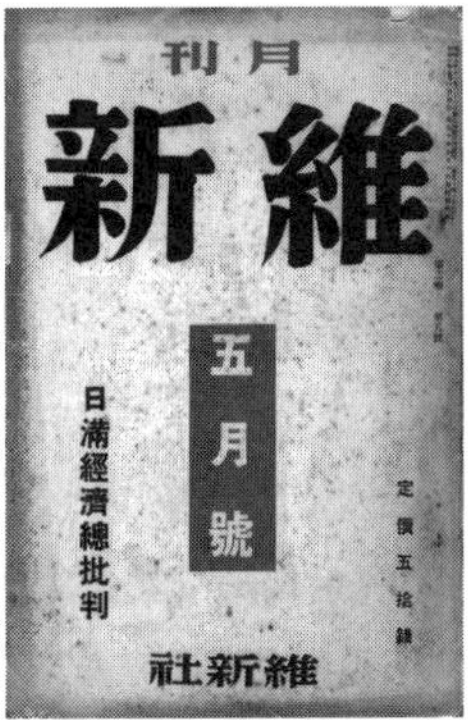

『維新』第2巻第5号（1935年5月）表紙

ともかく、清軍派の自覚的分子は、檄文「清軍運動の実勢」（一九三四年一月）［155］や、中谷の主宰する雑誌月刊『国民思想』——一九三四（昭和九）年一一月からは月刊『維新』に改編［156］、併せて国民思想研究所も「維新社」と改称——等を通じて、適宜自分たちの主張を軍内外に発信していった。例えば、

　荒木陸相就任以来の陸軍人事必ずしも公正ならず、或は所謂《いわゆる》佐賀閥なるものを重用し部内に荒木直系と称する朋党が結成されて伐異と排擠《はいせい》を事とすると伝

へらるるが如き、……陸相頻《しき》りに外に向つて日本精神を説くも日本精神は少しも部内に徹底せず、却て諂佞排陥《てんねいはいかん》の御殿女中的気風を増長しつゝありと伝へらるる如き、……〔157〕

あるいは、

真崎大将なども、よい意味にも悪い意味にも実際よりウント買被られて居る次第で、山県公〔有朋、一八三八―一九二二〕はおろか田中義一大将〔一八六四―一九二九〕ほどの機略も度胸も乃至は山気も持ち合せて居らず、宇垣大将ほどの政治家的才幹もなく、寧ろ小心翼々の平凡な将軍に過ぎないのだ。……宇垣時代には彼も御多分に洩れず相当迫害を受けた。此の怨み骨髄に徹して、荒木が陸相となり部内人事について存分に真崎の発言を容れ得るめぐり合せとなるや此処ぞとばかり頻りに旧怨に報ゆる態度に出て、やがてまた彼自身が無数に新怨を購《あがな》ふ結果となつたのだ。〔158〕

といったように。

だがこうした言説はかえって逆効果で、「軍部内の派閥解消」どころか、かえってそれまで以上に「派閥観念を醸成」し対立を煽る結果を招来してしまう〔159〕。とりわけ、村中孝次歩兵大尉（一九〇三―一九三七）、磯部浅一《あさいち》一等主計（一九〇五―一九三七）など皇道派に属するとみられた一部の隊附将校（尉官級）たちからの反発は大きかった。クーデター企図の容疑いわゆる士官学校事件で逮捕（一九三四年一一月二〇日）され停職（のち免官）となった村中と磯部が作成し、陸軍三長官（陸軍大臣、参謀総長、教育総監）に提出および各方面に配布された有名な怪文書『粛軍ニ関スル意見書』（一九三五年七月一一日付）には、清軍派の策動に対する非難が激越な調子で虚実ないまぜに綴られている。磯部、村中は『日本改造法案大綱』を「金科玉条」と聖典《ドグマ》視するなど現状打破を志向する革新青年将校のなかでは北一輝と西田税に最も近く[160]、中谷がかつて鹿子木員信、天野辰夫、下中弥三郎らとともに真崎参謀次長を訪問（一九三二年二月一二日）し「軍ハ北〔一輝〕、大川〔周明〕ノ徒トノ交捗《ママ》ヲ絶対ニ排スベキナリ、彼等ハ不純ナリ、軍ガカヽル〔国家革新〕運動ニ携ハルコトハ絶対ニ不可ナリ」[161]と進言したことなども、おそらく聞き及んでいたであろう。

> 十月事件以来同事件ノ主謀者タリシ橋本欣五郎大佐、真奈木《ママ》敬信中佐〔馬奈木の誤記、一八九四—一九七九〕、長勇少佐、小原重厚《ママ》大尉〔重孝の誤記、一八九九—一九七一〕及是等主謀者ト緊密ナル関係ニアリシ天野勇大尉、鈴木京大尉等ト小官等トハ対立関係ニアリ又民間側ニ於テハ橋本、天野ノ一派ナル大川周明、中谷武世、高野清八郎〔一八八六—没年未詳〕等カ小官等ノ親近セル北一輝、西田税トハ従来対立抗争シアリテ是等橋本、天野等ノ一派ノ者カ口ヲ極メテ小官等ヲ讒誣《ざんぶ》シ国民思想、新使命、維新等ノ雑誌ヲ通シ或ハ怪文書ニヨリテ小官等ヲ以テ西田税ニ使嗾煽動ラセ《ママ》レテ軍部ヲ撹乱スル者ナリトナシ又荒木、真崎、柳川〔平助、一八七九—一九四五〕、秦〔真次、一八七九—一九五〇〕、小畑〔敏四郎、一八八五—一九四七〕等ノ諸将軍ニ筆誅ヲ加ヘ北、西田ニ操縦セラレテ国家ヲ誤リ不純青年将校（小官等ヲ指ス）ヲ庇護シテ皇軍ヲ紊《みだ》ル者トナシ近ク

ハ筆舌ヲ揃ヘテ現陸相《ママ》〔陸軍の誤記〕ニ及ヒツツアルハ掩フヘカラザル事実ニシテ清軍運動ナルモノ即チ是レナリ〔162〕

文中「橋本、天野ノ一派ナル大川周明、中谷武世、高野清八郎」とあるが、大川は十月事件の前の三月事件で共謀して以来橋本ら旧桜会系の将校たちとは親しかったものの清軍運動とは無関係――しかも五・一五事件の実行犯への幇助容疑等で逮捕（一九三二年六月一五日）され長らく収監（一九三四年一一月二二日保釈）されていた――であり、また中谷と高野は一面識もない間柄であった〔163〕。

高野は北一輝と同郷（佐渡）のジャーナリストで、尾崎行雄（一八五八―一九五四）に親炙し、一九二四（大正一三）年に「全国立憲青年同志会」を立ち上げ機関誌月刊『新使命』（同年一一月創刊）を中心に軍縮や普選の実現など尾崎の政治言論活動を陰日向からサポートしていた〔164〕が、満州事変の前後から徐々に軍部に接近するようになり、みずから「国家改造の理論的指導者」を以て任じていた〔165〕。その立ち位置は統制派とも清軍派ともいい得るもので、例えば一九三四（昭和九）年発行の『新使命』目次には、「部内の統制が急務……林〔銑十郎〕に大期待」（二月号）、「不純な政治ゴロ……之と結ぶ怪青年将校」（同）、「軍部のバイキン……腐つた世も近く清浄」（同）、「鼻持ならぬ不純派……笑ふ可き○○《ママ》崇拝の将校」（五月号）、「南〔次郎〕大将の偉大な声望」（七月号）、「清軍成る……皇軍は強い統制」（九月号）といった過激な文言が躍っている。

中谷にとっては迷惑な話であったが、『国民思想』（一九三四年二月号）に掲載された高山義行（生没年未詳）なる人物の論説「維新の真髄」が「昭和維新の真意義」と改題されて『新使命』（一九三四年五月号）に無記名で再掲されたことなど〔166〕から、両誌は気脈を通じているとみられていた〔167〕。じっさい、高野が「新聞紙法」違反の嫌疑で東京地裁検事局の取り調べを受けると中谷も出頭命令を受け（一九三四年八月下旬）、思想第二部検事の岸本義広（一八九七—一九六五）より「高野を有罪にしたから君も有罪にするのである」と言われ、『国民思想』の「発行人及編輯人」として後に各五拾円計百円の罰金刑（一九三五年五月二〇日確定）に処されている〔168〕。そればかりか、皇道派の重鎮で前憲兵司令官の秦真次中将とその腹心で東京憲兵隊長の持永浅治少将（一八八〇—一九五六）によって「高野の同志たる中谷は、高野の犯罪事件に関係あるを以て即時同人を罷免せよ」との通知が陸軍経理学校にも行き、中谷はこちらも解嘱（一九三四年一一月）となってしまうのである〔169〕。

他にも『粛軍ニ関スル意見書』には、松井石根が大亜細亜《アジア》協会台湾支部（一九三四年一月六日設立、一九三五年一月七日台湾大亜細亜《アジア》協会に改称）のために集めた基金の一部が中谷を通じて片倉衷《ただし》歩兵少佐（一八九八—一九九一）や辻政信歩兵大尉（一九〇二—没年未詳）など反皇道派の将校たちに流れ、会合等に「利用」されたとの「風評」ありとの記述——中谷は当然否定——がある〔170〕。

かように中谷は清軍運動を通じて軍部内に多くの敵をつくったが、一方で、将来有益となる人脈を築くことにも成功する。「未だ部外にはあまり広く知られて居ないが、統制派中の錚々《そうそう》たる英霊漢」と目された東条英機少将もその頃「懇意」になった一人であった〔171〕。両者の初見は東条の陸軍省軍事調査部長就任（一九三三年一一月二日）からまもなくのことで、『国民思想』（同年九月号）に掲載された中谷の時評「荒木陸相の立場」が皇道派重鎮の一人で陸軍次官の柳川平助中将の感情を著しく害する——例えば「小心翼々何等国士的達見と気概なき事務官風の人物が、陸軍の要所に登用せられ」云々といった記述がそれであろう――など省内で波紋を呼び、これを聞き及んだ東条が中谷を呼び説明を求めたのであった［172］。

……私は陸軍省に出かけて調査部長室で初めて東条と会った。そして雑誌を見たいというので雑誌を出して問題の頁を見せると、彼はパラパラと頁をめくってざっと読んでいるようであったが、「一向悪くないぢゃないか、否却て面白いよ。陸軍の連中は此の頃民間人のおべっかばかり聞いて居るから一寸批判すると気に入らんのだろう。これくらいの批判は聴いて頂門の一針にしなくては……今後時々会おうぢゃないか」と彼は笑いながら語った。私はこの時の東条少将との初会見で、「これは骨っぽい男だ、荒木に代ってやがて此の男を陸軍の柱にしなければならないだろう」と好感を持っただけでなく彼に将来の陸軍を背負せる《〔ママ〕》望みを嘱したのである。……私は彼等［清軍派の同志将校］に東条との会見の印象を語り、「彼は話せるぞ、これから大いに彼を盛り立てようぢゃないか」ということで、私自身も時々彼と会談し、陸軍の若い連中も漸次東条に接近［173］するようになった。……私は彼が陸軍大臣になって［一九四〇年七月二二日］からも時折り会談し、やがて、彼が内閣を組織［一九四一年一〇月一八日］してからも、初めの間は、当選直後のホヤホヤの代議士として、国会内で、或は時に官邸に彼を訪ねて時局に対する自分の意見を述べたりした。しかし、だんだんその機会も遠くなり、やがて私の方で会う気がしなくなった。陸軍大臣になってから後の東条は、往年同志的に国家の前途を語り合った頃の彼とは、「全く人が変った」との印象を受け、権力の重みで心の平衡を失っているように私には思われた。……私はそれでもなお彼の果断と実行力に望みをつないでいたが、しかし東条内閣が所謂《いわゆる》「戦刑法」〔戦時刑事特別法中改正法律案〕を議会に提出〔一九四三年二月一五日衆議院受理〕して、心ある代議士の反対にもかかわらず強引にこれを通過させ、更に中野正剛一派を断圧して遂にこれを死に追いやるような遣り方を見るに及んで、私は「東条遂に救うべからず」と見切りをつけ、彼の政権下では到底戦争の完遂は出来ない、戦っても勝てない、と判断し、日に日に悪化しつつある戦局を転換するためには、先ず政局の転換、東条内閣の更迭が必要である、として同志代議士達と共に、否寧ろその先頭に立って、東条打倒に進んだのである。……[174]

さて、一九三六（昭和一一）年二月二六日払暁、香田清貞歩兵大尉（一九〇三―一九三六）、野中四郎歩兵大尉（一九〇三―一九三六）、安藤輝三歩兵大尉（一九〇五―一九三六）、栗原安秀歩兵中尉（一九〇八―一九三六）、河野寿《ひさし》航空兵大尉（一九〇七―一九三六）それに前出村中、磯部らに率いられた歩兵第一連隊、歩兵第三連隊、近衛歩兵第三連隊、野戦重砲兵第七連隊各隷下の一部部隊（下士官兵総員一、四〇〇名余）が「尊皇討奸」を掲げて岡田啓介首相（一八六八―一九五二）や牧野伸顕前内大臣をはじめとする複数の国家要人および都内要所を襲撃、いわゆる二・二六事件が勃発する。事件発生の報を参謀本部附の鈴木京大尉および大亜細亜《アジア》協会事務局から受け取った中谷は、「西田〔税〕一派の青年将校と背後に真崎ありということを直感」し、ただちに清軍派の主だった同志と情報交換し善後策を協議すべく昼の特急ふじで東京駅を発ち西下した[175]。大阪で第四師団長の建川美次中将と、浜松で年来の知友天野辰夫――前述神兵隊事件で逮捕・収監されたが勾留執行停止で出所中――と、三島で野戦重砲兵第二連隊長の橋本欣五郎大佐とそれぞれ会談し、互いに軽挙妄動を慎み事態の推移を引き続き注視することを申し合わせたのち、自動車と汽車を乗り継いで逗子に向かい、二八日夕刻同地のホテルに落ち着いた[176]。この頃既に大勢は決しており、戒厳司令部は天皇の怒りを汲んで「蹶起部隊」を「叛乱部隊」とみなし武力鎮圧の方針を固め、東京憲兵隊は外部協力者の検挙に動き始めていた。中谷もまた、蹶起／叛乱部隊に呼応して何らかの扇動行為に出ることを警戒され、留守中に家宅捜索（二八日）を受け、居合わせた大亜細亜《アジア》協会の事務局員が身代わりに連行されてしまう[177]。そのことを電話で知った中谷は、陸軍参謀本部第二部支那課の長勇中佐に連絡して逮捕命令の真偽を確かめさせるとともに、いそぎ憲兵司令官の岩佐禄郎中将（一八七九―一九三八）に宛てて手紙（二九日付）をしたため、文中に前出『粛軍ニ関スル意見書』を挙げて、そこに書かれている通り自身は北一輝、西田税とは「従来対立抗争」関係にあり従って今回の騒擾には一切関与していない由《よし》を言明した[178]。これが功を奏したのか、要逮捕者指定は解除（三月七日）され、ようやく中谷は家路につくことが出来たのであった[179]。帰宅後中谷は早速、

近代的進化論に基調を置きて革命を第一義となすものと、皇国そのものを原理としてそのための維新を祈願するものと、紙一重の如くにして実は霄壌《しょうじょう》の差なり。

と論じ、民間側首魁として目下取り調べ中の北一輝（二月二八日検挙）と自分との相違を改めて強調し

た上で、

二月二十六日の啓示は、実に我人共にその革新の原理、尊皇心、国体意識を今一歩深く掘り下ぐべきの一事であらねばならぬ。

と事件の意義を総括している[180]。

なお中谷は、逗子に滞在中、岡田内閣の外務大臣で大亜細亜《アジア》協会を介し親交のあった広田弘毅に後継首班として大命が降下（三月五日）されたことを知ると早速組閣本部に電話をかけ（六日）、秘書官を通じて、軍部の反対による流産を避けるべく自由主義的な思想の持ち主や既成政党人の入閣は慎重に検討すべしと助言したという[181]。

事件が収束してのち、新陸相の寺内寿一《ひさいち》（一八七九―一九四六）のもとで行われた統制派主導の大規模な「粛軍」によって荒木貞夫、真崎甚三郎の両将は予備役編入（三月一〇日）となり、部内勢力としての皇道派は名実ともに壊滅した。清軍派もまたそのあおりを受け、建川美次、橋本欣五郎が順次現役を逐われる（八月一日、二九日予備役編入）に至った。そうしたなか、雑誌『維新』もまた、

指導精神を誤つた行動はそれが例へ如何に大がかりなものであらうとも歴史的には大した意義をなさない。二・二六事件はその悲しむべき適例の一だ。

との巻末寸評を残して終刊する〔182〕。中谷としては、皇道派の一掃という清軍運動所期の目的は一応達せられたと判断したこと、編輯部の家宅捜索や半月の編輯停止（三月中）など事件以来関係当局の締め付けが総じて厳しくなったこと、加えて今後は大亜細亜《アジア》協会の活動を中心に対外問題に専心したいという思いもあって、廃刊を決断したものであろう〔183〕。

注

1 現在の東京大学大学院法学政治学研究科。一九二七（昭和二）年三月に在学年限（三年）満期となったのち一年ごとに更新して、一九二九（昭和四）年三月まで都合四年間在籍した。東京帝国大学『東京帝国大学要覧 従大正十四年至大正十五年』（一九二六年九月）「学生生徒姓名」一頁。同『東京帝国大学要覧 従昭和二年至昭和三年』（一九二八年六月）「学生生徒姓名」二九一頁。

2 大塚前掲『大川周明と近代日本』一五三、一五四、一六二頁。刈田前掲『大川周明と国家改造運動』二三二〜二三四頁。C・スピルマン『近代日本の革新論とアジア主義――北一輝、大川周明、満川亀太郎らの思想と行動』（芦書房、二〇一五年三月）五八、一三三〜一三五頁。福家前掲『満川亀太郎』一六九〜一七三頁。

3 大川前掲「五・一五事件 訊問調書」＝前掲『現代史資料 五／国家主義運動 二』六八六、六九〇頁。中谷によれば、綱領のうち最後の「世界の道義的統一」は、大川の原案では「世界の統一」となっていたが、運動目的の倫理性の明文化にこだわる中谷の意見で修正されたのだという。中谷前掲『昭和動乱期の回想』五七、五八頁。

4　本書巻末資料②「中谷武世 戦前主要関係誌掲載論文・記事等一覧」を参照。

5　行地社同人「東西南北」（月刊『日本』第二号、一九二五年五月）四六、四七頁。同「東西南北」（月刊『日本』第三号、一九二五年六月）五五頁。同「東西南北」（月刊『日本』第四号、一九二五年七月）五三頁。同「東西南北」（月刊『日本』第六号、一九二五年九月）五二、五三頁。同「東西南北」（月刊『日本』第七号、一九二五年一〇月）四四頁。同「東西南北」（月刊『日本』第八号、一九二五年一一月）四八〜五一頁。同「東西南北」（月刊『日本』第一七号、一九二六年八月）四六、四七頁。満川前掲『三国干渉以後』二七二、二七三頁。大塚前掲『大川周明と近代日本』一六三〜一六六頁。中谷前掲『昭和動乱期の回想』五八、一五二〜一五五頁。福家前掲『満川亀太郎』一七三〜一七七頁。行地社関係の講演会における中谷の登壇は以下の通り。「不滅の現代」（潮の会春季講演会、於第一早稲田高等学院、一九二五年五月八日）。「開会の辞」（亜細亜《アジア》講演会、於芝協調会館、一九二五年六月一〇日）。「亜細亜《アジア》民族運動の展望」（於ＹＭＣＡ東京基督《キリスト》教青年会講堂、一九二五年六月?日）。演題不明（於静岡方面、一九二五年八月中旬頃）。「挨拶の辞」（関西行地会、於大阪市東区内、一九二五年八月一〇日）。「所感」（行地社東北北海道講演行、於弘前中学校、一九二五年一〇月一〇日）。「不滅の現代」（前同講演行、東門会主催人種問題講演会、於東奥義塾、一九二五年一〇月一〇日）。「則天道話」（前同講演行、於秋田県立図書館、一九二五年一〇月一一日）。「民族闘争と階級闘争」（聖刃社講演会、於静岡市内、一九二六年七月一八日）。等々。

6　堀前掲『西田税と日本ファシズム運動』二六九〜二七五頁。

7　堀前掲『西田税と日本ファシズム運動』一五一〜一五三頁。

8　中谷武世、西田税「軍旗の奉還」（月刊『日本』第三号、一九二五年六月）一八頁。

9　西田税「二・二六事件 第六回聴取書」（於東京憲兵隊、一九三六年四月一一日）＝林茂他編『二・二六事件秘録（一）』（小学館、一九七一年二月）三七六頁。大蔵栄一『二・二六事件への挽歌 最後の青年将校』（読売新聞社、一九七一年三月）一二五頁。堀前掲『西田税と日本ファシズム運動』三三三、四二七〜四三〇頁。

10 斎藤前掲『右翼思想犯罪事件の綜合的研究』＝前掲『現代史資料四／国家主義運動一』二六頁。

11 茂森唯士『ガンディ及びガンディズム』（日本評論社出版部、一九二二年四月）、帆足理一郎『トルストイとガンディーの宗教思想』（警醒社書店、一九二二年一二月）等を参照。

12 中谷武世「ガンディの政治哲学（上）」（月刊『日本』第一〇号、一九二六年一月）二六、二七頁。

13 「昭和二十年十二月八日開議 第八十九回帝国議会衆議院予算委員会議録（速記）第七回」（衆議院事務局、一九四五年一二月一九日発行）一二三、一二四頁。中谷前掲『戦時議会史』五六七～五八一頁。

14 前掲「昭和二十年十二月八日開議 第八十九回帝国議会衆議院予算委員会議録（速記）第七回」一二四～一二七頁。佐藤達夫『日本国憲法成立史第一巻』（有斐閣、一九六二年一一月）四一九～四四八頁。中谷前掲『戦時議会史』五四六～五六六頁。「松本四原則」が示されるくだりは、後にテレビドラマ『憲法はまだか』「第一部 象徴天皇」（NHK総合、一九九六年一一月三〇日 放送）のなかで再現（中谷武世：斉藤真、松本烝治：津川雅彦）された。

15 中谷前掲『戦時議会史』五五二頁。

16 後に中谷は、「軍用地処理に関する請願決議」（一九五四年四月三〇日 琉球政府立法院）など米軍用地の拡張・恒久化に反発を強める沖縄に関して、「沖縄県民の運動を見ていると『無抵抗の抵抗』と標語を掲げて、きわめて冷静に、しかも着実にやるという運動方法をとつていると思うんです」と分析し、そこにやはり「ガンジーズ《（ママ）》ムの『非暴力』と『非協力』即ちガンジーの所謂《いわゆる》サチアグラハー真理の把持の精神」を見出している。中曽根康弘、中谷武世他「座談会 民族問題としての沖縄問題」（『民族と政治』第一四号、一九五六年八月）三二二頁。

17 山口前掲「国家主義者による『平和憲法の制定に至る思想的素地』」。

18 中谷前掲『戦時議会史』三九一、三九二頁。

19 中谷前掲『戦時議会史』五五二、五五三頁。

20 中谷武世「日本ナショナリズム当面の課題」(『新勢力』第一二巻第三号、一九六七年四月) 一二頁。

21 田中惣五郎『北一輝 増補版』(三一書房、一九七一年一月) 二五七、二五八頁。滝沢誠『近代日本右派社会思想研究』(論創社、一九八〇年八月) 三一五～三一七、三三六～三三二頁。松本健一『大川周明』(再版、岩波書店、二〇〇四年一〇月) 二八一～二九三頁。

22 西田税「宮内省怪文書事件 聴取書」(於東京地方裁判所検事局、一九二六年七月三一日) = 前掲『北一輝著作集 第三巻』二〇八頁。堀前掲『西田税と日本ファシズム運動』二八二～二八四頁。

23 西田税「宮内省怪文書事件 聴取書」(於東京地方裁判所検事局、一九二六年九月二〇日) = 前掲『北一輝著作集 第三巻』二七六頁。東京行地社脱退同人「我々は何故に行地社を脱退したか」(『鴻雁録』一九二六年一一月) = 拓殖大学日本文化研究所附属近現代研究センター編『拓殖大学百年史研究 第一一号』(同大学創立百年史編纂室、二〇〇二年一二月) 一五〇～一五二頁。田中前掲『北一輝 増補版』二五九、二六〇頁。滝沢前掲『近代日本右派社会思想研究』三四〇、三四一頁。堀前掲『西田税と日本ファシズム運動』二八七～二八九頁。満川の「日記」(七月二四日) によれば、中谷の正確な脱退期日は同日となっている。前掲『満川亀太郎日記』八三頁。

24 警視庁資料「発刑捜秘第三五号 警視庁刑事部長中谷政一ヨリ東京地方裁判所検事正吉益俊次宛 西田税等ノ宮内大官脅迫ニ関スル件」(一九二六年七月九日) = 前掲『北一輝著作集 第三巻』二〇六、二〇七頁。北輝次郎「宮内省怪文書事件 聴取書」(於東京地方裁判所検事局、一九二六年八月二七日) = 前掲『北一輝著作集 第三巻』二三五、二三六頁。同前掲「二・二六事件 聴取書 (第一回)」= 前掲『北一輝著作集 第三巻』四五〇頁。

25 沼波武夫「宮内省怪文書事件 聴取書」(於東京地方裁判所検事局、一九二六年九月二日) = 前掲『北一輝著作集 第三巻』二四九、二五〇頁。北輝次郎「宮内省怪文書事件 第四回予審訊問調書」(於東京地方裁判所、一九二六年一〇月二九日) = 前掲『北一輝著作集 第三巻』三一九頁。沼波武夫「宮内省怪文書事件 予審証人訊問調書」（於沼波方、一九二七年一月一一日）＝前掲『北一輝著作集第三巻』三四三頁。
26 中谷前掲「宮内省怪文書事件 聴取書」（於東京地方裁判所検事局、一九二六年九月一六日）＝前掲『北一輝著作集 第三巻』二七〇、二七一頁。満川亀太郎「宮内省怪文書事件 聴取書」＝前掲『北一輝著作集 第三巻』二七一頁。福家前掲『満川亀太郎』一九四〜一九六頁。満川の「日記」には「中谷君より問題の三千円及沼波氏手紙預る」（九月四日）、「古山［春司郎、一八八三―没年未詳］検事より召喚され、問題の三千円提出を命ぜらる」（九月一六日）とある。前掲『満川亀太郎日記』八四頁。後年中谷は、行地社分裂の原因は安田共済事件にあったとして、宮内省怪文書事件には一言もふれていない。事件そのものには無関係とはいえ、金銭の処置をめぐって自身も検事局より召喚された事実があるだけに、いらざる誤解を招かぬよう省略したのであろう。中谷前掲『昭和動乱期の回想』一七二〜一八二頁。
27 伊藤隆他編『真崎甚三郎日記 第一巻』（山川出版社、一九八一年一月）四二、四三頁。
28 平野義雄（目次では政雄）「武士道抹殺論――皇臣道、皇軍道を確立せよ」（『維新』第二巻第一一号、一九三五年一一月）二七頁。
29 鹿子木員信「二・二六事件の思想史的検討」（『維新』第三巻第四号、一九三六年四月）六、七頁。
30 もっとも北の方では特段含むところなかったようで、二・二六事件勃発後に東京憲兵隊に勾引・収監（二月二八日）された時も、同室となった大亜細亜《アジア》協会事務局員の相沢小寿（生没年未詳）に「近頃中谷君どうしている」と尋ねたという。中谷前掲『昭和動乱期の回想』六二四頁。
31 行地社同人「東西南北」（月刊『日本』第二号、一九二五年五月）四七頁。大東文化協会「賀正 丙寅元旦」（『大東文化』第三巻第一号、一九二六年一月）。中谷前掲『昭和動乱期の回想』一五三、一五六頁。
32 北昤吉「小川平吉翁の回顧」（『日本及日本人』復刊第二巻第三号、一九五一年三月）五九頁。
33 大東文化協会／大東文化学院編・発行『創立十周年記念 大東文化協会 大東文化学院創立沿革』（一九三二年一〇月）一〜一四頁。前同書「附録 重要日誌摘録」一、二頁。伊藤前掲『昭和初期政治史研究』三九一

～三九六頁。橋川文三『昭和維新試論』（朝日新聞社、一九八四年六月）一九二～一九五、二〇七、二〇八頁。

34　中谷前掲「満川さんの憶ひ出」七五頁。

35　外務省記録「『プラタップ』本邦来往」（一九二六年）＝JACAR Ref.B04013201200 第六七画像。同「『プラタップ』ノ第三回来訪」（一九二六年）＝JACAR Ref.B04013201200 第七〇～七五画像。前掲「附録 重要日誌摘録」三頁。Pratap, op.cit., pp.101-102. 中谷前掲『昭和動乱期の回想』一九八～二〇〇頁。

36　行地社同人「東西南北」（月刊『日本』第四号、一九二五年七月）五四頁。中谷武世「訳者序」（R・M・プラタプ『新日本の青年に寄す』大東文化協会出版部、一九二六年一月）一～七頁。

37　収録順に「石盤を洗ひ去れ而して書き更《あらた》めよ（Wash the Slate and Rewrite.）」、「慈悲教（The Book of the Religion of Love.）」、「人類に送る書（Epistle to Mankind.）」。協会出版部によれば、同書は発行前から「既に注文殺到の状態」であったという。「編輯余録」（『大東文化』第三巻第一号、一九二六年一月）。

38　大学寮は一九二五（大正一四）年七月四日に退去し、妻子を東京に呼び寄せ杉並区井荻町に一家を構えていた。中谷前掲『昭和動乱期の回想』一五五、一五六頁。

39　新聞研究所編・発行『昭和二年版 日本新聞年鑑』「第二篇 現勢」（一九二六年一二月）四六頁。小松光男編『日本精神発揚史（日本新聞十周年記念）』（日本新聞社、一九三五年四月）四三、二六八頁。中谷前掲『昭和動乱期の回想』一五六、一七九頁。

40　小川平吉「新聞『日本』を創刊せる顚末」（一九二六年六月）＝国立国会図書館憲政資料室所蔵『小川平吉関係文書』№.八七八。新聞研究所編・発行『昭和九年版 日本新聞年鑑』（一九三三年一二月）「第二篇 現勢」一二頁。前掲『日本精神発揚史』三四頁。伊藤前掲『昭和初期政治史研究』三九六～四〇九頁。佐藤卓己「日本主義ジャーナリズムの曳光弾――『新聞と社会』の軌跡」（前掲『日本主義的教養の時代』）二六八、二七六、二九六頁。なお、新聞『日本』の創刊準備と並行して、小川は政・官・軍・民に広く同憂の士を求め、一九二五（大正一四）年六月に「青天会」なる思想問題研究会を発足させた。中谷も会員となり、日本新聞社／青天会主催の『日本』創刊記念講演会（於上野自治会館、一九二五年六月二七日）では「亜細亜《アジア》復興の唯一路」と題して登壇している。前掲『日本精神発揚史』四四〜四六頁。

41 前掲『昭和二年版 日本新聞年鑑』「第二篇 現勢」四六頁。新聞『日本』が同時代の思想潮流に果たした役割と意義については、福家崇洋の論考「戦前日本『ファシズムへの転落』が、現代の私たちに教えてくれること――右派が結集、デモクラシーを攻撃……」（『現代ビジネス（https://gendai.ismedia.jp）』二〇一九年一二月八日）がすぐれて示唆的である。

42 前掲『日本精神発揚史』八九、九〇頁。

43 内務省社会局編・発行『労働組合法案の沿革』（一九三〇年六月）一〜四頁。朝日新聞政治経済部編『朝日政治経済叢書8／労働組合法の話』（朝日新聞社、一九三〇年一二月）七三頁。前掲『日本精神発揚史』一〇四、一〇五頁。

44 例えば、「庸臣国を誤り満州危し。幣原外相の曠職《こうしょく》、帝国の危機を招来す」（一九二五年一二月一一日一面）、「二百里の沿線に僅か数千の駐屯軍、斯くても尚晏如《あんじょ》たる軍部当局」（前同二面）といった記事により、即日発禁処分を受けている。前掲『日本精神発揚史』一五四、一五五頁。

45 MCC「三流新聞の動向 注目される本年の東京新聞界」（『新聞と社会』第五巻第一号、一九三四年一月）二四、二五頁。北前掲「小川平吉翁の回顧」五八、五九頁。伊藤前掲『昭和初期政治史研究』四〇三頁。

46 中谷武世「十六面棒」（新聞『日本』一九二八年五月八日二面）。前掲『日本精神発揚史』一八一頁。中谷前掲『昭和動乱期の回想』二九五〜三〇三頁。

47 北昤吉「人民の名に於て」（新聞『日本』一九二八年九月一九日一面）。中谷武世「不戦条約文問題に対する再考察」（新聞『日本』一九二八年一〇月三一日一面）。前掲『日本精神発揚史』一八七、一八八頁。中谷前掲『昭和動乱期の回想』二五一、二五二頁。

48　「昭和四年一月二十三日開議 第五十六回帝国議会衆議院議事速記録第四号 国務大臣ノ演説ニ対スル質疑／田中国務大臣ノ答弁」（『官報号外』一九二九年一月二四日）五〇～五四頁。中谷武世「不戦条約の御批准奏請」（新聞『日本』一九二九年二月一六日 一面）。

49　伊藤前掲『昭和初期政治史研究』三七八～三八〇頁。中谷前掲『昭和動乱期の回想』二五二、二五三頁。この問題をめぐって、中谷は更に、井上亀《き》六（号藁村、生没年未詳）、北昤吉、中村啓次郎、上杉慎吉、満川亀太郎、綾川武治らと協同して「不戦条約御批准奏請反対同盟」を立ち上げ（一九二九年二月九日）、官公庁各所に檄文を送付している。不戦条約御批准奏請反対同盟編・発行『不戦条約文問題に就て』（一九二九年二月）一～六頁。堀前掲『西田税と日本ファシズム運動』三二〇頁。高橋勝浩「本多熊太郎の政治的半生――外交官から外交評論家へ」（『近代日本研究』第二八巻、二〇一二年二月）一二二、一二三頁。福家前掲『満川亀太郎』二一二、二一三頁。

50　前掲『竹内賀久治伝』七四～八一、八八頁。中谷前掲『昭和動乱期の回想』二四六、二四七、二五〇、二五一頁。萩原前掲『平沼騏一郎と近代日本』一六二、一九一、三三一～三三三頁。

51　中谷前掲『昭和動乱期の回想』二四七～二五〇頁。C・スピルマン「解題／大正十三年～昭和十一年の満川日誌」（前掲『満川亀太郎日記』）二七二頁。本書巻末資料②「中谷武世 戦前主要関係誌掲載論文・記事等一覧」を参照。

52　法政大学大学史資料委員会編『法政大学史資料集 第十四集（法政大学歴代教員名簿 自明治十三年 至昭和十八年）』（同大学、一九九一年三月）一三〇、一三九頁。他にも中谷は、一九三〇（昭和五）年九月に、満川亀太郎による「興亜学塾」の創設に参加、学監兼講師となり寮生・聴講生に「東洋民族運動史」を講義している。拓殖大学創立百年史編纂室編『満川亀太郎――地域・地球事情の啓蒙者 上巻』（同大学、二〇〇一年九月）四三八頁。福家前掲『満川亀太郎』二五〇頁。

53　前掲『法政大学史資料集 第十四集』一五八、一七〇、一七三頁。綾川もやはり国本社に関わっていた縁で、一九二五（大正一四）年度より一九三一（昭和六）年度まで「政治史」、「殖民政策」を担当していた。中谷を小山に推薦したのはあるいは彼であったかもしれない。木下前掲『近代日本の国家主義エリート』五九、六〇頁。

54 前掲『法政大学史資料集 第十四集』二八三頁。

55 中谷前掲『昭和動乱期の回想』一七九頁。

56 綾川前掲「純正日本主義運動と国家社会主義運動」四六頁。馬場義続「我国に於ける最近の国家主義乃至国家社会主義運動に就て」（司法省調査課編『司法研究 第十九輯 報告書集十』一九三五年三月）一二三、一二四頁。前掲『日本精神発揚史』七七頁。綾川武治「満川さんの諸印象」（『維新』第三巻第六号、一九三六年六月）七八頁。木下前掲『日本国家主義運動史』六五～六七頁。中谷前掲「愛国勤労党」一、二頁。須崎前掲「地域右翼・ファッショ運動の研究」二五頁。中谷前掲『昭和動乱期の回想』一七九、一八五、一八六頁。木下前掲『近代日本の国家主義エリート』九一～九三頁。同会の綱領は、「建国の理想を恢弘し、民族無窮の発展を長養す」、「一君万民の国性を政治組織に実現す」、「上下融和国気一家の風を社会制度に反映す」、「国民経済の繁栄を郷村自彊の根基の上に促進す」、「有色民族の崛起運動に協力し、国際資源の衡平、人口移動自由の原則の上に新世界秩序を創建す」となっており、特に最後の条には有色―白色人種間の生活標準の格差是正を骨子とする綾川武治の思想（人種戦争論）が色濃く反映されていた。

57 おとぎ話に登場する「桃太郎」のごとき純一無雑の精神性を体して日本人本然の生命観と民族的使命にめざめ、すべからく「神政維新」の実現に邁進すべしと説く、浪漫的・観念的な右派思想である。津久井龍雄『日本国家主義運動史論』（中央公論社、一九四二年五月）七六頁。橋川前掲『昭和維新試論』三〇～三二、三九～四一、五〇～五五、六一～六五頁。

58 須崎慎一編「史料紹介 森本州平日記（抄）（一一）――一九二七（昭和二）年九～一二月」（『神戸大学教養部論集』第四六号、一九九〇年一〇月）八五頁。

59　外務省記録「全亜細《〔マ マ〕》民族会議ニ関スル件」（一九二六年四月二日）＝JACAR Ref.B03041030700 第一七～二三画像。「全アジア連盟 疑惑を招く勿《なか》れ」（『大阪朝日新聞』一九二六年八月一日 二面）。「アジア民族大会――在留外人や学者間に注視の的となる 傍聴の申込みが多い」（前同）。前掲「諜報機密第九八一号 在上海総領事矢田七太郎ヨリ外務大臣幣原喜重郎宛 全亜細亜《アジア》民族会議列席支那人黄攻素来滬《こ》ニ関スル件」＝JACAR Ref.B04013201200 第五三、五四画像。宮崎千尋「クオンデ侯と全亜細亜《アジア》民族会議長崎大会」（『ベトナムの社会と文化』第七号、二〇〇七年三月）五九～七八頁。中谷も事前会合（於永田町永平倶楽部《クラブ》、一九二六年七月二三～二四日）に出席し、大川周明、満川亀太郎、嶋野三郎、綾川武治とともども日本側代表団の一員に推薦され、内諾していた。この時期には行地社の分裂騒動（本書64、65頁）が起こっており、中谷としては大川と顔を合わせにくい状況ではあったろう。外務省記録「外秘第一、九二二号 警視総監太田政弘ヨリ内務大臣浜口雄幸、外務大臣幣原喜重郎他宛 全亜細亜《アジア》協会ノ行動」（一九二六年七月二六日）＝JACAR Ref.B04013200600 第八～一〇画像。

60　「全アジア民族の叫び 六民族五十一名の代表 長崎に大会を開く――アジア連盟はじめて成立」（『大阪朝日新聞』一九二六年八月二日 一面）。「アジア民族会議―各民族の提携を高唱――開会前廿一ヶ条問題に関し日支代表間に一揉め」（『大阪毎日新聞』一九二六年八月二日 一面）。黄攻素『亜細亜《アジア》民族第一次大会始末記』（亜細亜《アジア》民族大同盟本部、一九二六年一一月）一一～五五頁。外務省記録「『プラタップ』ノ第四回来訪」（一九二六年）＝JACAR Ref.B04013201200 第七六～七八画像。同「汎亜細亜《アジア》会議ノ顛末決議事項」（一九二六年）＝JACAR Ref.B04013201200 第九三～九七画像。Pratap, op.cit., pp.128-131. 宮崎前掲「クオンデ侯と全亜細亜《アジア》民族会議長崎大会」七八～八三頁。

61　「アジア民族会議二日間延期となる――プラタプ氏の来着を待つため 支那側代表の策動」（『大阪毎日新聞』一九二七年一一月二日 二面）。「アジア民族会議の開会は絶望となる――日支代表の衝突で 今里代表ら引揚に決定」（『大阪朝日新聞』夕刊、一九二七年一一月六日 一面）。外務省記録「公信案 報一機密第一七三八

号 出渕勝次外務次官ヨリ杉山四五郎内務次官宛 汎亜細亜《アジア》連盟会議ニ関シ在上海総領事来電通報ノ件」（一九二七年一一月七日 起草）＝JACAR Ref.B04013201500 第二二、二三画像。同「電第一二九六号 上海総領事矢田七太郎ヨリ田中義一外務大臣宛 往電第一二七六号ニ関シ」（一九二七年一一月九日）＝JACAR Ref.B04013201500 第二四、二五画像。Pratap, op.cit., pp.141-143.

62 このエピソードは、戦後中谷がダライ・ラマ一四世（Bstan-'dzin-rgya-mtsho, 14th Dalai Lama, 1935-）に謁見（一九五九年九月二六日）した際のプラタプの紹介状にも記されたという。中谷武世『ダライ・ラマ会見記』（アジア外交懇談会、一九五九年一一月）四、九頁。Pratap, op.cit., p.142. 中谷前掲『アラブと日本』五、六、一五二、一五七、一五八頁。同前掲『昭和動乱期の回想』二〇六〜二一〇頁。

63 綾川武治『共産党運動の真相と毒悪性』（全日本興国同志会出版部、一九二九年四月）一九二頁。木下前掲『日本国家主義運動史』六五頁。

64 馬場前掲「我国に於ける最近の国家主義乃至国家社会主義運動に就て」一二四頁。綾川前掲「満川さんの諸印象」七八頁。木下前掲『日本国家主義運動史』六六頁。Pratap, op.cit., pp.145-149. 中谷前掲『アラブと日本』五頁。同前掲『昭和動乱期の回想』一八六〜一九六頁。

65 長野県下伊那郡青年団史編纂委員会編『下伊那青年運動史——長野県下伊那青年団の五十年』（国土社、一九六〇年七月）七七頁。須崎慎一編「史料紹介 森本州平日記（抄）（一二）——一九二八（昭和三）年一〜六月」（『神戸大学教養部論集』第四七号、一九九一年三月）三八、三九、四六、四七、五〇、五一頁。

66 前掲「史料紹介 森本州平日記（抄）（一二）」四七頁。下伊那で中谷、森本、中原謹司らの言説に強い感化を受けた二人の青年、田中正明（一九一一—二〇〇六）と近松久司（久とも、一九一一—没年未詳）は、やがて上京（一九三〇年）し中谷に私淑、満川亀太郎の興亜学塾に学んだ。彼らは愛国勤労党、国民思想研究所、維新社、大亜細亜《アジア》協会、大亜細亜《アジア》主義研究所（上海）など戦前一貫して中谷の関係する団体に籍を置き、その手足（番頭格）となって雑誌『国民思想』、『維新』、『大亜細亜《アジア》主義』等の刊行に携わった（田中は一時期松井石根の個人秘書もつとめている)。中谷前掲「愛国勤労党」三頁。同前掲『昭和動乱期の回想』一八六、一八七、三七六、四六四、五三五、六九八頁。田中正明『國、亡ぼす勿れ――私の遺言』(展転社、一九九八年四月)二八四~二九二頁。

67 特に『共産党運動の真相と毒悪性』は初版から二ヶ月で重版八刷(以降も増刷)を数え、壮丁教育(反赤化教育)の手頃な教科書として陸軍の各師管や海軍鎮守府、全国の青・壮年団本部等に納本された。木下前掲『近代日本の国家主義エリート』九三~九八頁。

68 鹿野政直『日本の歴史二七/大正デモクラシー』(小学館、一九七六年五月)三六二~三六四頁。北岡伸一『日本の近代五/政党から軍部へ一九二四~一九四一』(中央公論新社、一九九九年九月)四八~五四頁。

69 中谷武世「民族性と政治組織」(『大東文化』第三巻第七号、一九二六年七月)四五~四八頁。

70 中谷武世「満川亀太郎宛書簡」(一九二八年七月二七日付)=『満川亀太郎書簡集』(論創社、二〇一二年七月)一四二頁。イタリアでは、一九二八(昭和三)年一二月九日に、全国ファシスタ党の最高諮問機関である大評議会が国家の最高機関として法制化され、これによって同国は名実ともに一国一党、一党独裁のファシズム国家となった。

71 津久井龍雄『日本主義運動の理論と実践』(建設社、一九三五年二月)二三六、二三七頁。同前掲『日本国家主義運動史論』一五三、一五四頁。堀前掲『西田税と日本ファシズム運動』三三二頁。

72 須崎慎一編「史料紹介 森本州平日記(抄)(一五)――一九二九(昭和四)年五~八月」(『神戸大学教養部論集』第五〇号、一九九二年一〇月)八三頁。

73 当日は幹部二六名が明治神宮に参集し簡素な結盟式を挙行したのみで、正式な結党式は無期延期とされた。愛国勤労党本部「愛国勤労党結成趣意書」(一九三〇年二月一一日)=国立国会図書館憲政資料室所蔵『中原謹司文書』No.一六六五。「愛国勤労党結党報告」(一九三〇年二月一三日)=前掲『中原謹司文書』No.一六六二。憲兵司令部「愛国大衆党結盟式挙行(東京)」(『思想彙報』第一一号、一九三〇年三月)五六、五七

頁。同「愛国大衆党愛国勤労党の近況」（『思想彙報』第一二号、一九三〇年四月）四六頁。馬場前掲「我国に於ける最近の国家主義乃至国家社会主義運動に就て」一二四、一二五頁。木下前掲『日本国家主義運動史』七八頁。中谷前掲「愛国勤労党」一、二頁。須崎前掲「地域右翼・ファッショ運動の研究」二七～二九頁。中谷前掲『昭和動乱期の回想』二二〇～二二七頁。福家前掲『戦間期日本の社会思想』二五四、二五五、二六二～二六六頁。

74 中谷前掲『昭和動乱期の回想』一七九、一八三～一八五頁。中谷と下中の親交は一九二六（大正一五）年の夏頃に始まり、爾来さまざまな局面で行動を共にしている。

75 中谷前掲『昭和動乱期の回想』二一八～二二〇頁。

76 中谷武世「選挙道徳の最高水準を目標に」（『祖国』第三巻第二号、一九三〇年二月）一一〇頁。

77 愛国勤労党本部「愛国勤労党綱領政策大綱／規約」（一九三〇年二月一一日）＝前掲『中原謹司文書』No.一六六六。

78 森本の「日記」（一九二九年一二月一日、一九三〇年一月二七日）には、「国家社会主義の気分」を「更生」すべく中谷に迫ったことや、逆に中谷から「厳しき叱責的の小言」を言われたことなどが記されている。東京大学文学部日本近代政治史ゼミ編「史料紹介 森本州平日記（二）」（『東京大学日本史学研究室紀要』第一二号、二〇〇八年三月）四六四、四八一頁。結党後もそうした溝は埋まらず、森本は、中谷より「ブルジョアなる事、思想の旧き事」を理由に引退を勧告（一九三一年四月一三日）され、腹心の中原謹司からは愛国勤労党南信支部組織準備会（一九三一年四月二九日 発足）の第一回宣伝演説会（於飯田町、七月?日）で自身が主導する下伊那国民精神作興会（一九二四年一〇月二六日 創立）の旧態を暴露されるなどして、地域の青年層の支持を失っていった。愛国勤労党南信支部組織準備会「宣言／決議」（一九三一年四月二九日）＝前掲『中原謹司文書』No.一六六三。前掲『下伊那青年運動史』七八頁。須崎前掲「地域右翼・ファッショ運動の研究」三〇頁。

79　綾川前掲「純正日本主義運動と国家社会主義運動」五〇、五一頁。木下前掲『日本国家主義運動史』六七頁。もっとも津久井龍雄にいわせれば、国家社会主義における「階級闘争」とは「プロレタリアのヘゲモニー」を重視するマルクス主義と「全然異る」もので、「農民も商人も、在郷軍人団も、青年団も教師も官吏も軍人もサラリーマンも、みな一団にな」って「国民搾取主義の上に立つ資本主義制度の止揚と、此の経済的搾取主義の基礎に密結せられた現在の政治機構の改廃」を目指すという、「正に国家主義完成のため」の「国内的闘争」を意味するとのことであったが。津久井「国家と階級の問題に就て——或るプロテストを対象に」（『日本社会主義』第一巻第三号、一九三一年一一月）四七、四八頁。

80　文部省学生部編・発行『日本改造運動 上』（一九三四年三月）二八、二九、三四頁。津久井前掲『日本主義運動の理論と実践』二三七頁。木下前掲『日本国家主義運動史』七八頁。津久井前掲『日本国家主義運動史論』一五〇〜一五四頁。田中真人『高畠素之——日本の国家社会主義』（現代評論社、一九七八年一一月）二八六頁。堀前掲『西田税と日本ファシズム運動』三三三頁。福家前掲『戦間期日本の社会思想』二五九〜二六一、二六六頁。

81　憲兵司令部「無産政党一覧表」（『思想彙報』第一九号、一九三〇年一一月）八〇頁折込。

82　結党直後の一九三〇（昭和五）年二月二〇日に実施された第十七回衆議院議員総選挙では、埼玉地方支部代表で水平運動家の宮本熊吉（生没年未詳）を国政に送るべく支援したが、政・民二大政党の地盤は固く、一、五七七票を獲得する（埼玉県第二区、七名中六位で落選）にとどまった。前掲「愛国勤労党結党報告」。内務省警保局編・発行『昭和五年二月施行 第十七回衆議院議員総選挙結果調』（一九三〇年三月）九九頁。全国産業団体連合会事務局編・発行『産業経済資料第十一輯 国家主義団体一覧』（一九三二年三月）二七、二八頁。中谷前掲「愛国勤労党」二頁。福家前掲『戦間期日本の社会思想』二六六頁。

83　同党は、八幡博堂（一八九八―一九六七）、鈴木善一（一九〇三―没年未詳）らの地域政党「信州国民党」（一九二九年五月二六日 創立）を母体とし、頭山満、内田良平を顧問に迎え、愛国勤労党に先んじて結党

（一九二九年一一月二六日）した日本初の全国右派無産政党であった。北一輝に近しい寺田稲次郎（一八九六—没年未詳）や西田税が深く関わっており、組織準備会には中谷や津久井龍雄も出席していた。喜入虎太郎『国家主義運動の理論と現況』（新光閣、一九三四年八月）六八～七〇頁。津久井前掲『日本国家主義運動史論』一五三頁。堀前掲『西田税と日本ファシズム運動』三二六～三三三頁。

84 前掲『日本精神発揚史』一〇八、一〇九頁。伊藤前掲『昭和初期政治史研究』四二三～四二八頁。中谷前掲『昭和動乱期の回想』二二六、二二九～二四六、二五三～二五五、二五九～二七一頁。党の地方組織のなかでは、特に福島佐太郎（生没年未詳）率いる京都支部が行動的であったという。憲兵司令部「海相宛倫敦《ロンドン》会議反対の決議文提出（京都）」（『思想彙報』第一五号、一九三〇年七月）五二頁。同「愛国勤労党京都支部倫敦《ロンドン》条約に反対す（京都）」（『思想彙報』第一六号、一九三〇年八月）四七頁。

85 周知の通り、渋川は陸軍士官学校を中退し、後の二・二六事件（一九三六年）では「謀議参与」または「群衆指揮」の科《とが》により極刑に処せられた人物である。当時は明治大学専門部に籍を置き、都下私立大学（早稲田、明治、法政等）および専門学校に在籍する右派学生たちの横断的組織である「興国学生連盟」（一九二九年夏頃組織化）の有力メンバーであった。渋川善助「二・二六事件 第十九回公判調書」（於東京陸軍軍法会議法廷、一九三六年五月二五日）＝池田俊彦編『二・二六事件裁判記録 蹶起将校公判廷』（原書房、一九九八年二月）四二九頁。

86 憲兵司令部「故草刈少佐追悼講演会開催（若松）」（『思想彙報』第一六号、一九三〇年八月）四九頁。

87 伊藤隆他編『続・現代史資料 五／加藤寛治日記』（みすず書房、一九九四年八月）一〇一頁。

88 憲兵司令部「海軍々縮問題」（『思想彙報』第一七号、一九三〇年九月）四一頁。

89 伊藤前掲『昭和初期政治史研究』三三七～三五二頁。北岡前掲『政党から軍部へ』一一三、一一四頁。

90 佐郷屋本人によれば、特に平田と末次からの影響が大きかったという。佐郷屋嘉昭（留雄改め）「統帥権」（前掲『現代史資料 五／国家主義運動 二』封入月報）六頁。中谷前掲『昭和動乱期の回想』二五五～二五八頁。堀前掲『西田税と日本ファシズム運動』三八九～三九五頁。

91 高杉生「キヤツスル問題の告訴事件に就て」(『新聞と社会』第二巻第二号、一九三一年二月) 二五、二六頁。「キヤツスル事件に提示された重大なる新材料――真? 偽? 公判の結果は注目さる」(『新聞と社会』第二巻第六号、一九三一年六月) 一〇頁。前掲『日本精神発揚史』二〇〇、二〇一頁。司法省刑事局思想部編「所謂《いわゆる》キヤツスル事件に関する調査」(『思想月報』第六五号、一九三九年一一月) 七八～九三頁。伊藤前掲『昭和初期政治史研究』四二九、四四一、四四二頁。佐藤前掲「日本主義ジャーナリズムの曳光弾」二五七～二六一頁。

92 外務省記録「特高秘第八九六号 警視総監丸山鶴吉ヨリ内務大臣安達謙蔵、外務大臣幣原喜重郎、陸軍大臣宇垣一成他宛 愛国勤労党『ポスタービラ』作成ニ関スル件」(一九三一年三月一〇日) ＝JACAR Ref. B04012987300 第三画像。

93 原秀男他編『検察秘録五・一五事件Ⅲ (匂坂資料3)』(角川書店、一九九〇年一〇月) 六五七頁。

94 前掲「特高秘第八九六号 警視総監丸山鶴吉ヨリ内務大臣安達謙蔵、外務大臣幣原喜重郎、陸軍大臣宇垣一成他宛 愛国勤労党『ポスタービラ』作成ニ関スル件」＝JACAR Ref.B04012987300 第三～六画像。

95 余勢を駆って中原は、翌年の第十八回衆議院議員総選挙(一九三二年二月二〇日)に長野県第三区から中立で立候補したが、おりしも井上準之助蔵相(一八六九―一九三二)が血盟団第一波の小沼正(一九一一―一九七八)によって暗殺された(二月九日)直後とあって、地元の有力者やメディアの革新系右派に対する警戒と反発は強く、最下位(三、一二六票、七名中七位)で落選している。中谷前掲「愛国勤労党」二二頁。須崎前掲「地域右翼・ファッショ運動の研究」三〇、三一頁。佐々木敏二「一地方におけるファシズム運動――長野県下伊那の場合」(藤井松一他編『日本近代国家と民衆運動』有斐閣、一九八〇年九月) 三一四～三一九頁。ただその後は、第十九回(一九三六年二月二〇日、信州郷軍同志会より出馬)、第二十回(一九三七年四月三〇日、政治革新協議会より出馬)、第二十一回(一九四二年四月三〇日、翼賛政治体制協議会推薦）と続けて立候補・当選した。

96　一九三一（昭和六）年一二月の刊行（号数不明）を最後に廃刊となった。憲兵司令部「国家主義的新聞雑誌調（昭和六年十二月調）」（『思想彙報 出版物を通じて観たる我が国社会運動のファッショ化に就て』第二七号、一九三二年三月）四九頁。「故小栗慶太郎氏小伝」（『維新』第二巻第一一号、一九三五年一一月）一五五頁。中谷武世「思想人としての小栗君」（前同）一五六、一五七頁。福家前掲『戦間期日本の社会思想』三〇九頁。

97　同年一一月二日付の新聞『日本』には「社民党の顛落」と題した中谷の論説が掲載されており、おそらくはこの前後に退社が決まったものと思われる。津久井前掲「国家と階級の問題に就て」四四頁。田鍋他前掲『愛国運動闘士列伝』五七、一二九頁。木下前掲『日本国家主義運動史』六七、八〇頁。中谷前掲『昭和動乱期の回想』三〇一頁。木下前掲『近代日本の国家主義エリート』一二一、一四六、一四七頁。

98　中谷武世（無記名だが文体・内容より本人と推測）「ファッショ控え帳」（『国民思想』第一巻第二号、一九三二年七月）一一〇頁。

99　中谷武世（無記名だが文体・内容より本人と推測）「思想春秋」（『国民思想』第一巻第六号、一九三二年一一月）一一五頁。中谷の新聞『日本』退社を機に、年来の盟友であった中谷と綾川は袂を分かち、前者は全日本興国同志会を、後者は愛国勤労党を互いに脱退した。綾川は中谷らから「十年一日の如く『共産党の毒悪性《〔ママ〕》』蒸し返しでは御免だぜ」、「日本主義第一課からやり直すべし」等と散々にこき下ろされたが、絶縁状態までには至らず、両者はその後も時折アジア主義関連の会合で同席している。全日本興国同志会は、残留した綾川と各地の同志によって細々とながら活動を継続したが、一九三五（昭和一〇）年頃には既に「有名無実の状態」であったという。「『汎亜細亜《アジア》』の集ひ」（『国民思想』第一巻第六号、一九三二年一一月）一一六頁。「思想春秋」（『国民思想』第一巻第七号、一九三二年一二月）一〇八頁。「愛国陣営を見る④／満州事変を楔機に量的に膨脹、躍進へ」（『大阪時事新報』一九三二年一二月二三日一面）。外務省記録

100　「大亜細亜《アジア》協会創立懇談会［第二回創立準備懇談会］出席者芳名」（一九三三年一月二六日）＝JACAR Ref.B04012373800第八画像。馬場前掲「我国に於ける最近の国家主義乃至国家社会主義運動に就て」一二四頁。財団法人協調会労働課編・発行『昭和七年に於ける社会運動の情勢』（一九三三年二月）八、九頁。津田光造『皇道楽土の建設』（軍事教育社、一九三三年三月）八六、八七頁。喜入前掲『国家主義運動の理論と現況』八八、八九頁。木下前掲『日本国家主義運動史』一八二～一八九頁。佐々井一晁「日本国民社会党準備会」（前掲『下中弥三郎事典』）三〇一、三〇二頁。福家前掲『戦間期日本の社会思想』二八一～二八九、二九六、二九七頁。同前掲『満川亀太郎』二五六～二六五頁。

101　前掲『昭和七年に於ける社会運動の情勢』九～一一頁。綾川前掲「純正日本主義運動と国家社会主義運動」四八頁。木下前掲『日本国家主義運動史』一八九～一九四頁。木戸若雄「島中雄三」（前掲『下中弥三郎事典』）一四九頁。佐々井一晁「新日本国民同盟」（前同）一七五～一七九頁。福家前掲『戦間期日本の社会思想』二九六～三〇一、三五二頁。同前掲『満川亀太郎』二七〇、二七一頁。

102　直日のむすび「皇国維新運動を如何に発展せしむべきか――新日本国民同盟との関係を清算するに際し声明す」（『国民思想』第一巻第六号、一九三二年一一月）九二～九五頁。津田前掲『皇道楽土の建設』八八、八九頁。前掲『日本改造運動 上』三四～三六頁。財団法人協調会労働課編・発行『昭和八年に於ける社会運動の情勢』（一九三四年六月）九三、九四頁。喜入前掲『国家主義運動の理論と現況』一一六～一一八頁。木下前掲『日本国家主義運動史』一九五頁。佐々井前掲「新日本国民同盟」一七九頁。福家前掲『戦間期日本の社会思想』三五八頁。同前掲『満川亀太郎』二七一～二七五頁。なお、日本国民社会党準備会は頓挫したが、中谷、下中、満川亀太郎らはその後も諸派の大同団結を諦め切れず、一九三四（昭和九）年には、下中の著書『維新を語る』（平凡社、一九三四年四月）の出版記念祝賀会（五月一五日）をきっかけに、津久井龍雄、赤松克麿、大川周明に近い金内良輔（一八九五―一九六六）、同じく狩野敏（一九〇一―一九八一）、松延繁次（一八九三―一九四三）など「いつも仲のあまりよくない国家主義的革新団体の幹部たち」に呼びかけ、「民族運動、維新運動の連絡と統一をはかり、やがて鞏《きょう》固な第二維新統一戦線の形成へ持っていく」べく「維新懇話会」を立ち上げ（六月二三日）ている。維新懇話会は、「今邦家未曽有の危局を前にして岡田［啓介］内閣の成立を見んとするは是れ倫敦《ロンドン》条約派の勝利を意味し、実質に於て斎藤［実］内閣の延長に外ならず。即ち内、財閥政党の據て以て立脚する自由主義の復活たり、外、国際協調に名を籍《か》れる敗北主義に堕するもの、……」との申し合わせを行い（七月四日）、ワシントン、ロンドン両海軍軍縮条約破棄に向けて一大国民運動を誘起すべく会合を重ねたが、長くは続かず自然消滅した。『維新を語る』出版記念会」（『国民思想』第三巻通第二二号、一九三四年六月）四八頁。「維新懇話会情報」（『国民思想』第三巻通第二三号、一九三四年七月）四九、五〇頁。「維新懇話会情報」（『国民思想』第三巻通第二四号、一九三四年九月）三六～三九頁。「日本主義団体総覧」（『維新』第二巻第一号、一九三五年一月）五五六頁。中谷武世「維新懇話会」（前掲『下中弥三郎事典』）一〇～一二頁。

103 人事興信所編・発行『人事興信録 第9版』（一九三一年六月）「ア」一一三頁。津久井前掲『日本主義運動の理論と実践』二三七頁。「神兵隊事件予審終結決定書」（於東京刑事地方裁判所、一九三五年九月一四日）＝原秀男他編『検察秘録 五・一五事件Ⅳ（匂坂資料4）』（角川書店、一九九一年二月）四六二頁。島洋之助編『県人名鑑 人材・島根 全』（一九三八年四月、島根文化社）「人材・島根／天野辰夫」七頁。中谷前掲「愛国勤労党」二頁。

104 前掲「神兵隊事件予審終結決定書」＝前掲『検察秘録 五・一五事件Ⅳ（匂坂資料4）』四五九～四七八頁。「安田銕之助、影山正治及外二十七名ニ対スル神兵隊事件予審終結決定」（於東京刑事地方裁判所、一九三五年九月一四日）＝前掲『検察秘録 五・一五事件Ⅳ（匂坂資料4）』四七八～四九一頁。中谷前掲「愛国勤労党」二、三頁。同前掲『昭和動乱期の回想』四五二～四五九頁。堀前掲『西田税と日本ファシズム運動』五三九～五五五頁。

105 『昭和十六年十月現在 全国国家主義団体一覧』（編者・版元不明、一九四一年一〇月）三〇五頁＝NDLDC

（国立国会図書館デジタルコレクション http://kindai.ndl.go.jp）ID：000001208484 コマ番号一七六。中谷武世「国民思想研究所」（前掲『下中弥三郎事典』）一〇九、一一〇頁。同前掲『昭和動乱期の回想』四六〇～四六四頁。なお国民思想研究所については、昭和一〇年代に同名の研究所が存在した。こちらは、三・一五事件（一九二八年）で検挙され獄中で転向した小林杜人（一九〇二―一九八四）、浅野晃（一九〇一―一九九〇）、村山藤四郎（一八九九―一九五四）らによって「転向者の新しい思想上の指導原理を求める目的の下」に設立（一九三五年八月）された司法更生保護団体で、機関誌『転生』（一九三五年九月創刊）も中途から『国民思想』と改題（一九三六年三月）されているので、混同しないよう注意が必要である。小林杜人『「転向期」のひとびと――治安維持法下の活動家群像』（新時代社、一九八七年九月）一一五、一一六、一三〇、一三一頁。松岡将『松岡二十世とその時代――北海道、満州、そしてシベリア』（日本経済評論社、二〇一三年八月）五〇五、五〇六頁。

106　中谷武世「ファッシズム批判」（『国民思想』第一巻第二号、一九三一年七月）三二、三三頁。

107　前掲「安田銕之助、影山正治及外二十七名ニ対スル神兵隊事件予審終結決定」＝前掲『検察秘録五・一五事件Ⅳ（匂坂資料4）』四八五頁。

108　前掲「故小栗慶太郎氏小伝」一五五頁。中谷前掲『昭和動乱期の回想』四五九、四六〇頁。

109　外務省記録『絶対極秘 国家改造運動ト其ノ具体案』（一九三五年七月）＝JACAR Ref.B02031284200 第一画像。「残存幹部」に対する当局の監視はその後より一層厳しくなり、中谷主宰の『国民思想』は幾度となく発禁に処されている。小栗慶太郎「編輯後記」（『国民思想』第二巻通第一六号、一九三三年一一月）。同「編輯後記」（『国民思想』第二巻通第一七号、一九三三年一二月）。近松久「編輯後記」（『国民思想』第三巻通第一九号、一九三四年二月）。同「編輯後記」（『国民思想』第三巻通第二〇号、一九三四年四月）。中谷前掲「国民思想研究所」一一一頁。同前掲『昭和動乱期の回想』四六四頁。

110　試みに、NDLDCで公開中の文献資料に「日本精神」というワードで検索をかけた（二〇二〇年一〇月一日現在）ところ、総ヒット数は、一九二八年（0件）一九二九年（一件）、一九三〇年（九件）、一九三一年（四件）ときて、満州事変の翌年以降は、一九三二年（一六件）、一九三三年（三五件）、一九三四年（九五件）、一九三五年（二〇一件）、一九三六年（八三件）との結果が出た。

111 中谷武世「天皇の御本質と天皇政治の本義（上）」（『国民思想』第二巻通第一一号、一九三三年四月）二頁。

112 中谷前掲「天皇の御本質と天皇政治の本義（上）」三頁。

113 筧克彦『皇国運動』（菱沼理弌共著、博文館、一九二〇年一二月）三、四頁。中谷、大熊前掲「対談三島事件の本質をどう見るか（続）」六〇頁。中谷前掲『昭和動乱期の回想』一〇、一一、一四四頁。熱心な神道の家で育った中谷にとって、こうした哲理はとりわけなじみやすいものであったろう。第一章注7を参照。

114 鹿子木員信『日本精神の哲学』（直日のむすび出版部、一九三一年七月）一一六～一一八、一七〇頁。中谷武世「美濃部学説の思想的背景」（『維新』第二巻第四号、一九三五年四月）三四頁。

115 中谷武世「林癸未夫《きみお》博士の国家社会主義理論を批判す」（『国民思想』創刊号、一九三二年六月）一一二、一一三頁。生島広治郎『世界経済の基礎概念』（宝文館、一九三二年一一月）一二七、一二八、一三五頁。中谷前掲「日本国家学の出発」八、九頁。J・F・ノイロール『第三帝国の神話――ナチズムの精神史』（山崎章甫他訳、未来社、一九六三年一〇月）一一七～一一九頁。福家前掲『日本ファシズム論争』一七三～一七七頁。

116 中谷前掲「天皇の御本質と天皇政治の本義（上）」四、八頁。もとより中谷の、「自然人」としての天皇御一家に対する敬愛の念は人後に落ちるものでなく、明仁皇太子（現上皇）の生誕（一九三三年一二月二三日）に際しては感激措くあたわず、「四方《よも》つ国 すべしろしめす すめらぎの 日嗣の御子の生《あ》れしたふとさ／とつくにの 民もはるかに仰ぎ見ん 日出づる国の 此のほぎことを」等と詠じている。中谷武世「巻頭言／皇太子殿下の御降誕をことほぎまつりて」（『国民思想』第三巻通第一八号、一九三四年一月）一頁。同前掲「国民思想研究所」一一〇、一一一頁。

117　中谷、大熊前掲「対談三島事件の本質をどう見るか（続）」六一頁。
118　中谷前掲「美濃部学説の思想的背景」三四頁。
119　中谷武世「代議的民主政治と民族的全体政治――議会政治と天皇政治に関する一考察」（『維新』第一巻第一号、一九三四年一一月）三九～四一頁。
120　五百旗頭真『日米戦争と戦後日本』（再版、講談社、二〇〇五年五月）三三～四一頁を参照。
121　「昭和十六年十一月十八日開議 第七十七回帝国議会衆議院議事速記録第三号 決議案（国策完遂ニ関スル件）」（『官報号外』一九四一年一一月一九日）四二頁。
122　中谷前掲『天皇機関説の批判』三頁。
123　原理日本社「宣言」（『原理日本』創刊号、一九二五年一一月）一頁。
124　前掲『日本精神発揚史』四九、六二、六三、八九、九〇、一一三、一五一頁。伊藤前掲『昭和初期政治史研究』四二六、四二七頁。中谷前掲『昭和動乱期の回想』二五〇、二六一、二六二、三五九頁。
125　大塚前掲『大川周明と近代日本』一九四、一九五頁。同前掲『大川周明』一三七～一四〇頁。竹内前掲『丸山真男の時代』五四頁。片山杜秀『近代日本の右翼思想』（講談社、二〇〇七年九月）九二～一〇二頁。
126　蓑田胸喜「誌友のことば」（『国民思想』第一巻第二号、一九三二年七月）一一五頁。文中にいう「林博士の所論に対する御批判」とは、中谷前掲「林癸未夫《きみお》博士の国家社会主義理論を批判す」を指す。このなかで中谷は、「国家社会主義」と「国民社会主義」の概念区分に関する林の「認識の誤謬若くは不足」を摘示するとともに、「独逸《ドイツ》国民社会党」すなわちナチスの国家観は「飽くまで有機体的生命体的国家観であ」り、その「一切の努力営為の目標」は「民族国家の建設完成」にこそあると論じた（一一四～一一七頁）。もっとも、津久井龍雄ら国家社会主義者にいわせれば、中谷こそ「民族主義も高調してゐるが、社会主義も強調してゐ」るナチスの本質を前者に偏って理解しており、同党の綱領第一条についても正しくは「我等は民族自決の権利に基づき全ドイツ人を一の大ドイツ国にまで結成せんことを期す」と訳すべきところを中谷は「吾人は民族主義の原理に基き独逸《ドイツ》大民族国家の建設を期す」と訳すなど恣意的な要素が多々みられるという。津久井前掲「国家と階級の問題に就て」四六、四八、四九頁。北上兵之介「時評／ヒトラー運動と俗流日本主義」（『日本社会主義』第二巻第一号、一九三二年一月）四二、四三頁。福家前掲『戦間期日本の社会思想』三三一、三三二頁。

127 斎藤前掲『右翼思想犯罪事件の綜合的研究』＝前掲『現代史資料 四／国家主義運動 一』一四八、一四九頁。竹内前掲「帝大粛正運動の誕生・猛攻・蹉跌」三三頁。この頃蓑田は、中谷の主宰する雑誌『維新』に「天皇機関説総批判／学術改革即昭和維新」（第二巻第四号、一九三五年四月）、「天皇機関説再批判／機関説追撃第二陣」（第二巻第六号、一九三五年六月）、「機関説撃滅無窮戦」（第二巻第八号、一九三五年八月）、「松陰の思想事業」（前同）、「一木・金森両氏の機関説を実証弾違す」（第二巻第九号、一九三五年九月）、「自由主義新聞論」（第二巻第一〇号、一九三五年一〇月）、「粛軍を含む国体明徴に逆行する政党と大学」（第三巻第七号、一九三六年七月）等々、多量の論説を寄稿している。

128 中谷前掲『天皇機関説の批判』二頁。

129 中谷前掲「美濃部学説の思想的背景」三四頁。

130 中谷前掲「日本国家学の出発」一一頁。

131 宮本前掲『宗教的人間の政治思想 軌跡編』一九九、二〇〇、二〇五頁。スピルマン前掲『近代日本の革新論とアジア主義』一八八〜一九三頁。

132 中谷武世「巻頭言／独ソ不可侵条約と所謂《いわゆる》自主外交」（『大亜細亜《アジア》主義』第七七号、一九三九年九月）。

133 中谷武世「巻頭言／興るものと滅ぶるものの詩と哲学」（『大亜細亜《アジア》主義』第八七号、一九四〇年七月）。

134 このの ち橋本は、姫路の野砲兵第十連隊附、次いで所属師団（第十師団）の北満派遣、ハイラル特務機関長に現地転属を経て、三島の野戦重砲兵第二連隊附となり内地に帰還した（一九三三年八月）。中谷との同志的関係は実質それからとなる。田々宮英太郎『橋本欣五郎一代』（芙蓉書房、一九八二年一月）一八七、

一九〇～一九六頁。中谷前掲『昭和動乱期の回想』三〇七、三〇八頁。

135 「経学人高第八号 嘱託講師補充ノ件申請」（一九三一年九月一〇日）＝JACAR Ref.C01006425900 第三、四画像、資料上部に「中谷」との書き込みあり。満川前掲「中谷武世君を語る」。前掲「特輯／国家主義系団体員の経歴調査 第一／中谷武世」四四三頁。中谷前掲『昭和動乱期の回想』六一七頁。

136 同年一二月には、その要旨が『調査資料特輯号／現下の国際政局と満蒙問題』として同校研究部より公刊された。

137 同年六月には、その述録が『思想研究資料第八十五号／現下の世界政局と日本』として海軍省教育局より公刊された。

138 中谷前掲『昭和動乱期の回想』三一二頁。

139 中谷前掲『昭和動乱期の回想』三一二、三一三頁。

140 中谷前掲『昭和動乱期の回想』三一四頁。とはいえ、後に永田が相沢三郎歩兵中佐（一八八九―一九三六）によって陸軍省軍務局長室で斬殺（一九三五年八月一二日）された際には、「限りもなく痛ましい。……永田中将の霊に栄光あれ」と手向けの言葉を述べている。中谷武世（無記名だが文体・内容より本人と推測）「民族的苦悶の象徴」（『維新』第二巻第九号、一九三五年九月）一頁。

141 秦郁彦『軍ファシズム運動史』（増補版、河出書房新社、一九七二年四月）七〇～八二頁。佐々木隆「荒木陸相と五相会議」（『史学雑誌』第八八巻第三号、一九七九年三月）四八、四九頁。北岡前掲『政党から軍部へ』二一二～二一七頁。川田稔『昭和陸軍全史1――満州事変』（講談社、二〇一四年七月）二二八～二三〇頁。山口一樹「一九三〇年代前半期における陸軍派閥対立――皇道派・統制派の体制構想」（『立命館大学人文科学研究所紀要』第一一七号、二〇一九年一月）二七一、二七二頁。

142 農村匡救を重視した荒木の内政会議（一九三三年一二月五日）における次年度陸軍予算の譲歩――農林予算の増額是認――などは、そうした危惧を抱かせるに十分であった。

143 秦前掲『軍ファシズム運動史』八四～九〇頁。刈田徹『昭和初期政治・外交史研究――十月事件と政局』（人間の科学社、一九八一年四月）二八六～二八八頁。中谷前掲『昭和動乱期の回想』四六五～四七五頁。高橋正衛『昭和の軍閥』（講談社学術文庫版、二〇〇三年五月）二三四～二四九頁。須崎慎一『二・二六事件――青年将校の意識と心理』（二〇〇三年一〇月）八一～八五頁。川田稔『戦前日本の安全保障』（講談社、二〇一三年一月）二六三～二六五、二七五、二七六頁。

144 中谷武世（無記名だが文体・内容より本人と推測）「ファッショ控え帳」（『国民思想』第一巻第三号、一九三二年八月）一一二頁。

145 刈田前掲『昭和初期政治・外交史研究』二八七頁。中谷前掲『昭和動乱期の回想』四七六～四八〇頁。秦郁彦編『日本陸海軍総合事典』（東京大学出版会、一九九一年一〇月）六六六、六六七頁。

146 高宮太平『軍国太平記』（酣燈社、一九五一年七月）一九〇頁。

147 天皇および参謀総長・閑院宮載仁親王（一八六五―一九四五）の不興を買った真崎の参謀次長離任（一九三三年六月一九日）――形式上は大将昇進に伴う軍事参議官への栄転――や、病気を理由とする荒木の陸相辞任（一九三四年一月二三日）、その後任で同志とみられていた林銑十郎の離反と反皇道派的人事――永田鉄山を軍務局長に起用（一九三四年三月五日）――など。秦郁彦『昭和史の軍人たち』（文藝春秋、一九八二年六月）二八六～二八八頁。北岡前掲『政党から軍部へ』二一七～二一九頁。

148 「清軍運動の実勢」（一九三四年一月）＝林茂他編『二・二六事件秘録（別巻）』（小学館、一九七二年二月）四三三～四三八頁。前掲「特輯／国家主義系団体員の経歴調査第一／中谷武世」四四三頁。

149 真崎甚三郎の「日記」（一九三四年四月七日）には「予ノ判断、大キク言ヘバ思想問題ナリ。即チ日本思想ト国家社会主義トノ争ナリ。十月事件ノ残党ハ之ヲ再行セント画策シ、荒木一派ノ者アリテハ最大ノ妨害タル故之ヲ除カンス《〔ママ〕》。之ニ加フルニ荒木周囲ノ者ニ個人的ニ反感ヲ有スル者アリ。斯ル勢ヲ利用セントスル宇垣、南、松井ノ一派アリテ錯綜紛糾其ノ極ニ達シアリ」とある。前掲『真崎甚三郎日記 第一巻』一七一頁。

150 中谷武世「編輯後記」（『国民思想』第二巻通第一二号、一九三三年五月）。同前掲『昭和動乱期の回想』四七九、四八〇頁。

151 鉄甲散史「現代軍部論（中）」（『維新』第一巻第二号、一九三四年一二月）二〇八、二〇九頁。高宮前掲『軍国太平記』一九〇頁。

152 中谷前掲『昭和動乱期の回想』四八〇頁。

153 鉄甲散史前掲「現代軍部論（中）」二一〇頁。馬島健『軍閥暗闘秘史――陸軍崩壊の一断面』（共同出版社、一九四六年三月）五六～六一頁。

154 「極秘 陸軍派閥一覧表」（一九三四年一〇月 憲兵入手）＝大谷敬二郎『昭和憲兵史』（みすず書房、一九六六年四月）七〇五頁。鉄甲散史「現代軍部論（下）――問題の人々」（『維新』第二巻第一号、一九三五年一月）一八〇、一八一頁。「相沢事件 証第七〇号写／陸軍諸系流の動静図解」（手書き、一九三五年）＝原秀男他編『検察秘録 二・二六事件Ⅳ（匂坂資料8）』（角川書店、一九九一年八月）五六〇～五六二頁。林広一『革命成らず――二・二六事件の真相』（毎日新聞社、一九六四年三月）二七六頁。中谷によれば、そうした認識は全くの「誤り」であり、清軍派は、皇道派と無関係の青年将校たちの「清純な革新運動」まで十把ひとからげに弾圧の対象とした統制派とは「飽くまで一線を劃し」たとのことである。中谷前掲『昭和動乱期の回想』四八〇、四八一頁。

155 平野豊次「右翼運動者の軍部に対する策動に就て」（口演筆録、一九三五年五月）＝大谷前掲『昭和憲兵史』七一一、七一二、七一六頁。

156 同誌の公称発行部数は三万部（中谷は一万とも）で、創刊早々「維新運動ノ主導勢力ト軍部ニ関スル等の不穏記事」（中谷武世、下中弥三郎他「国民運動の今明日を語る座談会」）によって発禁となり、翌月号でも「農民蹶起ニヨル暴力革命ヲ予想セル等ノ不穏記事」（小池四郎「危機を孕む臨時議会」）によって同様の処分を受けている。内務省警保局図書課編・発行『全国思想関係新聞雑誌調』（一九三五年四月）七一頁。中谷前掲「維新懇話会」一二頁。

157　中谷武世「時評／荒木陸相の立場」（『国民思想』第二巻通第一四号、一九三三年九月）五頁。同前掲『昭和動乱期の回想』五一一頁。

158　鉄甲散史前掲「現代軍部論（下）」一七五、一七六頁。

159　前掲「特輯／国家主義系団体員の経歴調査第一／中谷武世」四四三頁。

160　末松太平『私の昭和史』（みすず書房、一九六三年二月）九九、一〇五頁。堀前掲『西田税と日本ファシズム運動』六一八、六一九、七一七〜七一九頁。

161　前掲『真崎甚三郎日記第一巻』四二、四三頁。北、西田あるいは大川らと異なり、中谷は国家革新（維新）の主力は「農民」と「民間の純真な愛国団体」であり、その前衛は「勤労者」でなければならず、軍は「絶対に主力であつてもならないし前衛であつてはならな」い、軍には軍自体の「本来の目的があ」ると考えていた。中谷武世、下中弥三郎他「国民運動の今明日を語る座談会」（『維新』第一巻第一号、一九三四年一一月）七四、七五頁。平野前掲「右翼運動者の軍部に対する策動に就て」＝大谷前掲『昭和憲兵史』七一〇、七一一頁。

162　村中孝次、磯部浅一『昭和十年七月十一日 粛軍ニ関スル意見書（写）』（一九三五年七月）二三、二四頁＝NDLDC 憲政資料室収集文書一二〇一 コマ番号一三、一四。中谷前掲『昭和動乱期の回想』四七六頁。

163　高野は前述日本国民社会党準備会の初会合（一九三二年一月一七日）に参加していたが、中谷の記憶にはなかったようである。中谷前掲『昭和動乱期の回想』四八二〜四八四頁。福家前掲『戦間期日本の社会思想』二八六頁。

164　伊藤隆「高野清八郎と立憲青年党運動（上）」（『史』第五九号、一九八五年一一月）五二、五三頁。同「高野清八郎と立憲青年党運動（下）」（『史』第六一号、一九八六年七月）一九頁。

165　同人は一九三四（昭和九）年四月頃に、天野勇、常岡瀧雄らと語らって十月事件の焼き直し版というべきクーデター計画「国家改造要綱」を立案したが、事前に情報が洩れ東京地裁検事局より召喚状が発せられた（六月一一日）ため一時満州に逃避、しかるのち自宅に戻ったところを東京憲兵隊に包囲・拘束（七月二八日）された。同憲兵隊の蒐集資料綴とされる『探聞事項』には、永田鉄山に近い統制派の某「有力将校」が関東憲兵隊司令部の四方諒二少佐（一八九六―一九七七）を通じて逃亡中の高野に「徹底的援助と便宜を与へた」とある。こうした動きは、中谷の全く存知せざるところであった。高野清八郎「東京区裁判所刑事第五部判事新谷春吉宛上申書」（一九三四年一一月二七日）＝前掲『二・二六事件秘録（別巻）』四三九～四四五頁。岩淵辰雄『軍閥の系譜』（中央公論社、一九四八年七月）八一、八二頁。高野清八郎「私はクーデター計画の立案者だった――初めて公開する旧軍部計画の真相」（『動向』第九巻第二号、一九六二年二月）七二～八一頁。秦前掲『軍ファシズム運動史』九〇～九二頁。同前掲『昭和史の軍人たち』二八四頁。伊藤隆「高野清八郎という人物のこと」（『中公バックス 日本の歴史二四／ファシズムへの道』封入月報、中央公論社、一九八四年九月）＝同『落ち穂拾い――昭和五二年～昭和六二年』（私家版、二〇一三年一一月）三五〇～三五二頁。

166　高野のクーデター計画に関しては、真崎甚三郎の「日記」にも「十月事件関係者ノ一味ノ不都合ナル計画」（一九三四年四月八日）、「高野清四《ママ》郎ナル者ノ恐ルベキ計画書」（四月一二日）との記述がある。前掲『真崎甚三郎日記第一巻』一七一、一七六頁。

167　他にも、桜木武夫（清軍派系青年将校の変名と思われる）の論説「皇軍本然の使命と昭和維新――皇軍本然の任務使命に関する歴史的考察」（『国民思想』第二巻通第一七号、一九三三年一二月）が、〇〇《ママ》本部〇〇《ママ》皇軍某将校「皇軍本然の使命と昭和維新――公盗奸賊の為政者を撃滅し、皇国の安泰を図るは軍人の任務」（『新使命』第一一輯第二号、一九三四年二月）として両誌に二重掲載されていた。

168　大谷前掲『昭和憲兵史』一〇八頁。大蔵前掲『二・二六事件への挽歌』一一一、一一二頁。有罪の主因は件の論説「維新の真髄」が、「剣を振つて切開だ、腐れたる部分の除去だ、……」等々と全篇にわたって「蹶起を慫慂」したとみなされたことによる。高山義行「維新の真髄」(『国民思想』第三巻通第一九号、一九三四年二月)四一頁。高野前掲「東京区裁判所刑事第五部判事新谷春吉宛 上申書」=前掲『二・二六事件秘録(別巻)』四四五、四四六頁。前掲「特輯/国家主義系団体員の経歴調査 第一/中谷武世」四四三頁。伊藤前掲「高野清八郎という人物のこと」=同前掲『落ち穂拾い』三五〇頁。なお検察の取り調べを受けてまもなく、中谷は思想専門誌たる『国民思想』を打ち切り(一〇月)、翌月から総合誌の『維新』に切り替えている。

169 高野前掲「東京区裁判所刑事第五部判事新谷春吉宛 上申書」=前掲『二・二六事件秘録(別巻)』四四二頁。前掲「特輯/国家主義系団体員の経歴調査 第一/中谷武世」四四三頁。真崎甚三郎の「日記」には「予ニ対スル悪宣伝」(一九三四年五月四日)、「中谷武世ガ予ヲ非難スルコトハ人事ヲ事前ニ次官及局長ヲ通シテ膳立セシムト云フ点ニアルコト」(五月一三日)、「中谷武世ガ転向シツ、アルコト」(五月二二日)等々、秦、持永あるいは彼らの配下の憲兵将校より適宜中谷の動静がもたらされたことが記されている。中谷の陸経解嘱は、真崎—皇道派が「検事局ガ之[高野清八郎に関する捜査・立件]ニ着手セシ」を「天佑」として、自分たちに敵対する「醜類ヲ一掃」(六月一三日)すべく行った政治的報復の一環であった。前掲『真崎甚三郎日記第一巻』一九二、一九七、二〇四、二一八、二一九、二二六頁。

170 村中、磯部前掲『昭和十年七月十一日 粛軍ニ関スル意見書(写)』二四、二六、五〇、五一頁=NDLDC憲政資料室収集文書一二〇一 コマ番号一四、一五、二七。前出『探聞事項』によれば、一九三四(昭和九)年九月から翌月にかけて神楽坂や築地の待合では、片倉衷《ただし》、天野勇、田中清歩兵少佐(一八九六—没年未詳)、それに中谷など、清軍派あるいは統制派とおぼしき人々の会合——費用は中谷が負担——が頻繁に持たれ、「真崎大将の地位[同年一月二三日より教育総監]を失脚せしめて、陸軍の人事を自派に有利に展開せしめんとする陰謀」が密議されたという。また真崎—皇道派シンパの相沢三郎中佐が確認したところによれば、翌年一月三日に伊東の別荘で松井石根と「えらい方々」の会合があり、同日近隣の旅館には天野勇、中谷、常岡瀧雄が宿泊しにぎやかに騒いでいたという。戦後中谷はこれらについて、悪質な「デマ情報」のたぐいであり、天野らと「料亭や待合に出入したことは絶無」と断言している。もっとも陰謀如何にかかわらず、真崎が教育総監を更迭（一九三五年七月一六日）され、そのことが相沢による永田鉄山斬殺（八月一二日）の呼び水となり、ひいては翌年の二・二六事件の遠因の一つとなったことは事実である。岩淵前掲『軍閥の系譜』八〇～八二頁。末松前掲『私の昭和史』二〇四、二〇五頁。中谷前掲『昭和動乱期の回想』四八四～四九一、四九五～五〇六頁。山口富永『二・二六事件の偽史を撃つ』（国民新聞社、一九九〇年八月）六六～七二頁。

171 鉄甲散史前掲「現代軍部論（下）」一八一頁。岸信介、中谷武世「対談 東条内閣の商工大臣時代の回想」（『民族と政治』第二四七号、一九七六年二月）五七、五八頁。中谷前掲『昭和動乱期の回想』五〇七頁。

172 中谷前掲「時評／荒木陸相の立場」五頁。同前掲『戦時議会史』二四八、二四九頁。同前掲『昭和動乱期の回想』五〇八～五一一頁。

173 真崎甚三郎の「日記」（一九三四年五月七日）には「予ハ直ニ東条等予等ニ反抗シツ、アル風説ヲ耳ニシアリシ……」とある。前掲『真崎甚三郎日記第一巻』一九四頁。

174 中谷前掲『戦時議会史』二四九、二五一頁。

175 中谷武世、高橋正衛「対談 二・二六事件と匂坂資料――NHKの二・二六特別番組の放送を聴いて」（『民族と政治』第三七九号、一九八八年五月）八八、八九頁。中谷前掲『昭和動乱期の回想』六一五～六一九頁。この時の中谷の迅速な行動は、前出松延繁次ら大川周明系の人々には、官憲に逮捕されることを恐れて「関西へ逃げた」とうつっていた。林前掲『革命成らず』九〇頁。

176 中谷前掲『昭和動乱期の回想』六一九～六二三頁。

177 中谷前掲『昭和動乱期の回想』六二三、六二四頁。

178 中谷前掲『昭和動乱期の回想』六二四～六二七頁。

179 中谷前掲『昭和動乱期の回想』六三〇頁。

180 中谷武世「維新運動の反省」(『維新』第三巻第四号、一九三六年四月)一頁。北がその思想形成過程において進化論を積極的に受容・援用したことは周知の事実である。岡本幸治『北一輝――転換期の思想構造』(ミネルヴァ書房、一九九六年一月)五二～一二一頁を参照。

181 中谷前掲『昭和動乱期の回想』六二七～六三〇頁。

182 編輯子「編輯後記」(『維新』第三巻第八号、一九三六年八月)一一九頁。これ以降の刊行号は現時点(二〇二〇年一〇月一日)において確認されていない。

183 近松久「編輯後記」(『維新』第三巻第四号、一九三六年四月)一一七頁。戦後中谷は、『維新』は昭和十二[一九三七]年の末頃までつづいたが、支那事変の進行と共に中谷等の大陸往復が頻繁になり、かつ経営も困難になったために廃刊した」と述べているが、前注の通り『維新』は前年八月号を以て廃刊していたと思われ、「昭和十二[一九三七]年の末頃までつづいた」というのは発行元の維新社のことではないだろうか。中谷前掲「維新懇話会」一一二頁。

第三章　アジア主義運動の理論と実践

大亜細亜《アジア》協会主催大亜細亜《アジア》主義夏季講習会（於山中湖畔、1939年8月9〜15日頃）、2列目（着席者）左より4人目下中弥三郎、1人おいて松井石根、1人おいて中谷武世［中谷家所蔵］

一　観念的「民族」の創出

中谷武世の学問的・思想的本領は「国家」に関してのみ発揮されたわけではない。本章では、彼の「民族」および「民族主義」研究とその理論的成果を基にした「アジア民族」主義運動についてみていこう。

一九一〇年代末から二〇年代にかけて、帝国日本の外交思想は大きなアポリアに直面していた。第一次世界大戦中、レーニン（Vladimir Lenin, 1870-1924）やウィルソン（Woodrow Wilson, 1856-1924）らによって盛んに喧伝された「民族自決主義」は、戦後の世界秩序再編における基本原則となり、旧慣行の帝国主義・膨張主義・植民地主義は「世界ノ大勢」に逆行する明白な「侵略的傾向ノ表現」[1]として公然と否認されるに至った。爾後、国内に異民族を抱える、もしくは本国以外の他民族地域に領有権・統治権・経済的諸利権を有するまたは欲する国家は、それらの維持・拡大をはかるにおいて、少なくとも表向きは"self-determination"という国際的な錦の御旗と何らかの整合性を付けざるを得なくなった[2]。学界・論壇もまた没交渉ではありえず、

> 欧州大戦の勃発［一九一四年七月二八日］、及び其の終結［一九一八年一一月一一日］時に於ては、国際政局に関する時論の紛糾は必然に民族、民族主義等を題目とする夥多《かた》の著書の刊行を促さずに置《〔ママ〕》かなかつた。[3]

第一次大戦の終了と共にヴェルサイユ平和会議において少数民族の問題や民族自決の原則が重要な議題となるに及び、民族問題と民族主義が政治外交ジャーナリズムの花形的課題として登場し、民族主義を対象とする書物が各国に氾濫したのも此の時期である。[4]

といった状況を現出したのである。

そうしたなか、前述の通り一九二五（大正一四）年四月に東京帝国大学大学院法学部に入学した中谷は、「民族の本質、民族主義の根本義」の研究を本格的に開始した[5]。

我が国の民族運動乃至愛国的思想運動の陣営に於いて明確な指導理論が確立せられて居なかったこと、此の点に於いては社会主義運動や共産主義運動の側に比して著しく遜色があり、精緻な民族主義の理論体系を樹立することの必要性を痛感して、此の問題の理論的研究を発起するに至ったのであるが、研究に取り組んでいる間に、いつしか現実の民族運動に理論的背景を与えるというような目的意識よりも、此のナショナリズムの原理に関する学問的研究そのものに心を惹かれ、やがて民族の本質と民族主義の理念の究明に、使命感を以て没頭するに至ったものので……[6]

当時東京帝大の政治学研究室には民族運動・民族主義に関する欧米の専門図書がほとんどなく、やむなく中谷は、収入の大部分を割いて内外の文献資料を蒐集し、イギリスの政治学者・ミューア（Ramsay Muir, 1872-1941）、アメリカの歴史学者・ヘイーズ（Carlton Hayes, 1882-1964）、フランスの言語学者・ルナン（Ernest Renan, 1823-1892）、ドイツの社会学者・オッペンハイマー（Franz Oppenheimer, 1864-1943）など諸家の先行研究を徹底的に渉猟した〔7〕。そこから得た知見を中谷は逐次学術論文にまとめ、大部分を「日本最初の外交問題の専門誌」として権威のあった『外交時報』に発表している〔8〕。なかでも、一九二六（大正一五）年一〇月一五日号から翌年六月一五日号にかけて分載（全八回）された「民族、民族意識及び民族主義」は、該博な論に体系的な叙述と相まって、研究者間では「かなり注目された」ものだという〔9〕。中谷としては、周囲の勧めもありいずれ博士論文としてまとめる心算であったが、諸般の事情で提出には至っていない。

該論文において、中谷はまず、イギリスのジャーナリスト・ザングウィル（Israel Zangwill, 1864-1926）、哲学者・ミル（John Stuart Mill, 1806-1873）、歴史学者・アクトン（Lord John Acton, 1834-1902）、同・ローズ（John Holland Rose, 1855-1942）、ドイツの法学者・ブルンチュリ（Johann Kaspar Bluntschli, 1808-1881）らの学説や定義を縦横に参照して、従来多岐かつ曖昧に用いられて来た「民族」という語の概念と発生時期を正確に把捉することから始める。

> 国際政治若くは植民政治に関する論議に於て、「民族」、「民族主義」、「民族運動」、等の言葉ほど近頃頻繁に耳に入り、紙上に見ゆる言葉は少い。然も是等の言葉ほど又放漫に不用意に記され、話されて居る言葉も少い。……民族の問題に関して何等かの研究を発表した学者で、此の

基本概念を把握することの困難と、軽卒《〔ママ〕》に之を定義附くることの危険とを、先づ冒頭に断はつて居ない者は殆ど無いといつてよい程であり、民族を定義することの可能を否定して居る者さへ少からずある。……独断と臆説の競ひ茂る斯くの如き密藪の中を、殆ど何時之を脱し得るかの見込さへ立たずに、彷徨と模索を続けて居るのが民族研究の現状である。……ブリュンチュ《〔ママ〕》リーは、英語の"People"は仏語の"Peuple"と同じく文化的意義を帯びたる言葉にして独語の"Nation"《ナチオン》に該当し、英語の"Nation"《ネーション》は寧ろ政治的概念を表現するものとして独語の"Volk"《フォルク》に当ると謂つて居る。……然るに其後例へばポーランド人やスロヴァト《〔ママ〕》［Slovart/Slovenská］人やアイルランド人等の、政治的独立を有せずして他の強大国民の一部に包含せらるゝ所謂《いわゆる》少数民族、若くは隷属民族の問題が政治的論争の題目となり来るに及び"Nation"と区別して、本来は抽象的名詞たる"Nationality"、"Nationalität"といふ言葉が、是等の民族を指称する実体的名詞として漸次使用されるやうになつた。民族の問題はとりもなほさず少数民族、隷属民族の問題である今日に於ては、一般に広く民族といふ意味を表す場合にも"Nationality"、"Nationalität"が用ひられる傾向が生じて来たやうである。……かくて邦語に当て嵌めるについても、大体以上の区別に従つて、英語の"Nation"は独の"Volk"と共に之を「国民」と訳し"Nationality"、"Nationalität"は、特に抽象的意味に用ひられた場合の外、之を「民族」とすべきであると思ふ。……"Nation"、"Nationality"、"Nationalität"の語源は拉典《ラテン》語の"Natio"（nasci 出生より来る）から出て居るものであるが、"Nation"がかなり早くより用ひられた言葉なるに反し、"Nationality"、"Nationalität"は、仏蘭西《フランス》革命以後始《〔ママ〕》めて使用されるに至つた新しい言葉であるとされ、仏国翰林院《アカデミー》（Academic Française）辞典が、最初に此の言葉を輯載したのはその一八三五年版に於てゞあるといはれる。……ロード・アクトン（Lord Acton）も亦波蘭《ポーランド》の分割と仏蘭西《フランス》の大革命以前に於ては、欧羅巴《ヨーロッパ》人の意識を占めつゝあつたものは唯だ個人と国家に関する問題のみに過ぎずして、此の両個の概念を離れて単独に民族といふ概念が意識されたことはなかつたと述べて居る。……ミルは民族を定義して「彼等相互の間が、彼等と他の者との間には存在しないやうな共通の同類感で結合せられ、且つ之あるによりて彼等と他の者との間に於けるよりは、彼等相互の間の協同がより自発的になされ、同一の政府、特に彼等自身若くは彼等の中の或る者によりて組織せられたる政府の支配の下に立たんことを望む人類の一団」であるとなし、斯くの如き同類感情を誘起する原因として、人種若くは血統の同一、言語の共通、宗教の共通、地理的環境の共通、政治的経歴の共通等を挙げ、特にその政治的経歴の共通を重視して居る。……〔10〕

このような基本認識のもと、中谷は、「民族（Nationality）」を構成する主要素を、ミルやミューアに倣って、同一の人種／同一の言語／同一の地域／同一の宗教／同一の政治／同一の経済／同一の歴史の七つに分類し〔11〕、これらのうちいずれが一定の人間集団を以て「民族」たらしめるすなわち「同類感情を誘起」させる上で本質的・決定的といえるかを一つ一つ事例を挙げて精密に検討していく。以下、論の概要を示そう。

まず「人種（race）」はどうであろうか。民族形成の最も有力な因子は種族・血縁の同一であり「民族が人種的に純一であればある程、其の民族的団結が鞏固であり国民的統制が容易である」とする考え方は、「従来殆ど公理的」に信じられて来た〔12〕。「同一の種族に属することを証せらるゝ各地の住民は、凡《すべ》て相連ねて国家を形成せざるべからざること」を自明とする汎スラヴ主義（Pan-Slavism）や汎ゲルマン主義（Pan-Germanism）の主張が、「大戦〔第一次〕前に於ける列強角逐の異常なる膨張的空気の中に醞醸《うんじょう》せられ、従つて各国民の熾烈なる敵愾心、排他心に投じ得」られた結果、「民族の間に於ける人種的定型の相違が永久不変的に存在するとなす非科学的独断を、いつしか一般人の脳裡に常識化せしめ、従つて種族の区別と民族のそれとを同視する傾向を、一方ならず助長」したことは記憶に新しい〔13〕。だが、じっさいには「如何なる民族と雖も他の民族と種族的交錯を呈して居らぬはな」く、「如何なる種族もその血統の純一を保持し得たるもの曾つてあらざること」は「明白」な「歴史上の事実」である〔14〕。

西班牙《スペイン》人はイベリア人とケルト人、フェニキア人、ギリシヤ人、ローマ人等の血統が、文化それ〴〵の階段に於て濃密に交錯して居る上に、例の大移動時代に西ゴート、ヴァニダール〔ママ〕〔Vandal〕、スワヴィア〔ママ〕〔Schwaben/Sueben〕人等の血が入り、更に阿弗利加《アフリカ》よりはムーア〔Moor/Berber〕人其他の種族が入り込んで居る。……英吉利《イギリス》人は、基礎的にはケルト系とローマ系とゲルマン系との混血から成つて居る。……仏蘭西《フランス》人亦ケルト、ローマ、ゲルマンの三系から成立して居る。……独逸《ドイツ》人には少からず〔ママ〕スラヴ系の血が混つて居り、ラウジット〔Lausitz〕地方やスプレー〔Spree〕流域には今猶ほその痕跡を留めて居る。……又露西亜《ロシア》人は多分にタタール

［韃靼《だったん》 Tatar］族、フィン［Finn/Suomalaiset］族の血を混へて居ると共に、更にスカンディナヴィア人及び独逸《ドイツ》人の血脈をも之に加へて居る。……瑞典《スウェーデン》人は、民族が単一種族より成れる唯一の例に該当せしめられ得る程、種族的純一を保持し来つたといはれたのであるが、然も中世紀に於て丁抹《デンマーク》人と独逸《ドイツ》人の血を混へ、且つ十七世紀頃には軽微ながらもフィン族及びワロニア［Wallonia/Walloon］族の血縁を入れた事実は蔽ふことが出来ないのである。［15］

要するに、ルナンの述べたごとく、人種学的にも「大に疑問」とされる「純一なる種族なるもの」の存在を措定したところから発せられた政治学説は「幻想の上に之を建てんとする」に等しい［16］。民族における種族・血縁は、現実に同一であるという「客観的要素」としてではなく、むしろその「同一を信ずる」という「純然たる主観的要素」として意義が認められる［17］。あたかも「各分子が、自ら羅馬《ローマ》駐屯兵の子孫であると確信じ〔ママ〕つゝある事実が、ルーマニアの民族問題に、最も重要なる関係を持つ」ように［18］。

斯くの如き主観的、心理的関係は、之を軍人が其の所属の連隊に対する心理的関係に比することが出来る。軍人が連隊の歴史を誇るは、彼が最初から当該連隊の所属であり、その連隊の名誉の樹立に参加した者であつたがためにあらずして、彼自ら此の連隊に属すると信ずるが故である。昨日その連隊に入隊した新兵が、今日既に此の連隊の歴史に対する誇負の感を左程不自然でなく持ち得るといふ事実は、此の間の微妙な心理的関係を窺はしむるものである。［19］

では、次に「言語」はどうか。民族をして「言語共同体」と断じたドイツの著名なマルキスト・カウツキー（Karl Kautsky, 1854-1938）の論を俟つまでもなく、言語が「社会的連帯の根脈」の培養・促進に及ぼす作用は「疑ひもなく重大」である[20]。現に、種族的類似と地理的統一のきわめて乏しい南北のイタリア人を共同意識を以てつなぎ合わせる上で、「同一国語、伊太利《イタリア》文学の成果であるところの同一標準語の使用が一方ならず貢献して居」る[21]。複数の異民族を包容する多民族国家において、支配的地位にある民族が「政治的統一を期する手段として国語の画一を図り、従つて隷属諸民族の言語を制限乃至絶滅せんとする政策に力を用ふるに至つたこと」は「当然」である[22]。にもかかわらず、言語の同一、国語の統一が「民族共同体の成員の結合紐帯、乃至その認識の準拠」として持つ意義は「決して絶対的ではな」い[23]。

諾威《ノルウェー》人は丁抹《デンマーク》人と同一語を話し、西班牙《スペイン》語は中南米を壟断して居るが、然も之を以て諾威《ノルウェー》人が丁抹《デンマーク》民族に属すとは決して云を得ず、又中南米の諸民族は、其言語を共通にするにも拘はらず西班牙《スペイン》と彼等及彼等相互の間からは民族的同類意識が夙《はや》く既に消失してしまつて居る。白耳義《ベルギー》人はフランダース語と、仏語と、独語を話すものに分れて居るが、然も彼等相互の間には同一白耳義《ベルギー》民族を構成して居るとの自覚が強固に存在して居る。[24]

では、次に「地域」はどうか。長年同一の地域に居住しその自然的環境からの影響をひとしく受けることが民族の共同意識生成に果たす役割は「注目に値」する［25］。独立した島嶼《しょ》、半島、山脈、大河、砂漠等の自然的・物理的境界によってつくり出された地理的統一が、完全とはいえないまでも民族的統一を助成しているのは確かである［26］。バルカン半島の諸住民は、その地理的形貌の錯綜ゆえに相互の融和と同化を著しく阻害されており、仮にこの先強権を以て政治的に統一されるとしても、かつての墺洪《オーストリア・ハンガリー》二重帝国にもまさる複雑で不安定な多民族国家を現出するにとどまり、一つの民族（半島民族）としての「共同意識が涌起せしめられることは殆どない」と考えてよい［27］。一方で、ドイツとフランス、フランスとベルギーのように、民族の分界が自然的・物理的境界と一致せず、「大部分純然たる偶然」によって形成された事例も少なくない［28］。四周にカルパティア等の山脈帯とドナウの大河をめぐらせたハンガリー大平原はまことに申し分ない地理的統一を具備しているが、彼の地の民族的統一に何ら寄与していないことは明白である［29］。むしろ重要な点は、「現実に一定の地域を占拠して之に定住し居るといふ事実」にあらずして「此の土地に関する連想が民族的共同体の構成分子の心意の中に如何なる地位を占め居るやの事実」にこそあろう［30］。

> 若し強て地理的関係を以て民族の要素と呼ぶべくば、実際に地球の表面の一部を占むる自然的郷土としてにあらずして、回想、懐慕、愛着の対象として民族の心胸の奥域を領する心理的郷土としてゞある。此の意味に於て、猶太《ユダヤ》人は決して故国なき民族ではない。［31］

では、次に「宗教」はどうか。歴史的にみて、宗教の共通が民族の結合を強固にし民族的同化を促進させた、あるいは逆に、宗教の相違が一つの民族に対立と分裂をもたらした事例は少なくない〔32〕。現に、インドにおける回教徒《ムスリム》と印度教徒《ヒンドゥー》間の根強い反感と執拗な偏見は、かの国の民族運動の進行を著しく阻害し、ガンディーをして一時両教徒の融和問題に専念するに至らしめた〔33〕。それでもなお、宗教的要素を以てただちに「本質的不可欠的」と断じるのは早計である〔34〕。フランスにおける少数派の新教徒《プロテスタント》は「愛国者たるの熱度」において多数派の旧教徒《カトリック》に何ら劣るものではなく、また、前世紀半ばに発したチェコの民族復興運動として有名なソコル（Sokols）は「ボヘミア語と自由思想の普及」を主たる目標に掲げ、宗教の問題はかえってこれを除外している〔35〕。

かくて我等は宗教的要素の場合に於ても亦、他の諸要素と民族との関係に於て屢々述べたると同様、宗教を共通にするといふ事実そのものが客観的に民族の要素たるものではなくして、同信仰だとの意識、及び宗教的儀礼を共通にするてふ事実を通じて湧起せしめらるるところの一体たることの自覚が、民族意識の内容若くは資料として参加する点に於て、その要素的意義を認むべしとするのである。〔36〕

では、次に「政治」はどうか。専制的であると否とを問わず「相当長き期間、確固とした組織的な政治の下に於ける共同服従」が「民族的感情を長養し、民族的結成を促進する効果」を持ち得ることは、確かに「或る程度」まで認められる〔37〕。現に、大英帝国の「確固たる統治と、組織的な法治」――「開明的虐政」によってもたらされたインドの政治的統一は、種族や姓階《カースト》の別を超えた「一体としての印度人たることの自覚」を「印度人の胸に喚起」させた〔38〕。しかしながら、同一の政治体制下にある、ただそれだけを以て「直ちに民族的統一を招来し得るやうな重要な要素」と即断するのは誤りである〔39〕。

英蘭《イングランド》王室の長年月に亘る統治を以てして、蘇格蘭《スコットランド》人、愛蘭《アイルランド》人等の各別の民族的感情を、英蘭《イングランド》のそれと渾融せしむることに於て全然役立つところなかつたのである。波蘭《ポーランド》は隣境の三国家「プロイセン、ロシア、オーストリア」によりて政治的には分割せられたが波蘭《ポーランド》人の民族意識、民族的熱情は決して三分して之をそれ等の国家に分属せしむることは出来なかつた。否寧ろ分割によりて波蘭《ポーランド》人の民族意識、従て波蘭《ポーランド》民族の存在が却て明瞭に照し出されたのである。……かくて政治的服従の経歴を共一にすることが民族構成の要素として及し得べき効果は、之が他のより有力なる要因と混和せる場合、特に歴史的要因の中に包含せられ居る場合に期待し得らるべきもので、単独の要素としては決して重視するを得ないのである。〔40〕

では、次に「経済」はどうか。「民族の全部、少くも其の大部分が同一生業に従事」していたかつてのデンマークやオランダなどは、「民族的団結」を強固にする上で、確かに「経済的要素」が他の諸々の要素に比して「より有力」にはたらいていたとみられる〔41〕。しかるに、現代においては、「同一民族内に利害相異る幾多の職業的共同体を包容して、然《〔ママ〕》かも殆ど民族的統一を害《そこな》はれ居らぬことが寧ろ常態であ」る〔42〕。ミューアもまた「何等かの程度に於て民族の構成に役立つ凡《すべ》ての素因の中、経済的要素はその最も重要ならざるものである」と述べている〔43〕。

> ドルセットの農夫とランカシャーの工場労働者と、プロヴェンス〔ママ〕の葡萄栽培者とリールの機械工との間には、如何にするも経済的利害の共通を認めることは出来ない。然か〔ママ〕もこのことは彼等を英吉利《イギリス》若くは仏蘭西《フランス》国民たらしめることのために殆ど何等の障害をなして居らぬ。経済的立場にのみ即して観るならばリール人はプロヴェンス〔ママ〕人とよりもウェストファリアの独逸《ドイツ》人との間に於て利害却て相接して居る。然か〔ママ〕も彼等の間には何等の民族的感情の繋りを認めることは出来ぬ。其の他此の種の反例は寧ろ挙示の煩に堪へない。〔44〕

とはいえ、その副次的意義は過小評価すべきでない。「今日の支那の排外運動に横溢する民族的感情」や、アングロ・サクソン諸民族による「太平洋沿岸や豪州《オーストラリア》や南阿《アフリカ》に於ける有色移民の排斥」などは、労働条件・生活標準の格差等をめぐる「経済的利害の打算」が「既に存在する民族意識を更に刺激」した好個の事例といえよう〔45〕。

では、最後に「歴史」はどうか。民族をして「民族」たらしめる、その「最も有力なる要素」として「不可欠的に重要視」されるものは、「歴史を共通にするといふこと、共同の伝統を抱懐するといふこと」である〔46〕。ここでいう「歴史」とは、単に「筆紙に書き記された歴史」のみにとどまらない、成員ひとしく「脳裡に刻み込まれた或は胸裡に描かれた歴史」、「心魂に印せられた主観的歴史」である〔47〕。共通の言語や文学、宗教等は「歴史的要因の中に織り込まれ居」てこそ、民族の構成要素たるの性質を有すると考えられる〔48〕。

セルヴィア民族をしてセルヴィア民族たらしめつゝあるものは、種族や言語や宗教やの作用にあらずしてkossovo〔ママ〕の悲劇的史実と其の後四世紀に亘る悲惨なる奴隷的境遇、一八〇四年以降長き期間を通じての土耳古《トルコ》人に対する零点下の苦闘、一九一二年と一九一三年の復讐的勝利、更に一九一四年より一九一五年にかけての英雄的忍苦の記録そのものに外ならぬのである。〔49〕

「敗衂《じく》、苦惨の記憶」、「勝利、栄光の記憶」、「歌謡特に民謡と伝説とに織り込まれた記憶」、「彼等の特性と理想とを代表する祖先若くは偉人の名」、「常に彼等の霊感の源泉であるところの聖地に繋がる回想」等々、これらは必ずしも「史実」として「斯く在りし」を要せず、「斯く在りしと信ぜらる」るを以て足りる〔50〕。

例へばシルラー〔ママ〕［Friedrich von Schiller, 1759-1805］の戯曲「ウィルヘルム・テル」［*Wilhelm Tell*, 1804.］の中に描き出さるゝリュツトリー（Rütli）岩の場面が、真乎歴史的のものなるや、半ば歴史的のものなるや、或は単なる伝説に過ぎざるものなるやは、瑞西《スイス》人の民族意識に於ける重大なる問題ではない。縦令《たとい》〔ママ〕仮空の伝説なりとするも瑞西《スイス》人の心胸には、従つて瑞西《スイス》国の運命には、真実なる史的資料の堆積が与へ得る以上の大なる影響を及して居る。……彼等の民族的結

> 合の紐帯は実に此の一エピソート〔ママ〕の回顧そのものに外ならぬのである。ベルンの国会議事堂には議長席の背後の壁間に此のリュッツトリー岩の場面の大画額が掲げられて居る。此画額に繋る民族独立史の回顧は、此処で国事を議する議員達の言語の相違〔独、仏、伊、ロマンシュ〕に依る障碍を超越して、彼等の胸裡に躍々たる民族意識を甦らしむるを常として居るのである。〔51〕

かくのごとく歴史的要素が重んじられるのは「畢竟此の要素が主観的要素たるの性質を他の如何なる要素よりも最も多く有するが故」であり、それは必然に「民族の本質が一の主観的、心理的現象なること」の認識にわれわれを導くものである〔52〕。

以上のように、人種／言語／地域／宗教／政治／経済／歴史の七要素を個別に検討し了えた中谷は、「何れの一を撰ぶも之のみを以て民族概念の根本的準拠となすを得ざる」はもとより「之等諸要素の数個若くは全部の結合乃至総和が、民族たること（nationhood）の内容を組成するのでもない」として〔53〕、次のように結論付けた。

> 殆ど不可欠的に重視せらるゝ歴史的要素すら、歴史そのものが直接客観的に民族の概念を決定するの準拠たり得るにあらずして、歴史的記憶が民族意識の内容若くは資料として参加するの意味に於てのみ、其の重要さを認めらるべきものなること……斯くて、民族の本質は、ルナンによりていみじくも力説せられた如く、心理的、精神的実在である。民族形成の過程に作用する法則は、自然的、生理的法則であるよりも、寧ろ心理的法則である。民族概念は、人種学的、

人類学的、若くは言語学的概念であるよりも、寧ろ心理学的、殊に社会心理学的概念である。……斯くて、民族が心理的実在なることは疑ふべからず……〔54〕

いみじくも、オッペンハイマーは本邦未訳の大著『社会学体系（*System der Soziologie*, 1922.）』のなかで、「民族が在つて民族意識が有るにあらず民族意識そのものゝ中に民族が存在するのである」と述べた〔55〕。すなわち、民族とは「その構成分子たる各個人によつて共同に意識せらるゝ処に存在す」る、「意識せられたる一の全体（a whole）」なのである〔56〕。民族は「民族の自己意識」そのものの裡《うち》にあり、その本質は、「個人の心意」とは「別個」に存在しつつ「然も之等を全く分離しては存せざる集合精神」としての「民族心意」―「民族我」が「何を感受し、何を思考し、何を意欲するか」によって決定付けられる〔57〕。

かような中谷の論に従うならば、かの岡倉天心（本名覚三、一八六三―一九一三）が発した有名なフレーズ"Ajia is one."〔58〕は、より明確に、"Ajia is one Nationality."とよみ直すことが可能となる。何となれば、アジアこそは、過去数百年にわたって西洋の絶えざる侵蝕にさらされ、白色人種への隷属を甘んじて「感受」するとともにその境遇からの脱却を内に深く「思考」し「意欲」し続けてきた一つの巨大な「心理的実在」といい得るのだから。

日本の国是・国策が北守南進へと大きく舵を切った一九三〇年代後半から四〇年代にかけて、社会一般では、「われらといふ一体の意識によつて結ばるゝと共に、この共同自我の要求によつて結ばれてゐ」る「東亜民族」の「防衛と解放」を説いた社会学者・高田保馬（一八八三―一九七二）を筆頭〔59〕に、この種の観念的な民族言説が大量に氾濫していくが、それらの先駆者としての中谷の自負たるや、いかばかりであったろうか。

なお、戦後中谷は、論文「民族、民族意識及び民族主義」を自身の論文集『民族主義の基本的研究』(原書房、一九八三年一一月刊)に再録するに際して、民族とは「意識せられたる全体」〔60〕であるという表現を「意識せられたる共同体」〔61〕と書き改めている。スターリニズムなどの全体主義(Totalianism)を想起させるのを避けるためでもあろうが、何より同年に刊行されるや欧米各国の学界で評判を呼んだアメリカの政治学者・アンダーソン(Benedict Anderson, 1936-2015)の『想像の共同体(*Imagined Communities : Reflections on the Origin and Spread of Nationalism*, 1983.)』に対する学問的対抗心がそうさせたのであろう。アンダーソンの該書に示された知見の多く――例えば、集団的「記憶」の重要性に着目したルナンの所説の援用や、「言語的一体性」なしに「特定の連帯を構築」するスイス・ナショナリズムの考察等〔62〕――は、自分がとうの昔、一九二〇年代に先鞭をつけたものなのだと。

二　「アジア民族」の覚醒と崛起を目指して――大亜細亜《アジア》協会

大正末期から昭和初頭にかけて独自の観念的民族理論を完成させた中谷武世は、以降それを得物としてひっさげ、国家主義・日本主義運動と併せて自身のライフワークと為すべき「アジア民族」主義運動の実践的可能性を模索していった。

大亜細亜《アジア》協会発会式の様子、写真手前中央荒木貞夫［『大亜細亜《アジア》主義』創刊号（1933年5月）より］

一九三三（昭和八）年三月一日、中谷は、松井石根、下中弥三郎らとともに政・官・軍・民に広く有志を募って「大亜細亜《アジア》協会」を大々的に発足させる。各界から一〇〇名余が参集した発会式（於丸ノ内東京会館）では、貴族院議員の菊池武夫予備役陸軍中将（一八七五―一九五五）による司会者挨拶、東京帝大文学部教授の村川堅固（一八七五―一九四六）による協会創立経過報告、徳富蘇峰（本名猪一郎、一八六三―一九五七）による会員代表挨拶に続き、来賓として荒木貞夫陸相――この時はまだ前述清軍運動は顕在化していなかったと思われる――、貴族院議員の芳沢謙吉前外相（一八七四―一九六五）、軍事参議官の本庄繁陸軍中将（一八七六―一九四五）、満州国駐日代表の鮑観澄《ほうかんちょう》（一八九八―一九七五）が祝辞を述べ、きわめて重厚な始動となった［63］。

海外の注目度も高く、英大手紙の *The Manchester Guardian.* など一〇紙余が社説等で協会の成立を取り上げ、各々肯定的または否定的論評を加えている［64］。

中谷の原案をもとにまとめられた「創立趣意書」には、「亜細亜《アジア》諸民族の真の平和と福祉と発展とは、一体としての亜細亜の自覚とその有機的結合の上にのみ可能である」、「亜細亜《アジア》諸国相互の抗争の機会を杜遏《とあつ》し、外来の干渉と離間とを排絶するためには、現在分散乱離の状態に在る亜細亜《アジア》諸民族をして一個の連合体にまで組織し統整するの努力が絶対に必要である」等の文言があり、彼の学理が随所に反映されている[65]。

大亜細亜《アジア》協会の前身は、中谷、下中弥三郎、満川亀太郎、R・B・ボースらが一九三二（昭和七）年四月頃から不定期に開催していた「汎亜細亜《アジア》学会」である[66]。小規模ながら丸ノ内八重州ビルの一角に事務所を設け、外務省嘱託で後に満州の建国大学教授となる中山優（一八九四―一九七三）、同じく外務省嘱託で中国語学者の清水董三（一八九三―一九七〇）、同じく外務省嘱託で「ツラン民族」主義を唱道した洪《ハンガリー》語学者の今岡十一郎（一八八八―一九七三）[67]、元『大阪朝日新聞』記者でソヴィエト・ロシア事情に詳しいジャーナリストの中平亮（一八九四―一九八一）、後に『外交時報』編輯長となる中国研究家の宇治田直義（一八九四―一九六九）、阮朝ヴェトナム（安南）王族の彊柢《クオン・デ》（Cuong De, 1882-1951）など、多彩な人士が集まってはアジア全域を対象に種々議論を交わしたという。中谷によれば、大亜細亜《アジア》協会結成の発端は、本人たっての希望で中途（一〇月頃）からこの学会に参加した松井石根陸軍中将の、

諸君のような学究とか評論家とか新聞記者とかいう者だけでは単に観念の遊戯に堕するだけじゃないのか。やはり軍部の力も財

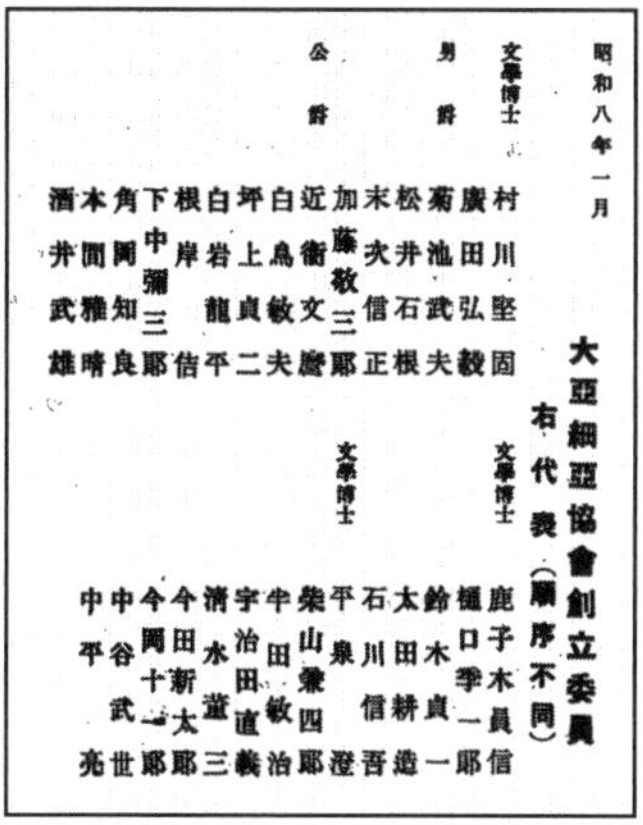
昭和八年一月
大亞細亞協會創立委員
右代表（順序不同）
文學博士 村川堅固
廣田弘毅
男爵 菊池武夫
松井石根
末次信正
加藤敬三郎
公爵 近衛文麿
白鳥敏夫
坪上貞二
白岩龍平
根岸佶
下中彌三郎
角岡知良
本間雅晴
酒井武雄
文學博士 鹿子木員信
樋口季一郎
鈴木貞一
太田耕造
石川信吾
文學博士 平泉澄
柴山兼四郎
牛田敏治
宇治田直義
清水董三
今田新太郎
今岡十一郎
中谷武世
中平亮

大亜細亜《アジア》協会創立委員一覧［「大亜《ア》細亜《ジア》協会創立趣意書」（1933年1月）＝JACAR Ref.B04012373800 第5画像より］

界の力も、そういうものも大いに利用して大きくムーブメントを盛り上げてはどうか。……先日近衛〔文麿、一八九一―一九四五〕さん（公爵）にあったところが、近衛さんも同じ考えを持っておる。陸軍の連中も、満州建国もやがてはアジア復興、孫文〔号逸仙、中山、一八六六―一九二五〕のいわゆる大アジア主義実行のための満州建国であるんだという考え方だから、一つこれを大きくして大きな民族運動にまで育成しようじゃないか。

孫文肖像［中谷家所蔵］

との発言であるという〔68〕。この時期松井は、日本側全権の一人としてジュネーブ一般軍縮会議（一九三二年二月二日開催）に参加した経験（九月帰朝）を通じて、「国際連盟の本質的欠陥、国際連盟そのものに内在する矛盾……亜細亜《アジア》の問題は須らく亜細亜《アジア》をして解決せしめよ」との認識に達していた〔69〕。松井の意を汲んだ中谷は、中平亮の著書〔70〕出版記念会（一〇月二二日、於内幸町レインボーグリル）の席上、「今日の会合を機縁として『汎亜細亜《アジア》協会』を設立し、亜細亜《アジア》連合のための調査研究並に政治、経済、文化の各方面に亘る実際運動を展開して此の世界的大変局に際しての皇国日本の世界経綸のために善処すべきである」と提議し、これが大方の賛同を得たことで、計画が大きく動き始めたのであった〔71〕。

大亜細亜《アジア》協会の思想的基調は、かの孫文が日本での有名な講演「大亜細亜《アジア》主義（大亜州主義）」（於神戸高等女学校、一九二四年一一月二八日）のなかで説いたそれ――「古来東洋に存在する王道に基づ」き「日本と支那が提携」し、それを中軸として「東洋の諸民族を解放」する〔72〕――である。これは第一回創立準備懇談会（於虎ノ門霞山会館、一二月二二日）における陸軍省軍務局軍事課支那班長の鈴木貞一中佐（一八八八―一九八九）の提案によるもので、孫文思想を前面に押し出せば「中国国民も共鳴して協力してくれるであろう」との公算から、松井と中谷は大いに賛成したのであった〔73〕。ただ、なかには鹿子木員信のように、孫文の三民主義（民族／民権／民生）が排日抗日路線をゆく中国国民党の党是になっていることなどを挙げて、難色を示す者も少なくなかった〔74〕。

大亜細亜《アジア》協会主催丁士源満州国公使歓迎会（於麹町宝亭、1933年5月25日）、左より南次郎、丁、松井石根、石川信吾海軍中佐［中谷家所蔵］

初期の大亜細亜《アジア》協会は、「直接の国策運動よりも文化思想運動に重きを置」き、もっぱら「パンフレット並びに機関誌の発行、各地に於ける講演会の開催、随時に研究会座談会を開催すること、及び満州支那方面との連絡を図ること」に力を入れていた〔75〕。麹町区内幸町大阪ビル内の本部で定期的に実施された研究会（一九三三年三月二〇日第一回開催）には毎回朝野の有識者や実務家が招かれ、活発な意見・情報交換が行われた〔76〕。本部には、五・一五事件に関与して禁固二年・執行猶予五年の有罪（叛乱予備）判決を受けた元

『大亜細亜《アジア》主義』創刊号（1933年5月）表紙

海軍中尉の林正義（一九〇六―一九八〇）も時折顔を出していた〔77〕。同人は、一九三四（昭和九）年六月に大亜細亜《アジア》協会から現金百円と協会嘱託の肩書を得て「研究機関、人物養成機関」の設立資金工作という名目で満州・上海を旅行している〔78〕。

大亜細亜《アジア》協会における中谷は、当初は幹事として、後には常任理事兼事務局長として会務全般に携わり、機関誌月刊『大亜細亜《アジア》主義』（一九三三年五月創刊）にほぼ毎号健筆をふるった〔79〕。同誌の発行部数は「毎月二千部位」であり「会員にのみ頒布したので一般人の啓蒙に用ふることは出来なかつた」〔80〕とのことであるが、後藤乾一も指摘しているように同誌で展開された中谷の言説がじっさいの国策、その形成過程に及ぼした影響と余波は決して小さくなかったとみられる〔81〕。最も端的な例は南北両進論の提起であろう。大亜細亜《アジア》協会の評議員であった広田弘毅〔82〕が組閣（一九三六年三月九日）する前月に発表された、

> 我が国策の方向は、北方大陸に在ると同時に南方大洋の上に在る。日本民族の進路、南方群島の上に在ると共に北方の曠原に在る。……大陸経綸、南方国策、孰れに軽重あるべきなく、同じき重要性に於て両者併せ用ひなければならぬ。〔83〕

との文章は、同内閣がその後まとめた「国策ノ基準」（一九三六年八月一一日）のなかの、

帝国内外ノ情勢ニ鑑ミ当ニ帝国トシテ確立スベキ根本国策ハ外交国防相俟ツテ東亜大陸ニ於ケル帝国ノ地歩ヲ確保スルト共ニ南方海洋ニ進出発展スルニ在リテ……〔84〕

との一節に見事に符合している。

それ以外にも、

かくて皇軍の仏印進駐は、歴史的意義に於ては、亜細亜《アジア》解放戦への数歩躍進を意味して居るのである。斯くの如きは我が当局者の現実の意図以外のことに属するかも知れぬ。然しながら、歴史はつねに斯くの如くにして作られて行くのである。

との日本の仏領インドシナ北部進駐（一九四〇年九月二三日開始）を手放しで賞揚した文章は、戦後、極東国際軍事裁判（東京裁判）の法廷でカナダ陸軍代将（准将）のノーラン検察官（Henry Grattan Nolan, 1893-1957）によってA級戦犯として起訴された松井石根の思想傾向に関する証拠資料の一つとして朗読されている〔85〕。

メインライターであると同時にプランナーとして、中谷は、大亜細亜《アジア》協会のためにさまざまな企画を立案した。なかでもユニークなのが、外務省対支文化事業部に年額三千～五千円程度の経費補助を

申請（一九三五年六月八日）し却下された「大亜細亜《アジア》学塾」の設置計画である［86］。これは「中華民国其他亜細亜《アジア》諸国よりの留日学生を収容輔導する」ことを目的とした協会の附属機関で、具現化していれば、それぞれの国と地域で親日的な民族・革命運動を主導する人材――日露戦時に明石元二郎陸軍歩兵大佐（一八六四―一九一九）が活用したような――を養成する、特異な教育施設になっていたと考えられる［87］。前述林正義の渡満目的もおそらくこれに関係したものだったのであろう。協会の企図は、次のような幹部間のやり取りによく現れている。

内藤［智秀、一八八六―一九八四］　日本では回教政策といふやうなことに付ては一向考へて呉れぬ。偶《たま》に口に言ふ人があつてもそれは机上の空論であつて、昔の明石大佐みたいな人が二人でも三人でもいいから、初めから成功は期し得られないまでも捨石になつてやつて貰ひたいと思ふ。さういふ人が欲しい。その方向へ日本の輿《よ》論を引つ張つて行くといふのは、是は大亜細亜《アジア》協会の使命の一つではないかと思ひます。

中谷　明石大佐は幾らもあると思ふが、唯之を実行する機関がなくて困つてゐる。

内藤　それは亜細亜《アジア》協会〔ママ〕あたりでやつて貰はないと困るね。言ひ換へれば支那ばかり見て居らず西亜細亜《アジア》と握手をするといふことです。［88］

ともあれ、創立以来、大亜細亜《アジア》協会は、国内では、名古屋、京都、大阪、神戸、金沢、福岡、熊本、台湾（台北、高雄）、朝鮮（京城《ソウル》）等に、国外では、中国（天津）、フィリピン（マニラ）等に支部または傘下団体を次々と立ち上げていった[89]。

このうち「中国大亜細亜《アジア》協会」は、一九三五（昭和一〇）年一一月に華北（北支）の政界・実業界・言論界の要人を歴訪した中谷と松井石根の示唆に沿うかたちで、翌月一日に始動したもので、東京の大亜細亜《アジア》協会とは独立した組織であった[90]。総裁には旧北京政府（北洋政府）の高官であった李盛鐸《りせいたく》（一八五九―一九三七）、副総裁にはやはり旧北京政府出身の高凌霨《こうりょうい》（一八七〇―一九四三）と旧北洋軍閥（直隷派）出身の斉燮元《せいしょうげん》（一八八五―一九四六）が就任し[91]、山東省の有力者・韓復榘《かんふくく》（一八九〇―一九三八）や天津市長の程克《ていこく》（一八七八―一九三六）らも賛成人に名を連ね、「華北人の華北」をスローガンに「共産党及びその他の外力の傀儡にして真に中国人民自らの政府に非」ざる国民党政権（南京国民政府）と「絶縁」した完全な自治体制の実現を志向した[92]。

当時華北には殷汝耕《いんじょこう》（一八八五―一九四七）を首班とする日本寄りの冀東《きとう》防共自治委員会（一九三五年一一月二五日 発足、翌月二五日 冀東《きとう》防共自治政府に改組）と、宋哲元（一八八五―一九四〇）を首班とする日和見的な冀察《きさつ》政務委員会（一九三五年一二月一八日 発足）と、二つの地方政権が並立していた[93]。後者は、国民党第二十九軍長でもあった宋とその腹心の秦徳純《しんとくじゅん》（一八九三―一九六三）、石敬亭《せきけいてい》（一八八四―一九六九）、蕭振瀛《しょうしんえい》（一八八六―一九四七）らの牛耳る軍閥政権であったが、前出高凌霨《こうりょうい》や王克敏《おうこくびん》（一八七三―一九四五）など親日派の政治家も委員として加わっていた[94]。冀東《きとう》・冀察《きさつ》両政権はやがて日本軍の華北全面進攻（一九三七年七月 開始）によって緩衝勢力としての存在意義を失い、華北一帯は王克敏《おうこくびん》を首班とし斉燮元《せいしょうげん》と高凌霨《こうりょうい》も交えた中華民国臨時政府（一九三七年一二月一四日 樹立）へと再編され[95]、最終的には汪兆銘《おうちょうめい》（号精衛、一八八三―一九四四）を主席とする新・南京国民政府（一九四〇年三月三〇日 樹立）に合流していくことになる。

他にも中国では、一九三三（昭和八）年六月頃に、大亜細亜《アジア》協会理事で広東駐在武官の和知鷹二陸軍歩兵少佐（一八九三―一九七八）の指導により「広東大亜細亜《アジア》協会」が発足したが、早々に現地公安局によって主唱者の胡天民（生年未詳―一九三三）が逮捕・銃殺（六月二二日）されてしまい、自然消滅となった〔96〕。胡は広東日本領事館で多年諜報業務に従事していた親日活動家で、中谷らはその死を悼み、大亜細亜《アジア》協会の経費から子息に弔慰金百円を贈呈している〔97〕。

三　対中活動

大亜細亜《アジア》協会創立以降、中谷武世の「アジア民族」主義運動は、より現実的に東アジア―中国問題に重点を置いて展開されるようになる。同時にその内容も、「スイスの旅舎にレニンと画策しドナウの月にアッチラ〔Attila, 406?-453〕を詠じた明石元治《〔ママ〕》郎将軍」に倣って実地に「亜細亜《アジア》民族の連衡を策する」べく〔98〕、目立ってアクティブなものになっていく。

一九三五（昭和一〇）年夏、中谷は、河北省からの国民党中央軍および党機関の撤退等を申し合わせたいわゆる「梅津・何応欽《かおうきん》協定」（六月一〇日合意?）の前後に、白話（口語文）運動や「日本切腹、中国介錯」論〔99〕で知られる文学者の胡適（一八九一―一九六二）を北京の自邸に訪ねている。日中提携の可能性について議論を交わしたが、中国人民に植え付けられた「仇恨の心理」は根深いとして日本の態度に懐疑的な胡適〔100〕と意見がかみ合うことはなかった。

もと〳〵私は此の典型的な英米流のリベラリストたる胡適氏と会談するの食欲を感じなかつたのであるが、新京〔満州国首都〕を発つ際、時の関東軍参謀副長たりし板垣少将〔征四郎、一八八五—一九四八〕より、敵にせよ味方にせよ兎に角胡適には一度会つて見る必要がある、北支の知識階級は殆ど彼が動かして居るといつてよいのであるから思想的に北支で行動しやうとするには是非一応は彼を打診して置くべきだ、と勧められ、北京在住の友人からも略《ほぼ》同様の勧告を受けたので、外務留学生某君の通訳で、此の有名な近代主義の学者との対談に、暑い北京の夏の日の三時間を費したのである。……彼は私との対話中、極めて熱心な口調で、今日の支那に最も必要なのは近代主義の精神であり文化、政治、社会、経済の各分野に於け〔ママ〕近代化の努力である。日支提携の途は、支那に半世紀先んじて近代化の過程を遂げた此の意味の先進国としての日本が支那の近代化の努力に温い協力の手を伸べることである、貴下の所謂《いわゆる》大亜細亜《アジア》主義の理想もそれからの問題である、然るに自分の知る範囲では、最近の日本には、ファツシズムの傾向が強く台頭しつゝある、之は今述べた近代主義の方向に於ける日支提携のためには頗る危険な傾向である、と云つた趣旨の議論を、時々挟む私の異見に応酬しつつ立て続けに陳《の》べ立てた。……〔101〕

中谷が胡適に語った「大亜細亜《アジア》主義の理想」とは、彼がその時点で最も望ましいと考える地域秩序の再編構想、すなわち「大亜細亜《アジア》連合の結成」〔102〕であったろう。

既に亜細亜《アジア》諸民族の間に生じつつある共同意識を更に誘発助長して明確熾盛《しじょう》ならしめ、之に具体的内容を与へて一個の経済的並に政治的連合体に組織するの必要と機会とは、今日ほど切実にして且つ恰適《こうてき》なるを見ないのである。〔103〕

亜細亜《アジア》全体の立場に即せる北支問題の解決は、必然的に北支人の北支なる妥当なる自治的要求を包摂する。否、亜細亜《アジア》連帯主義としての大亜細亜《アジア》主義は、満州人の満州、蒙古人の蒙古、河北人の河北、西南人の西南、安南人の安南、新疆人の新疆、西蔵人の西蔵等の各地の特殊なる伝統と特殊なる利害とに立つそれぞれの住民のそれぞれの自治の上に連立するものである。支那再建の途も実に斯くの如き方向に在らねばならぬ。四億の人口と、膨大なる地域と、複雑なる社会性を有する大陸支那を近代的意味に於ける単一主権国家に統一することは不可能といふよりは不自然である。……外域諸民族先づ離反し、満州国の独立し、西南の分立し、北支にも亦反中央的自治運動の台頭せるは、必ずしも国民政府の威令の衰へたることのみによるにあらずして、自然的限界を溢脱したる強権的中央集権の風袋が漸く破綻を大にし始めたるを示すものである。「河北人の河北」は自然にして妥当なる要求である。北支再建の唯一路は茲に在る。全支那再建の途も斯くの如き方向に在る。連帯的自治、自治的合作、北支人の北支の要望はやがて日満支合作の途に連るのである。〔104〕

中谷の期するところは、まず第一に、中国全土における諸民族自治――当然ながら親日を前提とする――の確立であり、第二に、それら大小の自治国家群と日本および満州国の政治的・経済的合作であった。もとよりその「自主的連合」体の中核となって「指導者たる」の役割を担うのが「日本」であることはいうまでもない[105]。

さて、一九三七（昭和一二）年七月、北京近郊の盧溝橋における深更の銃撃事件（七日）を契機として、現地駐留の日本陸軍部隊と前出宋哲元率いる国民党第二十九軍との間に武力衝突が勃発する。中谷は早速天津に飛び（一七日）、同志と恃む支那駐屯軍参謀部第四課（政治謀略担当）の和知鷹二中佐や同第三課（後方担当）の鈴木京大尉より詳しい状況説明を受けている[106]。

天津に着いて直ぐ和知から聴き得た事件の経過は、東京で自分が承知し且つ想像して居たところとは、あまり大きな違いはなかつたが、ただ、中国共産党の手が思いの外深く二十九軍の兵士の中に伸びて居り、軍の各部隊に共産党員の督戦班が居てこれが次々と事をしかけて来る。だからどんなに日本が不拡大主義を取つても、また仮令《たとい》南京［国民政府］が局地解決を望んでも――之も疑問だが――もうどうにもならない段階まで来て居ることを、現地で和知の口からなまに聴くに及んで予想以上に事態が深刻であることを知り得たのである。……端的に結論をいうならば、盧溝橋事件は、共産党の工作班が仕組んだ仕事であつて、日本軍が連日、宛平城《えんぺい》附近で夜間演習をやつて居ることを奇貨として、支那側からしかけてきた事件である。……日

出征もしくは帰還時の松井石根（於東京駅構内、1937~38年頃）［中谷家所蔵］

本側が宋哲元や秦徳純《しんとくじゅん》等の領将を相手に、反故に等しい幾多の協定を繰り返して居る間に、抗日意識に燃えた学生や青年は続々宋哲元麾下の第二十九軍の卒伍中に入り込み、自ら兵士となつていやが上にも抗日精神を煽り、遂に七月七日の盧溝橋の一発となつて発火したのである。〔107〕

中谷は二ヶ月ほど天津にとどまり情報収集につとめ、また斉燮元《せいしょうげん》、高凌霨《こうりょうい》ら中国大亜細亜《アジア》協会の幹部たちと懇談し、不安定な冀東《きとう》・冀察《きさつ》両政権に代わり「将来此の地域に樹立されることあるべき自治政権の構想等」について請われるままに意見を述べた〔108〕。内地帰還後は大亜細亜《アジア》協会本部にて支那問題研究会を開催（九月二七日）し、協会として今後如何に動くべきかを協議している〔109〕。その間にも、予備役召集され上海派遣軍司令官に親補（八月一五日）——のち中支那方面軍司令官を兼補（一〇月三〇日）——された松井石根大将や、同じく召集され野戦重砲兵第十三連隊長となった橋本欣五郎大佐など、中谷とゆかりのある軍人たちは陸続と出征していった。

中谷にとって、「支那事変」と公式に命名（一九三七年九月二日 閣議決定）された今次の紛争は、単純に「暴戻《ぼうれい》支那」を「膺懲《ようちょう》」する戦いである以上に、「大亜細亜《アジア》連合」結成の最大の阻害要因となっている蒋介石（一八八七―一九七五）指導下の国民党政権（南京国民政府）およびその背後勢力との運命的対決―「亜細亜《アジア》解放戦」のはじまりを意味するものであった。

今回の事変は実は避けられない必然であつた。何故かならば今日の南京政府といふものは真に中国人の政府でなくして、謂はゞ英国及びソヴエツト〔ママ〕の傀儡であつて、真の中国的又は亜細亜《アジア》的政府に非ずして、謂はゞ欧羅巴《ヨーロッパ》の前衛である。欧羅巴《ヨーロッパ》列強、就中英蘇両国が亜細亜《アジア》民族復興の指導者としての日本の発展を好まないことは当然でありまして、日本の勃興を阻止する意味から、南京政府及び国民党を日本に対する爆弾として、亜細亜《アジア》自爆の爆薬として利用し来り、また利用しつゝあるのであります。斯く考へますと、今回の支那事変といふものは単に南京政府と其の軍隊に対する膺懲《ようちょう》戦であるといふに止らないで実は南京政府背後の欧羅巴《ヨーロッパ》的侵略勢力に対する亜細亜《アジア》民族日本の反撃である。東亜防衛の聖戦であるといふ重大な意義を有《も》つてゐると思ふのであります。今回の支那事変の歴史的意義といふものはそれ以外には考へられないと思ふのであります。……だから、今度の日支事変は、支那そのものに取つては、一つの再革命の機会であり、本当の中国的中国を再建する絶好の機会である。[110]

戦線が拡大するなか、中谷は、上海派遣軍参謀部第二課長として松井軍司令官を直近でサポートしていた長勇中佐の紹介で再び華北に赴き、約一ヶ月ほど滞在して事変終結後の思想宣撫工作を企画・立案し、各軍司令部や陸軍省、参謀本部等に提出している[111]。そうしたはたらきが評価され、中谷は、一九三八（昭和一三）年一二月に「支那事変ニ当リ支那ニ於テ処理ヲ要スル政治、経済及文化ニ関スル事務……各庁ノ支那ニ関係スル行政事務ノ統一保持ニ関スル事務」等を取り扱うべく新設された「興亜院」の政務部嘱託となり、爾後はより公的な立場で国家の対中政策にコミットしていくことになった[112]。更に翌年七月四日には、「対支政策の最高諮問機関」として「興亜院総裁ノ諮問ニ応ジ興亜院ノ権限ニ属スル事務中重要事項ヲ調査審議ス」べく組織された「興亜委員会」の幹事にも任命されている[113]。中谷によれば、一九四〇（昭和一五）年二月頃、「支那事変処理の思想的基調をどうするかという政府の諮問案」に対し、興亜委員会では自身や松井石根——召集解除（一九三八年三月五日内地帰還）後は内閣参議や同委員をつとめていた——が中心となり、汪兆銘を支持して「三民主義を承認し、大アジア主義をもつて日支間の提携を強化すべし」との答申案が作成され、興亜院総務長官の柳川平助予備役陸軍中将などからの強硬な反対意見を押し切って採択されたという[114]。これには、三民主義に思い入れの深い興亜院政務部長の鈴木貞一陸軍少将の強い後押しもあった[115]。

一九四〇（昭和一五）年三月、中谷は、その鈴木の命を受け上海日本租界の北四川路（North Sichuan Road）に事務所を置く梅機関（梅華堂）に影佐禎昭陸軍少将（一八九三—一九四八）を訪ね、同機関の所掌する汪兆銘担ぎ出し工作（梅工作）の進捗具合を確認・報告している[116]。影佐もまた鈴木同様大亜細亜《アジア》協会の理事であり[117]、中谷とは気脈を通じた間柄であった。しかして、同月三〇日、汪を主席代理に据えた新・南京国民政府が樹立される。中谷は「対支団体代表」の一人として前首相の阿部信行予備役陸軍大将（一八七五—一九五三）を特命全権大使とする慶祝国民使節団に加わり（四月一八日出発）、南京での国民政府還都慶祝典礼（四月二六日）に出席、翌日には汪と個別に会談している[118]。

中谷によれば、この時汪は、前日の式典における答辞のなかで「東亜新秩序建設と孫文の大亜細亜《アジア》主義とは完全に同一で符節を合する」[119]と強調したことをふまえて、

大亜細亜《アジア》協会の活動については重慶脱出〔一九三八年一二月一八日〕以前からよく承知しており、且つ深い敬意を払っている。……日華の合作と東亜新秩序の建設に関する自分の志図は、我が師孫文先生の遺訓大亜細亜《アジア》主義の思想に基づいて発起され且つ展開され来ったものであり、その点に於いて大亜細亜《アジア》協会と全く思想信念の根基を一にするものであり、今後共貴協会の活動、特に貴中谷先生のご活躍に期待するところ大なるものがある。[120]

と丁重に述べたという。

汪との会談を終えた中谷はそのまま大陸にとどまり、五月初旬、再び鈴木貞一の命を受け興亜院上海派遣員の肩書で同地に赴き、租界外（越界築路地域）の滬西《こせい》哥倫比亜路（Columbia Road）にある興亜院中支連絡部管理下の旧孫文別邸に「大亜細亜《アジア》主義研究所（大亜細亜《アジア》協会上海支部）」を開設、みずから所長に就任した[121]。以降は、上海─東京間を定期的に往来し、大亜細亜《アジア》主義の宣伝・啓蒙と、汪政権の側面支援（民心宣撫）に専従することになる[122]。滬西《こせい》には、極司非而路（Jessfield Road）七十六号に本拠を置く汪派中国人の実行組織で、かねて蔣介石傘下の政治・軍事特務機関たるCC団や藍衣社《らんいしゃ》と抗争を繰り広げていた「特工総部」[123]があった。中谷は、同部の中心人物であった丁黙邨《ていもくそん》（一九〇三―一九四七）や李士群《りしぐん》（一九〇五―一九四三）と研究所で度々接触しており[124]、抗日テロや親日

大亜細亜《アジア》主義研究所（旧孫文別邸）外観［中谷家所蔵］

派の要人暗殺等を取り締まる彼らの秘密任務《カウンター・インテリジェンス》に何かしら「協力」した可能性〔125〕も考えられる。

大亜細亜《アジア》主義研究所の主な事業は当初次のようなものであった。日中印、フィリピン、トルコ、アフガニスタン、セイロンなど上海に在住するアジア諸人士に呼びかけた、かつての亜細亜《アジア》民族会議（本書74頁）のリメイク版というべき「亜細亜《アジア》国民会議上海委員会」の結成（一九四〇年九月一四日）〔126〕。日中双方の有識者による共同研究部会「大亜細亜《アジア》主義研究会」の立ち上げ（一〇月一三日）〔127〕。機関誌月刊 *Asiatic Asia.*（『亜細亜《アジア》的亜細亜《アジア》』）の発刊（一九四一年一月一〇日）〔128〕。等々。

他にも中谷は *Asiatic Asia.* の編集・発行を任せていたイブラヒム（D.M.Ibrahim, ?-?）の慫慂で、同人が会長をつとめる「在支那印度国民協会（Indian National Association in China）」〔129〕の集会（於アスター・ハウス・ホテル、一九四〇年九月一五日）に出席している。そこで行った挨拶中、

> 日本人としてまた亜細亜《アジア》人として印度解放戦を支援することは吾人の聖なる義務である……印度人に平和と福祉をもたらし、亜細亜《アジア》を英国其他欧州の桎梏より解放するためには英国の印度支配を覆し、印度人が外国の支配より完全に独立する必要がある。斯くて印度独立のための闘争は印度の印度人ばかりでなく、世界の印度人に依つて行はるべきである。而して在上海の印

度人が祖国解放のため努力する事は母国の解放運動に大なる貢献を致すものである。

との発言は、翌々日付の米国系現地紙 *China Press.* の二面に大きく取り上げられ、各国租界就中英国のそれにおいて「少からずセンセイションを捲き起し」たという[130]。

ところで、中谷が中国本土での活動に本格的に取り組み始めた頃、松井石根、末次信正予備役海軍大将、下中弥三郎ら大亜細亜《アジア》協会の幹部たちは、橋本欣五郎、建川美次らの「大日本青年党」（一九三六年一〇月一七日結党）[131]、安達謙蔵（一八六四―一九四八）らの「国民同盟」（一九三二年一二月二二日結成）、中野正剛らの「東方会」（一九三六年五月二五日政治結社化）などに参加を呼びかけ、一九四〇（昭和一五）年四月二九日に「東亜建設国民連盟」を結成している[132]。末次は会長に、松井、安達は顧問に、中野、建川、橋本、下中、中谷は中央常任委員におさまり、時代に先がけ「広い意味の政治指導、政治経済産業外交国防教育のあらゆる分野に亙《わた》つての政治指導及び国民忠誠の総和を一点に集中する国民組織を目指」すことを謳った超党派の団体[133]として注目を集めた。しかし強力な統率者を欠いた[134]ことから内部の足並みはそろわず、中野、安達、橋本らは、ほ

亜細亜《アジア》国民会議上海委員会発会式（1940年9月14日）、左3人目よりA.M.サハイ、中谷、顧継武、D.M.イブラヒム［中谷家所蔵］

どなく第二次近衛文麿内閣の推進する新体制運動――「大政翼賛会」の組織化（一九四〇年一〇月一二日）に軸足を移していった[135]。残留した末次、松井、下中、中谷（名義のみ）らは同連盟を「東亜建設同志会」に改編（一〇月九日）して仕切り直しをはかったが、結局のところ大政翼賛会に吸収されるかたちで解散（一九四一年八月三〇日）に至っている[136]。

一方、大亜細亜《アジア》協会本体も、「興亜運動ノ強化統一」という政府の基本方針を受け大政翼賛会の外郭団体として発足（一九四一年七月六日）した「大日本興亜同盟」に加盟し、爾来その統制に服すことになった。さりとてそれも長くは続かず、一九四二（昭和一七）年五月二八日、前月の『大亜細亜《アジア》主義』終刊（第一〇八号）からほどなくして発展的解消を遂げる[137]。大政翼賛会の「機能刷新」（五月一五日閣議決定）に伴う大日本興亜同盟の改組――加盟団体の一本化――を受けてのことであった[138]。しかるに、上海の大亜細亜《アジア》主義研究所だけはその拠点的重要性に鑑み、大日本興亜同盟上海支部として翌年末頃まで存続した[139]という。こうして大亜細亜《アジア》協会はその歴史的役割を終えた。

なお東亜建設国民連盟結成と同時期、陸軍参謀本部第四部戦史課長の高嶋辰彦歩兵大佐（一八九七―一九七八）と国民精神文化研究員の小島威彦（一九〇三―一九九六）らによって、末次信正を塾頭に推戴した「スメラ学塾」なる教育団体が発足（一九四〇年五月一七日）している[140]。中谷も、公私ともに親しくしていた末次[141]の声がかりで、「日本世界史建設戦士ノ養成」を目的とするこの団体に何度か出講したことがあったかもしれない。

注

1　外務省記録「閣議決定 満蒙ニ対スル政策」（一九二一年五月一三日）＝ JACAR Ref.B04120026900 第四画像。
2　ピーター・ドウス「植民地なき帝国主義――『大東亜共栄圏の構想』」（藤原帰一訳、『思想』第八一四号、一九九二年四月）一〇六、一〇七頁。有馬前掲『「国際化」の中の帝国日本』一七六～一八〇頁。
3　中谷武世「紹介及批評 Carlton J.H.Hayes, Essays on Nationalism,1926.」（『国家学会雑誌』第四七九号、一九二七年一月）一二七頁。
4　中谷武世『民族主義の基本的研究』（原書房、一九八三年一一月）「序文」ⅰ、ⅱ頁。日本の学界・論壇でも、例えば以下のような論考が出されている。田中萃一郎「国際連盟と民族主義」（『外交時報』第三三九号、一九一八年一二月一五日）。松田知之「国際連盟と民族主義の調和」（『外交時報』第三四二号、一九一九年二月一日）。納武津『民族の研究』（南北社、一九一九年一〇月）。坂井正一『民族自決主義』（学芸書院、一九二〇年一月）。牧野義智「民族主義の政治的研究」（『国家及国家学』第八巻第一号、一九二〇年一月）。納武津『民族性の研究』（日本評論社出版部、一九二〇年三月）。塚本毅『少数民族の問題』（国際連盟協会、一九二四年五月）。同「民族思想発生史論（一～四）」（『外交時報』第四九一・四九二・四九五・四九六号、一九二五年五月一五日・六月一日・七月一五日・八月一日）。等々。
5　中谷武世「翻訳 社会的平等に関する近代の諸観念及歴史の心理的基礎――ギュスターヴ・ル・ボン著『諸国民の心理』序文」（『大東文化』第三巻第一号、一九二六年一月）五四頁。同前掲『革命亜細亜《アジア》の展望』「序」四頁。
6　中谷前掲『昭和動乱期の回想』一五八、一五九頁。
7　中谷前掲『民族主義の基本的研究』「序文」ⅱ～ⅴ頁。同前掲『昭和動乱期の回想』一五六、一五七頁。
8　伊藤信哉『近代日本の外交論壇と外交史学――戦前期の『外交時報』と外交史教育』（日本経済評論社、二〇一一年三月）「まえがき」ⅲ頁。本書巻末資料②「中谷武世 戦前主要関係誌掲載論文・記事等一覧」を参照。

9 中谷前掲『民族主義の基本的研究』「序文」ii、iii、vii頁。

10 中谷武世「民族、民族意識及び民族主義（一）」（『外交時報』第五二五号、一九二六年一〇月一五日）一二二～一二六、一二八頁。

11 中谷前掲「民族、民族意識及び民族主義（一）」一二九頁。

12 中谷武世「民族、民族意識及び民族主義（二）」（『外交時報』第五二六号、一九二六年一一月一日）一四三頁。

13 中谷前掲「民族、民族意識及び民族主義（二）」一四五、一四六頁。

14 中谷前掲「民族、民族意識及び民族主義（二）」一四六、一五〇頁。

15 中谷前掲「民族、民族意識及び民族主義（二）」一四七、一四八頁。

16 中谷前掲「民族、民族意識及び民族主義（二）」一四九頁。

17 中谷前掲「民族、民族意識及び民族主義（二）」一五〇、一五一頁。

18 中谷前掲「民族、民族意識及び民族主義（二）」一五二頁。現ルーマニア国歌「目覚めよルーマニア人！(Desteaptă-te,române!)」（一八四八年完成、一九九〇年国歌制定）の歌詞二番には、「今こそ世界に知らしめよ、我らに流れるローマの血を、我らが胸にとどめられし誇り高きその名を、勝利の皇帝トラヤヌス［Marcus Ulpius Trajanus,53-117］の名を（Acum ori niciodată să dăm dovezi la lume Că-n aste mâni mai curge un sânge de roman, Şi că-n a noastre piepturi păstrăm cu fală-un nume Triumfător în lupte, un nume de Traian!)」とある。

19 中谷前掲「民族、民族意識及び民族主義（二）」一五一、一五二頁。

20 中谷武世「民族、民族意識及び民族主義（三）」（『外交時報』第五二七号、一九二六年一一月一五日）一三七、一三八頁。

21　中谷前掲「民族、民族意識及び民族主義（三）」一三九頁。
22　中谷前掲「民族、民族意識及び民族主義（三）」一四〇頁。この論述に際し、中谷の念頭には、台湾、朝鮮等の外地に国語（日本語）の扶植をはかった自国の言語政策も浮かんだであろう。安田敏朗『帝国日本の言語編成』（世織書房、一九九七年一二月）を参照。
23　中谷前掲「民族、民族意識及び民族主義（三）」一四一頁。
24　中谷前掲「民族、民族意識及び民族主義（三）」一四二頁。
25　中谷武世「民族、民族意識及び民族主義（四）」（『外交時報』第五二九号、一九二六年一二月一五日）七〇頁。
26　中谷前掲「民族、民族意識及び民族主義（四）」七〇頁。
27　中谷前掲「民族、民族意識及び民族主義（四）」七一、七二頁。
28　中谷前掲「民族、民族意識及び民族主義（四）」七三頁。
29　中谷前掲「民族、民族意識及び民族主義（四）」七三頁。
30　中谷前掲「民族、民族意識及び民族主義（四）」七四頁。
31　中谷前掲「民族、民族意識及び民族主義（四）」七四、七五頁。
32　中谷武世「民族、民族意識及び民族主義（五）」（『外交時報』第五三二号、一九二七年二月一日）九一頁。
33　中谷前掲「民族、民族意識及び民族主義（五）」九二、九三頁。
34　中谷前掲「民族、民族意識及び民族主義（五）」九三頁。
35　中谷前掲「民族、民族意識及び民族主義（五）」九三頁。
36　中谷前掲「民族、民族意識及び民族主義（五）」九四頁。
37　中谷前掲「民族、民族意識及び民族主義（五）」九四、九五頁。
38　中谷前掲「民族、民族意識及び民族主義（五）」九六頁。

39 中谷前掲「民族、民族意識及び民族主義（五）」九六頁。
40 中谷前掲「民族、民族意識及び民族主義（五）」九六、九七頁。
41 中谷前掲「民族、民族意識及び民族主義（五）」九八頁。
42 中谷前掲「民族、民族意識及び民族主義（五）」九八頁。
43 中谷前掲「民族、民族意識及び民族主義（五）」一〇〇頁。
44 中谷前掲「民族、民族意識及び民族主義（五）」九八、九九頁。
45 中谷前掲「民族、民族意識及び民族主義（五）」九九、一〇〇頁。
46 中谷武世「民族、民族意識及び民族主義（六）」（『外交時報』第五三五号、一九二七年三月一五日）九〇頁。
47 中谷前掲「民族、民族意識及び民族主義（六）」九四、九五頁。
48 中谷前掲「民族、民族意識及び民族主義（六）」九〇頁。
49 中谷前掲「民族、民族意識及び民族主義（六）」九一頁。
50 中谷前掲「民族、民族意識及び民族主義（六）」九四、九五頁。
51 中谷前掲「民族、民族意識及び民族主義（六）」九五、九六頁。文中の「リュツトリー岩」の場面とは、スイス連邦（Schweizerische Eidgenossenschaft）の基幹となったウーリ、シュヴィーツ、ウンターヴァルデンの三州から参集した愛国者たちがハプスブルク家の代官・ゲスレル（Hermann or Albrecht Gessler 伝説上の人物）を倒し独立を達成することを誓った、有名な「リュトリの草原の盟約」の場面を指す。高くそびえる岩と森で草原が囲まれていたというシラーの描写から、中谷はこのような表現を用いたのであろう。F・シラー『ヴィルヘルム・テル』（桜井政隆訳、岩波書店、一九二九年二月）六八、六九頁を参照。
52 中谷前掲「民族、民族意識及び民族主義（六）」九七、九八頁。
53 中谷武世「民族、民族意識及び民族主義（七）」（『外交時報』第五三七号、一九二七年四月一五日）一一〇、一一一頁。

54 中谷前掲「民族、民族意識及び民族主義（七）」一一一、一一九頁。

55 中谷前掲「民族、民族意識及び民族主義（七）」一一九、一二〇頁。

56 中谷前掲「民族、民族意識及び民族主義（七）」一一九頁。中谷武世「民族、民族意識及び民族主義（八）」（『外交時報』第五四一号、一九二七年六月一五日）一一六頁。近代以降、特に一九三〇～四〇年代の中国で盛んに喧伝され、現在でも国内統合の方便として有効に機能している「中華民族是一個」の主張――例えば「国内の各種族［漢・満・蒙・回・蔵］にみなが一つになることができ、分かれることはできないという歴史的背景と時代的使命を理解させ、……団結して一個の最も頑強な民族としなければならない」とする有名な顧頡剛《こけつごう》（一八九三―一九八〇）の言説など――は、まさに「意識せられたる一の全体」としての「民族」を志向するものであろう。顧頡剛《こけつごう》「紀念辞」（『禹貢《うこう》半月刊』第七巻第一～三合期、一九三七年四月）。小野寺史郎『中国ナショナリズム――民族と愛国の近現代史』（中央公論新社、二〇一七年六月）一三七～一三九、二一五～二一七頁。黄興濤『重塑中華――近代中国「中華民族」観念研究』（三聯書店有限公司、二〇一七年七月）三六九、三七〇頁。阿南友亮『中国はなぜ軍拡を続けるのか』（新潮社、二〇一七年八月）四八～六〇、三二七、三二八、三三〇頁。

57 中谷前掲「民族、民族意識及び民族主義（七）」一一九頁。同前掲「民族、民族意識及び民族主義（八）」一一六、一一七頁。

58 岡倉覚三『東洋の理想（*The Ideals of the East : with Special Reference to the Art of Japan.*）』（原英書、一九〇三年）＝『現代日本思想体系9 アジア主義』（筑摩書房、一九六三年八月）四二、四三、六七頁。田中正明によれば、中谷や松井石根が中心となって立ち上げた大亜細亜《アジア》協会では、「天心の『アジアは一つ』の思想がいつも語られていた」という。坪内前掲『岡倉天心の思想探訪』一一三頁。

59 高田保馬『東亜民族論』（岩波書店、一九三九年六月）三、一七頁。大日本青年団本部編・発行『推薦図書目録 第二十一輯』（一九四〇年四月）一一、一二頁。柴田来『国民学校 地理教育の革新』（明治図書株式会社、一九四〇年一一月）一九六、一九七頁。

60 中谷前掲「民族、民族意識及び民族主義（七）」一一九頁。同前掲「民族、民族意識及び民族主義（八）」一一六頁。

61 中谷前掲『民族主義の基本的研究』七四頁。

62 B・アンダーソン『定本 想像の共同体――ナショナリズムの起源と流行』（白石隆他訳、書籍工房早山、二〇〇七年七月）二四、二八、二一〇～二一七頁。

63 外務省記録「外秘第四九八号 警視総監藤沼庄平ヨリ内務大臣山本達雄、外務大臣内田康哉他宛 大亜細亜《アジア》協会発会式挙行ニ関スル件」（一九三三年三月三日）＝JACAR Ref.B04012373800 第一一、一二画像。「大亜細亜《アジア》協会創立の意義（昭和八年三月一日、大亜細亜《アジア》協会発会式に於ける演説要旨）」（『大亜細亜《アジア》主義』創刊号、一九三三年五月）五七～六二頁。「大亜細亜《アジア》協会の諸会合（自昭和八年一月至昭和九年二月）」（『昭和九年三月 大亜細亜《アジア》協会年報』一九三四年三月）二七～二九頁。中谷武世「大亜細亜《アジア》協会」（前掲『下中弥三郎事典』）二四二、二四三頁。同前掲『昭和動乱期の回想』三五二～三七二頁。

64 「日本に於ける『亜細亜《アジア》へ帰れ』の運動 英誌マンチエスター・ガーデイアン所載」（『大亜細亜《アジア》主義』創刊号、一九三三年五月）六三、六四頁。「大亜細亜《アジア》協会成立の世界的反響」（前掲『昭和九年三月 大亜細亜《アジア》協会年報』）五～一六頁。中谷前掲『昭和動乱期の回想』三七七～三七九頁。

65 「大亜細亜《アジア》協会創立趣意書」（一九三三年一月）＝JACAR Ref.B04012373800 第四、五画像、傍点引用者。中谷前掲『昭和動乱期の回想』三五三頁。

66 中谷前掲「大亜細亜《アジア》協会」二四二頁。清水董三「孫文の思想と人格(1)」（『民族と政治』第一二六号、一九六五年一二月）七九頁。中谷前掲『昭和動乱期の回想』三四八～三五二頁。

67 今岡とともに「日本ツラン協会」を結成（一九三二年六月）した野副重次（生没年未詳）によれば、「同じ体質上の遺伝を保ち、民族性を共通にし、又同系の言語を伝へ用ひてゐ」る「日本人、蒙古人、トルコ人及びマジャール人等」は、人種学上は「ツラン人種」と、民族学上は「ツラン民族」と、同一カテゴリーに分類される。アジア―欧州各地に分布するツランの同胞たちが「一体」となって、「日本を中心」に「ツラン連邦（ウラル・アルタイ連邦）」の実現を目指す。これが「汎ツラニズム（ツラン民族主義）」であるという。野副『汎ツラニズムと経済ブロック』（天山閣、一九三三年九月）四、二七頁。シナン・レヴェント「トゥーラン主義運動家としての今岡十一郎」（『アジア文化研究所研究年報』第四九号、二〇一五年二月）を参照。

68　外務省記録「大亜細亜《アジア》協会創立懇談会［第二回創立準備懇談会］昭和八年一月二十六日夕 於東京会館」（一九三三年一月二八日）＝JACAR Ref.B04012373800 第二画像。中谷前掲『昭和動乱期の回想』三四九～三五一、七三七頁。

69　松井石根「亜細亜《アジア》連盟論」（『外交時報』第六七九号、一九三三年三月一五日）一一、一二、一五頁。早坂隆『松井石根と南京事件の真実』（文藝春秋、二〇一一年七月）五二～六三頁。

70　『東洋研究叢書第四巻／亜細亜《アジア》民族起つ』（東洋研究会、一九三二年一〇月）。

71　前掲「『汎亜細亜《アジア》』の集ひ」一一六頁。

72　伊藤清「被告人松井石根関連 弁護人発言速記」（『極東国際軍事裁判速記録 第三百十号』一九四七年一一月七日）七頁＝NDLDC ID : 026415049 コマ番号七。ただしこれはあくまで大亜細亜《アジア》協会としての理解であり、孫文が日本人に向けて大亜細亜《アジア》主義（大亜州主義）を呼びかけた真意については諸論がある。嵯峨隆「孫文のアジア主義と日本――『大アジア主義』講演との関連で」（『法学研究――法律・政治・社会』第七九巻第四号、二〇〇六年四月）、久保純太郎「戴季陶《たいきとう》における『中国革命』とその思想――中国・日本・アジアをめぐって」（神戸大学博士学位論文、二〇〇五年三月）等を参照。

73　中谷武世「被告人松井石根関連 証人発言速記」（前掲『極東国際軍事裁判速記録 第三百十号』）八頁＝NDLDC ID : 026415049 コマ番号八。同前掲「大亜細亜《アジア》協会」二四三頁。清水前掲「孫文の思想と人格⑴」

七九頁。中谷前掲『昭和動乱期の回想』三五二、三五三、七四〇、七四一頁。アジア主義の先駆者の一人としての孫文に対する中谷の敬意は尋常ではなかったらしく、世田谷の居宅の茶室には養母イエと並んで同人の写真が掛けられており、やはり朝夕手を合わせていたという。

74 中谷前掲「被告人松井石根関連 証人発言速記」七、八頁＝NDLDC ID：026415049 コマ番号七、八。同前掲『昭和動乱期の回想』三五三～三五五頁。この問題は協会発足後も尾を引き、鹿子木の華北（北支）旅行の打ち合わせを兼ねて行われた定例研究会（第三回、一九三三年四月一二日）では、「種々討論の後、亜細亜《アジア》を裏切り、支那自身をも英米と赤露の分割に委して顧みざる観ある国民政府及び、その據つて以て立つ思想的基調たる容共化せる三民主義を排撃是正することが日満支の合作と大亜細亜《アジア》建設の前提なりといふ意見に大体合致を見」たという。「研究会記事（自昭和八年三月 至昭和九年二月）」（前掲『昭和九年三月 大亜細亜《アジア》協会年報』）四九頁。他にも鹿子木は日中戦争（支那事変）の勃発（一九三七年七月七日）に際し「対支思想策《（ママ）》戦・三民主義爆破」（『大亜細亜《アジア》主義』第五五号、一九三七年一一月）なる論文をものしている。

75 村川堅固「大亜細亜《アジア》協会創立経過」（『大亜細亜《アジア》主義』創刊号、一九三三年五月）六二頁。

76 前掲「研究会記事（自昭和八年三月 至昭和九年二月）」四八～五四頁。異色なところでは、ソ連からの亡命者でヤクート（サハ）民族運動家のヴィノクロフ（Dmitri Vinokurov, 1884-1942）も参加している（一九三四年九月二六日）。大亜細亜《アジア》協会事務局「研究会報告」（一九三四年九月二八日）＝JACAR Ref. B04012373800 第九七画像。「大亜細亜《アジア》協会々報／第五十九回［第十五回の誤植］研究会」（『大亜細亜《アジア》主義』第一八号、一九三四年一〇月）一〇一頁。日本の対ソ開戦および北樺太再占領を熱望したヴィノクロフについては、小松久男編著『テュルクを知るための61章』（明石書店、二〇一六年八月）一七二～一七四頁を参照。

77 林正義『5・15事件——一海軍士官の青春』（新人物往来社、一九七四年五月）二二一、二三〇、二三一頁。

78　林前掲『5・15事件』二二二～二二六頁。

79　一九三六（昭和一一）年頃までは直接編集・発行に携わり、以降は田中正明、近松久らに任せている。中谷前掲「被告人松井石根関連 証人発言速記」八頁＝NDLDC ID：026415049 コマ番号八。同前掲『昭和動乱期の回想』三七二～三七六頁。本書巻末資料②「中谷武世 戦前主要関係誌掲載論文・記事等一覧」を参照。

80　下中弥三郎「被告人松井石根関連 証人発言速記」（前掲『極東国際軍事裁判速記録 第三百十号』）六頁＝NDLDC ID：026415049 コマ番号六。

81　後藤前掲『昭和期日本とインドネシア』一五四～一九二頁。同前掲『近代日本と東南アジア』二五、二六頁。

82　「国士肌」の外務官僚といわれた広田に対する大亜細亜《アジア》協会の期待度は高く、同人の斎藤実内閣外相就任（初入閣、一九三三年九月一四日）に際しては、陸軍大将に親任（一〇月二〇日）された松井石根ともども盛大な新任祝賀会（於麹町宝亭、一〇月三〇日）が催されている。一方で、その頃はまだ欧米派（幣原外交―国際協調ライン）が主流であった外務省内（特に亜細亜《アジア》局）には、大亜細亜《アジア》協会に好意的でない幹部も少なくなく、協会の第二回創立準備懇談会に関する報告書の余白にも「幹部ハ成ルヘクナラヌカヨシ」といった書き込みがみられる。前掲「大亜細亜《アジア》協会創立懇談会 昭和八年一月二十六日夕 於東京会館」＝JACAR Ref.B04012373800 第二画像。前掲「大亜細亜《アジア》協会の諸会合（自昭和八年一月 至昭和九年二月）」三四、三五頁。服部龍二『広田弘毅――「悲劇の宰相」の実像』（中央公論新社、二〇〇八年六月）六二～六五頁。戸部良一『外務省革新派――世界新秩序の幻影』（中央公論新社、二〇一〇年六月）六三頁。

83　中谷武世「巻頭言／英蘇と東亜」（『大亜細亜《アジア》主義』第三四号、一九三六年二月）。

84　外務省記録「閣議決定国策ノ基準」（一九三六年八月一一日）＝JACAR Ref.B02030157900 第一～三画像。

85　中谷武世「巻頭言／仏印進駐の史的意義」（『大亜細亜《アジア》主義』第九〇号、一九四〇年一〇月）。同前掲「被告

人松井石根関連 証人発言速記」八、九頁＝NDLDC ID：026415049 コマ番号八、九。同前掲『昭和動乱期の回想』七一四〜七一七頁。中谷の世田谷の居宅の応接間には、該裁判の結果刑死（一九四八年一二月二三日）した松井の胸像が置かれており、茶室の養母イエや孫文の写真に対するのと同様、朝夕手を合わせていたという。

86 当初は小規模の「家塾風」のものが考えられていた。大亜細亜《アジア》協会事務局「事業○○○〔判読不明〕並新役員推薦（一月二十一日役員会ニ於テ）」（一九三五年一月）＝JACAR Ref.B04012373800 第九八画像。「大亜細亜《アジア》協会々報／事業報告並に新役員推薦」（『大亜細亜《アジア》主義』第二二号、一九三五年二月）九四頁。外務省文化事業部「大亜細亜《アジア》学塾経費補給方ニ関スル件」（一九三五年六月一三日）＝JACAR Ref.B05015863900 第三画像。

87 この件では、中谷はじかに外務省に赴き、書記官に趣旨を説明している。大亜細亜《アジア》協会事務局「大亜細亜《アジア》学塾経費補助申請」（一九三五年六月八日）＝JACAR Ref.B05015863900 第二画像。

88 内藤は元外務省嘱託（通訳）としてトルコ、ペルシア（イラン）等に駐在経験を持ち、國學院大学教授等をつとめるかたわら大亜細亜《アジア》協会にも中途参加（常任理事に就任）していた。中谷武世、内藤智秀、下中弥三郎、R・B・ボース他「座談会 支那事変と亜細亜《アジア》解放戦」（『大亜細亜《アジア》主義』第五六号、一九三七年一二月）二三頁。

89 前掲「大亜細亜《アジア》協会々報／事業報告並に新役員推薦」九三頁。「住所一覧」（『大亜細亜《アジア》協会年報（自昭和十一年四月至昭和十五年三月）』一九四〇年四月）一五二頁。

90 「巻頭言／中国大亜細亜《アジア》協会宣言」（『大亜細亜《アジア》主義』第三二号、一九三五年一二月）。「大亜細亜《アジア》協会々報／松井評議員中谷幹事北支旅行経過概要（一）」（前同）九〇、九一頁。「中国大亜細亜《アジア》協会の創立経過」（『大亜細亜《アジア》主義』第三三号、一九三六年一月）九六、九七頁。「大亜細亜《アジア》協会々報／松井評議員中谷幹事北支旅行経過概要（二）」（前同）九八、九九頁。「中国大亜細亜《アジア》協会の事業概況」（前掲『大亜細亜《アジア》協会年報（自昭和十一年四月至昭和十五年三月）』）八一、八二頁。下中前掲「被告人松井石根関連 証人発言速記」六頁

＝NDLDC ID：026415049 コマ番号六。中谷前掲「被告人松井石根関連 証人発言速記」七頁＝NDLDC ID：026415049 コマ番号七。同前掲「大亜細亜《アジア》協会」二四七頁。同前掲『昭和動乱期の回想』三八〇頁。中谷は、華北行の際、天津（於日本租界公会堂、一一月一二日）、済南（於済南公会堂、一一月二一日）、青島（於青島第一日本尋常高等小学校、一一月二五日）でそれぞれ「北支問題と大亜細亜《アジア》主義」と題する講演を行っている。

91　後に李の死去に伴い、斉《せい》が総裁に就任（一九三七年五月一七日）した。「大亜細亜《アジア》協会々報／中国大亜細亜《アジア》協会報告」（『大亜細亜《アジア》主義』第五〇号、一九三七年六月）八六頁。前掲「中国大亜細亜《アジア》協会の事業概況」八二頁。

92　「巻頭言／中国大亜細亜《アジア》協会時局宣言」（『大亜細亜《アジア》主義』第五三号、一九三七年九月）。「北支近情／中国大亜細亜《アジア》協会時局宣言を発表」（前同）六二頁。斉爕元《せいしょうげん》「中国大亜細亜《アジア》協会の主張と覚悟」（『大亜細亜《アジア》主義』第五五号、一九三七年一一月）四〇頁。

93　新見浩『冀東《きとう》政府の全貌――日満支親善の礎石 北支防共の前衛』（文成社、一九三七年六月）五九、六〇頁。田中酉蔵『日本大陸政策の発展』（東亜研究所、一九四〇年一二月）一一五～一三四頁。中谷前掲『昭和動乱期の回想』六五八頁。北岡前掲『政党から軍部へ』二〇五、二〇六頁。

94　内田尚孝「冀察《きさつ》政務委員会の設置と日本の対華北政策の展開」（『言語文化』第一五巻第一号、二〇一二年八月）八二、八三頁。宋、秦、蕭は中国大亜細亜《アジア》協会の賛成人でもあった。ただし全面的に賛同したわけではなかったらしく、戦後秦は、自分は松井石根より「亜細亜《アジア》ハ亜細亜《アジア》人ノ亜細亜《アジア》タルベキデ欧米勢力ヲ排付《〔ママ〕》スベキ」と中国大亜細亜《アジア》協会結成の呼びかけがあった際に、「所謂亜細亜《いわゆるアジア》人ノ亜細亜《アジア》トハ日本人ノ亜細亜《アジア》タルヲ恐レル。若シ真ニ平等互恵ナル○《〔判読不明〕》ハバ始《〔ママ〕》メテ其他ノ問題ヲモ断ズル事能フ」と応じて宋とともに「不賛成ノ意ヲ表示」したと証言している。前掲「巻頭言／中国大亜細亜《アジア》協会宣言」。前掲「中国大亜細亜《アジア》協会の事業概況」八一頁。「極東国際軍事裁判 法廷証第一九九号　日本、華北侵略ノ事実／秦徳純」

（一九四六年六月一〇日）＝NDLDC ID：025469213 コマ番号五。

95 戦後中谷は、この一連の流れを「中国大亜細亜《アジア》協会が母体となって、高凌霨《こうりょうい》等を中心に、暫定的ではあったが、華北新政権が樹立された」と説明している。中谷前掲「大亜細亜《アジア》協会」二四七頁。同前掲『昭和動乱期の回想』三八〇、六六三～六六六頁。

96 広東日本領事館の報告によれば、和知は親日を装った「浮浪華僑」のグループに胡天民を通じて資金を供与し、大亜細亜《アジア》主義の宣伝ビラを撒布させた（一九三三年四月二三日）が、逆に露骨な排日宣伝のビラを撒かれ「見事一杯喰ハサレタ」という。現地では、こうした和知の策動は、日中の関係改善にかえって悪影響を及ぼすものとして警戒されていた。中谷は、和知の広東赴任直前、満川亀太郎、下中弥三郎らと「秘密」に送別会（於新宿中村屋、一九三二年九月二五日）を行っている。中谷武世「満川亀太郎宛書簡」（一九三二年九月二二日付）＝前掲『満川亀太郎書簡集』一四二、一四三頁。外務省記録「電第二四五号（極秘）吉田丹一郎広東総領事代理ヨリ内田康哉外務大臣宛 往電第二三二号ニ関シ」（一九三三年四月三〇日）＝JACAR Ref.B02030817200 第二～四画像。同「電第三二三号ノ一（極秘）吉田丹一郎広東総領事代理ヨリ内田康哉外務大臣宛 往電第二四五号ニ関シ」（一九三三年六月一一日）＝JACAR Ref.B02030817200 第五～八画像。大亜細亜《アジア》協会事務局「広東大亜細亜《アジア》協会情報」（一九三三年九月一二日）＝JACAR Ref.B04012373800 第四八～五四画像。中谷前掲「大亜細亜《アジア》協会」二四六、二四七頁。同前掲『昭和動乱期の回想』三七九、三八〇頁。

97 前掲「広東大亜細亜《アジア》協会情報」＝JACAR Ref.B04012373800 第四八画像。

98 中谷武世『大亜細亜《アジア》連合への道』（国民思想研究所、一九三三年一月）三一頁。

99 鹿錫俊「世界化する戦争と中国の『国際的解決』戦略――日中戦争、ヨーロッパ戦争と第二次世界大戦」（石田憲編著『膨張する帝国 拡散する帝国――第二次大戦に向かう日英とアジア』東京大学出版会、二〇〇七年四月）二〇八～二一〇頁。加藤陽子『それでも、日本人は「戦争」を選んだ』（朝日出版社、二〇〇九年七月）三二二～三二九頁を参照。

100　胡適「敬告於日本国民（日本国民に訴ふ）」（『日本評論』第一〇巻第一一号、一九三五年一一月）二一～五頁。北岡前掲『政党から軍部へ』二〇二～二〇四頁。光田剛「資料紹介 一九三五年の胡適と室伏高信」（『成蹊法学』第六四号、二〇〇七年一月）四四六、四四七頁。

101　中谷武世『対支文化工作の諸問題——思想戦としての支那事変と対支文化工作の基調に就いて』（大亜細亜《アジア》協会、一九三八年五月）一一～一三頁。

102　前掲「大亜細亜《アジア》協会創立趣意書」＝JACAR Ref.B04012373800 第四、五画像。「大亜細亜《アジア》連合」の他にも中谷は、「亜細亜《アジア》連盟」、「大亜細亜《アジア》連盟」、「東亜細亜《アジア》連邦」、「東亜連邦」といった表現を使用している。中谷武世「時事批判／亜細亜《アジア》連盟への工作」（『国民思想』第一巻第七号、一九三二年一二月）八〇、八一頁。同『大亜細亜《アジア》主義と日支関係／大亜細亜《アジア》主義与中日関係』（大亜細亜《アジア》協会、一九三三年八月）二八頁。同「再建支那と東亜連邦の構想」（『大亜細亜《アジア》主義』第六八号、一九三八年一二月）五頁。

103　中谷前掲『大亜細亜《アジア》連合への道』二〇、二一頁。

104　中谷武世『北支問題と大亜細亜《アジア》主義』（大亜細亜《アジア》協会、一九三五年一一月）三～五頁。

105　中谷前掲『大亜細亜《アジア》連合への道』二七頁。後に中谷は「亜細亜《アジア》の指導民族はまさしく日本」とも明言している。アジアで唯一急速な近代化を成し遂げ、日清・日露・日独の三戦役を通じて朝鮮・満州・中国本土における白人帝国主義勢力の伸長を阻んだという国家的自負心が、彼をして自然かく断ぜしめたものであろう。かかるスタンスなればこそ、中谷ら大亜細亜《アジア》協会の提唱・推進した「大亜細亜《アジア》連合」は、「肇国ノ精神ニ反シ皇国ノ国家主権ヲ晦冥ナラシムル虞レアルカ如キ国家連合理論ノ展開乃至之ニ基ク国際形態ノ樹立ヲ促進セントスル運動」として政府や軍部からことさら「撲滅」の対象にされるおそれもなかった。その点は、石原莞爾（一八八九—一九四九）、木村武雄（一九〇二—一九八三）ら「東亜連盟協会」（一九三九年一〇月八日 結成）が提唱・推進した「東亜連盟」と対照的であった。「閣議決定 興亜諸団体ノ指導理念統一ニ関スル件」（一九四一年一月一四日）＝JACAR Ref.A03023584000 第一～七画像。中谷武世「巻頭言／民族運動の基底力」（『大亜細亜《アジア》主義』第九四号、一九四一年二月）。内村琢也「準宗教運動としての東亜連盟運動――東亜連盟協会の事例を中心に」（『創価大学大学院紀要』第三一号、二〇〇九年一二月）一三一、一三二頁。嵯峨隆「東亜連盟運動と中国」（『法学研究――法律・政治・社会』第八八巻第八号、二〇一五年八月）五四頁。中谷は東亜連盟協会については特段何も論評していない。

106 「大亜細亜《アジア》協会々報／中谷常任理事北支視察」（『大亜細亜《アジア》主義』第五二号、一九三七年八月）八七頁。中谷武世「盧溝橋の火蓋切らる」（『文藝春秋臨時増刊 昭和の三十五大事件』第三三巻第一六号、一九五五年八月）一七〇頁。同前掲『昭和動乱期の回想』六四〇、六五七頁。

107 中谷前掲「盧溝橋の火蓋切らる」一七一～一七四頁。同前掲『昭和動乱期の回想』六四一～六四三、六四六頁。

108 中谷前掲『昭和動乱期の回想』六五七、六五八頁。

109 「大亜細亜《アジア》協会々報／中谷理事現地報告・支那問題研究会」（『大亜細亜《アジア》主義』第五三号、一九三七年九月）八八頁。中谷前掲『昭和動乱期の回想』六六〇～六六二頁。

110 中谷他前掲「座談会 支那事変と亜細亜《アジア》解放戦」一七、二四、二五頁。こうした認識に基づき、中谷と下中弥三郎は、国内に反英・反ソ世論を大々的に喚起（特に前者）せしむるべく、R・B・ボースと彼の声望に期待する日印の青年有志にはたらきかけ、「青年亜細亜《アジア》連盟」を結成（於赤坂三会堂、一九三七年一〇月二八日）させた。ボース、下中とともに顧問に就任した中谷は、同連盟を大亜細亜《アジア》協会の実働組織として縦横に活用――「支那事変に対する欧米諸国の干渉に反対」を謳った決議文の英国大使館への手交（一〇月二八日）、「時局講演会 支那事変と対英問題」（於京都日日新聞社講堂、一一月一八日）および「排英講演会」（於長野県飯田市、一一月二九日）の開催、機関紙『青年亜細亜《アジア》』の発刊（一二月三一日創刊）、会員四五名が日米親善国民大会（於日比谷公会堂、一九三八年二月一九日）に潜入し大会反対のビラを撒布、

等々――した。「日本の国際正義に基き亜細亜《アジア》問題解決へ――新に〝青年亜細亜《アジア》連盟〟結成 国際運動に乗出す」（『中外日報』一九三七年一〇月二六日 三面）。「亜細亜《アジア》民族解放へ――頭山翁初め各民族代表集り青年亜細亜《アジア》連盟結成」（『中外日報』一九三七年一〇月二八日 三面）。内務省警保局保安課編「国家（農本）主義運動の状況」（『厳秘 特高外事月報 昭和十二年十月分』一九三七年一一月）四五～四七頁。同編「国家（農本）主義運動の状況」（『厳秘 特高外事月報 昭和十二年十一月分』一九三七年一二月）五五～五七、六一頁。同編「国家（農本）主義運動の状況」（『厳秘 特高外事月報 昭和十二年十二月分』一九三八年一月）一一六頁。同編「運動日誌」（前同）二〇八頁。同編「国家（農本）主義運動の状況」（『厳秘 特高外事月報 昭和十三年二月分』一九三八年三月）八七頁。田中正明「青年亜細亜《アジア》同盟〔ママ〕」（前掲『下中弥三郎事典』）一八九～一九二頁。

111　前掲「特輯／国家主義系団体員の経歴調査 第一／中谷武世」四四四頁。中谷前掲『昭和動乱期の回想』六六五頁。

112　「勅令第七百五十八号 興亜院官制」（一九三八年一二月一五日）＝JACAR Ref.A03022243600 第二画像。中谷前掲『昭和動乱期の回想』六六八頁。

113　「勅令第四百三十八号 興亜委員会官制」（一九三九年七月四日）＝JACAR Ref.A03022378500 第二、三画像。「興亜委員会設置――対支策樹立の最高諮問機関 官制・委員等決定す」（『東京朝日新聞』一九三九年七月五日 二面）。興亜委員会総裁阿部信行「興亜委員会職員ニ手当給与ノ件」（一九三九年一二月八日）＝JACAR Ref.A04018519300 第六画像。中谷前掲『昭和動乱期の回想』六八〇～六八三頁。

114　中谷前掲「被告人松井石根関連 証人発言速記」八頁＝NDLDC ID：026415049 コマ番号八。三民主義について、汪は例えば次のように述べている。「今日蒋介石を除く外は、苟《いやしく》も中国国民党の忠実なる同志たる限り一人として永遠に三民主義を堅守し共産主義と戦はんと欲しない者はないのであります。……三民主義に基いて進めば中国は固より自由平等を得ることとなるが、同時に又日本と共に東亜安定、東亜建設の責任を分担する力が出て来るのであります。それ故に中国の立場から云へば三民主義は救国主義であり、東亜の立場から云へば三民主義は即ち大亜細亜《アジア》主義であります。……」。汪兆銘「三民主義之理論与実際」（講演筆録、於南京日本軍宣伝主任幕僚会議、一九三九年一一月二三日）＝内閣情報部編・発行『時局資料第十九輯／支那新中央政府成立の経緯 附、汪精衛並に帝国側声明・談話』（一九四〇年二月）七六、八三頁。土屋光芳「汪精衛政権の基盤強化の戦略――大亜州主義、東亜連盟運動、新国民運動」（『政経論叢』第七七巻第五・六号、二〇〇九年三月）四七～五五頁を参照。

115 かつて鈴木は、宇垣一成陸相（若槻礼次郎内閣）の特命を帯びて北伐実行中の蒋介石と九江で会談（一九二六年一二月頃）した際、中国統一の基本理念はあくまで「三民主義で行け」と勧告したこともあったという。秦郁彦『実証史学への道――一歴史家の回想』（中央公論新社、二〇一八年七月）二八九頁。

116 中谷前掲『昭和動乱期の回想』六六六～六七八、六八四、六八八、七四一頁。

117 本書口絵写真5頁目、「大亜細亜《アジア》協会後期役員一覧」を参照。

118 「国民使節八氏決定す――阿部大使と同行渡支」（『東京朝日新聞』一九四〇年四月九日 二面）。「国民使節出発」（『東京朝日新聞』夕刊、一九四〇年四月一八日 一面）。「中支近情／特命全権大使出発」（『大亜細亜《アジア》主義』第八五号、一九四〇年五月）六五頁。「大亜細亜《アジア》協会々報／高木［陸郎］評議員、中谷理事壮行懇談会」（前同）八〇頁。前掲「特輯／国家主義系団体員の経歴調査 第一／中谷武世」四四四頁。中谷前掲『昭和動乱期の回想』六八六～六九五頁。

119 「中支近情／汪主席大亜細亜《アジア》主義を強調」（『大亜細亜《アジア》主義』第八六号、一九四〇年六月）六七頁。

120 中谷前掲『昭和動乱期の回想』六九四頁。

121 中谷前掲「大亜細亜《アジア》協会」二四七頁。同前掲『戦時議会史』八、九、三一頁。同前掲『昭和動乱期の回想』六九四～六九八頁。

122 二・二六事件の前哨ともいわれる救国埼玉挺身隊事件の首謀者として検挙（一九三三年一一月一三日）さ

れ有罪（懲役二年）となった吉田豊隆（一九〇九―一九七四）は、恩赦で出所（一九三六年二月一一日）後に前述青年亜細亜《アジア》連盟と関わりを持ち、その縁から大陸に渡り（一九三八年一月二二日）、「松井［石根］大将に直属する思想工作班」を経て南満州鉄道株式会社（満鉄）子会社の興中公司や大亜細亜《アジア》主義研究所で働いたという。中谷も媒酌人をつとめるなど同人にはことのほか目をかけている。内務省警保局保安課編「国家（農本）主義運動の状況」（『厳秘 特高外事月報 昭和十三年一月分』一九三八年二月）六八頁。中谷、高橋前掲「対談 二・二六事件と匂坂資料」九一頁。中谷前掲『昭和動乱期の回想』五三五頁。猪又明正『幻のクーデター　二・二六事件前史』（工作舎、一九九九年七月）二二七、二二八頁。

123　新・南京国民政府の発足とともに「国民党中央執行委員会特務委員会特工総部」として正式な特務機関となった。外務省東亜局編・発行『暫定版 新国民政府人名鑑』（一九四〇年六月）四六、四七、六五、六六頁。塚本誠『ある情報将校の記録』（再版、中央公論社、一九九八年一一月）二八五～二九二、三〇七頁。

124　「大亜細亜《アジア》協会々報／丁社会部長一行招待会」（『大亜細亜《アジア》主義』第八七号、一九四〇年七月）八〇頁。「大亜細亜《アジア》協会々報／上海に於ける中谷理事」（『大亜細亜《アジア》主義』第九〇号、一九四〇年一〇月）八〇頁。上海大亜細亜《アジア》主義研究所「大亜細亜《アジア》主義研究会報告」（『大亜細亜《アジア》主義』第九一号、一九四〇年一一月）七八頁。「上海大亜細亜《アジア》主義研究所報告／懇親会」（『大亜細亜《アジア》主義』第九四号、一九四一年二月）七九頁。中谷前掲『昭和動乱期の回想』六七四、六七五、六八四、六八五、六九七、六九八、七三三頁。

125　直接実働には携わらなくても、ブリーフィングルームの提供や、研究所員の身分証とパンフレットを用意して工作員の擬装を手伝うくらいのことはしたかもしれない。

126　当日の参加人数は研究所員を含め一〇余名。上海大亜細亜《アジア》主義研究所「亜細亜《アジア》国民会議上海委員会結成」（『大亜細亜《アジア》主義』第九〇号、一九四〇年一〇月）四一、四二頁。中谷前掲『昭和動乱期の回想』六九九～七〇三頁。

127　中国側からは、新・南京国民政府行政院警政部政務次長の李士群《りしぐん》、同社会部政務次長の顧継武《こけいぶ》（一九〇五―没年未詳）、同宣伝部政務次長の胡蘭成《こらんせい》（一九〇六―一九八一）などが意欲的に参加した。前掲「大亜細亜《アジア》主義研究会報告」七八頁。中谷前掲『昭和動乱期の回想』七〇三～七〇六頁。

128 「上海大亜細亜《アジア》主義研究所報告／英文雑誌『亜細亜《アジア》的亜細亜《アジア》』発行」（『大亜細亜《アジア》主義』第九四号、一九四一年二月）七九頁。

129 同協会は「上海印度人連盟」とも呼ばれ、印度国民会議日本支部・在日本印度国民（協）会の会長で戦後駐タイ大使等をつとめたサハイ（Anand Mohan Sahay, 1898-1991）の上海来訪を機に、同地在住のインド人有志によって組織（一九四〇年八月四日）された。サハイ、イブラヒムは、前述亜細亜《アジア》国民会議上海委員会にも参加している。在日本印度国民会編・発行『第十二次事業年度報告書 自昭和十四年至昭和十五年』（一九四〇年）＝JACAR Ref.B02032186100 第五画像。外務省記録「上警高秘八一一号 在上海日本総領事館警察署長白神栄松ヨリ在上海総領事中支警務部長事務取扱堀内干城宛 印度独立運動記念日ニ際シ在滬《こ》印度人関係者祝賀会開催ニ関スル件」（一九四一年一月二八日）＝JACAR Ref.B02032185900 第三六、三七画像。

130 上海大亜細亜《アジア》主義研究所「上海印度人の動向」（『大亜細亜《アジア》主義』第九〇号、一九四〇年一〇月）四二頁。「外誌論評」（前同）七〇頁。中谷前掲『昭和動乱期の回想』七〇六～七一一頁。

131 二・二六事件後の「粛軍」人事によって予備役編入（八月二九日）となった橋本を党首（統領）に推戴し、同人の『飛躍的大日本国家体制大綱』（一九三六年一月 起案）を骨子に、「国民ノ全能力ヲ挙ゲ天皇ニ帰一……物心一如ノ飛躍的国家体制ヲ確立」することを目指した（後の翼賛選挙では橋本一人が当選）。中谷も下中弥三郎、赤松克麿、津久井龍雄、岩田愛之助らとともに準備段階（八月初旬）から参加したが、量より質を重視した党員獲得方針――申込者をまず準党員として登録し「其内優秀なるものを選びて入党せしむる」という「厳選主義」を採った――に対する違和感や、何かとそりの合わない前出松延繁次が橋本の腹心となり党組織の中枢にいたためか、評議員として名を連ねた程度でさほど深く関わった形跡はみられない。大日本青年党本部編・発行『橋本欣五郎宣言 飛躍的大日本国家体制大綱』（一九三六年一〇月）四、

五頁。日本政治経済研究所編・発行『橋本大佐の一石・陣容整備と大衆化の嵐を起す最近に於ける主要愛国団体間の動向と内部事情』（一九三六年一〇月）四～一一頁。内務省警保局保安課編「国家（農本）主義運動の状況」（『厳秘 特高外事月報 昭和十一年十一月分』一九三六年一二月）二三、二四頁。憲兵司令部「昭和十一年後半期に於ける左右両翼運動の概況」（『思想彙報』第四四号、一九三七年六月）二三～二八頁。田々宮前掲『橋本欣五郎一代』二一七～二二九頁。堀前掲『最新右翼辞典』三八七、三八八頁。

132　「東亜建設国民連盟」（『東京朝日新聞』一九四〇年五月一日三面）。「新党結成運動の再現――新党派活気づくも依然低迷を持続 統率者を欠くの憾み」（『報知新聞』一九四〇年五月七日二面）。「新党運動の展望 本社記者座談会④――政府は内心不快 近衛公も結局不出馬と見る」（『大阪朝日新聞』一九四〇年六月一八日二面）。「骨になる気で日ソ親善――決意を語る建川将軍」（『大阪朝日新聞』一九四〇年九月一〇日一面）。前掲「特輯／国家主義系団体員の経歴調査 第一／中谷武世」四四四頁。中谷武世「末次信正」（前掲『下中弥三郎事典』）一八六、一八八頁。同「東亜建設国民連盟」（前同）二八二、二八三頁。前掲『右翼事典』四二〇、四二二頁。中谷前掲『戦時議会史』二五～二九頁。秦前掲『昭和史の軍人たち』三〇四頁。中谷前掲『昭和動乱期の回想』三〇八頁。G・M・バーガー『大政翼賛会――国民動員をめぐる相剋』（坂野潤治訳、山川出版社、二〇〇〇年一〇月）一四四、一四五頁。堀前掲『最新右翼辞典』四二三、六二九頁。中谷は東亜建設国民連盟の結成日を一九三九（昭和一四）年一二月七日としているが、これは準備会を立ち上げた日付である。おりしも太平洋上で英国海軍が日本の民間客船・浅間丸を強制的に臨検しドイツ人乗客一〇数名を拘束するといういわゆる浅間丸事件（一九四〇年一月二一日）が起こり、東亜建設国民連盟（準備会）は憤然これに抗議すべく反英演説会を開催（於青山青年会館、一月二六日）し、中谷司会のもと盛況をみたという。

133　東亜建設国民連盟事務局「東建連パンフレット発刊について」（末次信正『世界動乱の意義と皇国の使命』同事務局、一九四〇年四月）一頁。こうした教化用小冊子以外にも、機関紙『東亜建設』を発行（創刊月日未詳）した。

134 会長の末次は、ただ「上に乗つてゐ」る神輿的存在とみられていた。前掲「新党運動の展望 本社記者座談会④」。

135 中谷前掲「東亜建設国民連盟」二八三、二八四頁。同前掲『戦時議会史』三〇、三一頁。バーガー前掲『大政翼賛会』二一一～二二九頁。

136 大政翼賛会において、末次は中核部門の一つである中央協力会議（一九四一年六月一六～二〇日 第一回開催）の議長を、下中は同議員（第六委員長）をつとめている。大政翼賛会編・発行『第一回中央協力会議会議録』（一九四一年六月）五、九二三、九三三頁。青年国策研究会、時局解剖調査所共編『我が国最近に於ける思想運動の攻勢展望』（思想報国実践会、一九四一年六月）一七五～一八八頁。中谷前掲「東亜建設国民連盟」二八四頁。前掲『右翼事典』四二六、四三一頁。堀前掲『最新 右翼辞典』四二三、四二四、六三〇、六三一頁。

137 中谷は大日本興亜同盟に、大亜細亜《アジア》協会とは別に個人としても参加を表明し、同盟発足後は常務理事（松井石根は総務委員に就任）をつとめた。大政翼賛会「興亜運動ノ強化統一要綱案／大日本興亜同盟結成要領案」（一九四一年六月七日）＝JACAR Ref.A03023584100 第一〇～一二画像。「閣議決定 興亜運動ノ強化統一ニ関スル政府トシテノ措置ニ関スル件」（一九四一年六月一〇日）＝JACAR Ref.A03023584100 第一～七画像。大政翼賛会「興亜団体の統合」（情報局編『週報』第二四七号、一九四一年七月二日）二九～三三頁。「大日本興亜同盟 結成経過概要」（『興亜』第二巻第八号、一九四一年八月）六六、六七頁。「大日本興亜同盟結成大会」（前同）八七頁。前掲『昭和十六年十月現在 全国国家主義団体一覧』九、一四、一七、一九、二一頁＝NDLDC ID：000001208484 コマ番号二七、三〇～三三。津久井龍雄編『日本政治年報 昭和十七年第一輯』（昭和書房、一九四二年七月）五一九、五二二、五二八、五二九頁。堀前掲『最新 右翼辞典』三七二～三七五、六三二頁。なお官製の大日本興亜同盟に先がけて、民間では大亜細亜《アジア》協会などアジア主義諸団体が糾合し「興亜団体連合会」が結成（一九三九年一一月二九日）され、中谷は常任幹事を、下中弥三郎は常任理事をつとめたという。同連合会の活動実態は未詳だが、翌年に新・南京国民政府の答礼使節一行（五月二〇日 来日）の招待会（於上野精養軒、五月二三日）を主催しており、まもなく二度目の組閣（七月二二日）を行うことになる枢密院議長の近衛文麿が挨拶を述べている。「答礼使節の収穫」（『大阪朝日新聞』一九四〇年五月二七日 二面）。「中支近情／国民政府答礼使節一行日程」（『大亜細亜《アジア》主義』第八六号、一九四〇年六月）六七、六八頁。木戸若雄「大政翼賛会」（前掲『下中弥三郎事典』）二五五頁。

138 改組後の大日本興亜同盟で、松井石根は副総裁となり、中谷は常務理事に留任し、新たに下中弥三郎も常務理事となった。下中は後に短期間ながら運動第一局長もつとめた。「興亜同盟、支部を設置――外地にも連絡所新設」（『朝日新聞』一九四二年七月二九日 二面）。「大日本興亜同盟役員名簿」（内閣用紙、一九四二年八月一七日）＝JACAR Ref.A15060026500 第一、三画像。「錬成総処新設――興亜同盟、五局一処制に」（『大阪毎日新聞』一九四二年一一月三日 一面）。木戸前掲「大政翼賛会」二五五頁。

139 中谷前掲「大亜細亜《アジア》協会」二四七頁。同前掲『昭和動乱期の回想』七三二頁。

140 前掲『昭和十六年十月現在 全国国家主義団体一覧』七三三〜七三九頁＝NDLDC ID：000001208484 コマ番号三九一〜三九四。内務省警保局編・発行『昭和十六年中に於ける社会運動の状況』（一九四二年一二月）四九五、四九六頁。前掲『右翼事典』四二二、四三七頁。伊藤隆『昭和十年代史断章』（東京大学出版会、一九八一年九月）一三四〜一三六頁。堀前掲『最新 右翼辞典』三一一、六三〇、六三三頁。森田朋子「スメラ学塾をめぐる知識人達の軌跡――太平洋戦争期における思想統制と極右思想団体」（『文化資源学』第四号、二〇〇六年三月）八五、八六、九二頁。竹内孝治、小川英明「戦時期における哲学者・小島威彦の著作および出版活動とスメラ学塾――坂倉準三とその協働者・小島威彦の日本世界主義思想に関する研究その1」（『造形学研究所報』第七号、二〇一一年三月）三二頁。因みに、小池百合子の父勇二郎（一九二二―二〇一三）も一時期塾生であったといわれる。森彰英「アラブ貿易の影武者 小池勇二郎」（『人と日本』

第七巻第四号、一九七四年四月）二六九、二七〇頁。
141　中谷前掲「末次信正」一八七頁。

第四章

戦時と戦後——円熟期、晩期

一　帝国の「選良」へ

一九四一（昭和一六）年一二月八日（日本時間）、大日本帝国は、米英《アングロ・サクソン》両国に宣戦を布告し、ここにおよそ三年九ヶ月にわたる太平洋戦争／大東亜戦争が開始された。緒戦の第一報を、妻と六歳の長女富士子を連れて上海から長崎に向かう航路上で聞いた中谷武世は、「とうとうやったか」との感興に浸ると同時に、「今こそ三十年来の亜細亜《アジア》諸民族の民族運動が成果を結ぶべき時である」と筆舌に尽くせぬ高揚に襲われたという［1］。

あゝ、遂に英国と戦ふ日は来た。米国と戦ふ日は来た。アングロサクソンと戦ふ日は来たのである。アングロサクソンの東亜侵略の大勢を決したる阿片戦争より算《かぞ》へてまさに満百年、印度併呑を決定したるプラッシイの戦より百八十年、今こそアングロサクソンを亜細亜《アジア》より逐ふ日は来たのである。日本の米英に対する宣戦は、同時に亜細亜《アジア》の宣戦であり、全亜細亜《アジア》民族解放の宣言である。宣戦大詔の渙発は、アングロサクソン世界幕府に対する討幕の大号令の渙発と拝すべきである。……而してまさに砲煙の中より建設せらるべき亜細亜《アジア》の新秩序。世界の新秩序の内容が、人類文化の歴史上に不滅の金字塔を築くものたり得るや否やは、日本国民が如何に深く此の大東亜戦の史的意義を読み取るか否かにかゝるのである。ゆめ大英帝国の再建であつてはならぬ。ゆめアメリカ的黄金帝国の再建であつてはならぬ。大東亜戦争はまさに建国の理想を恢宏〔ママ〕して皇道を亜細亜《アジア》に、皇道を世界に扶植すべき千載一遇の機会である。世界的皇政復古、維新戦争としての大東亜戦争が達成すべきところのものはまさにこれである。[2]

その後もしばらく中谷は上海で活動を続け、前述亜細亜《アジア》国民会議上海委員会を通じて「今度の戦争がアジア民族解放戦であること」を中国の知識層や在中アジア系人士に浸透させることに心を砕いたが、一九四二（昭和一七）年四月初頭に一時帰国したさい、長崎港埠頭で待ち受けていた下中弥三郎より近く実施の第二十一回総選挙（翼賛選挙、四月三〇日）に立候補することを懇請される[3]。一旦は固辞したものの、大亜細亜《アジア》協会役員の総意であると説得され、また八高―東京帝大同期の内務官僚で群馬県知事の村田五郎（一八九九―一九八二）を通じて懇意にしていた和歌山県知事の広瀬永造（一八九九―一九五二）からも「和歌山中学の同窓や郷党関係も強力に推すだろう……」[4]と背中を押され、出馬を決意したという。新人でしかも一ヶ月弱の選挙戦であったが、現職首相である東条英機との旧縁も活かし政府の主導する翼賛政治体制協議会の推薦を取り付けることに成功、国務大臣兼企画院総裁の鈴木貞一予備役陸軍中将、大蔵大臣の賀屋興宣（一八八九―一九七七）、元逓信大臣で大日本興亜同盟理事長の永井柳太郎（一八八一―一九四四）など閣僚級「巨星」の来援もあって一七、三〇八票を獲得し、和歌山

当選確定し、揮毫する中谷［『朝日新聞』和歌山版、1942年5月2日1面より］

県第一区（定員三名、和歌山市、海南市、海草郡、那賀郡、伊都郡）九名中一位で当選を果たした[5]。勝因についてメディアは「文化指導者として永年磨きをかけた思想の確かさが巧な演説によつて大衆を魅了し新しい政治家としての評判が伝わった……」[6]等と分析している。以下は中谷の談。

私が当選しましたのは私の識見によるよりも寧ろ県民のこの真に喜ぶべき東亜盟主としての新しい政治意識の賜物である、私は今後も従来通り支那や印度の思想文化工作に従事するでせうが単なる政府の命令によるのでなくこの新しい県民の政治力の一代表者として行動したい[7]

外に対米英《アングロ・サクソン》戦の快進撃をみ、内に国家の「選良」として政治の表舞台に立つことになった満四三歳の中谷は、ここにはからずも生涯の絶頂を迎えた。それはまた苦渋に満ちた後半生のはじまりでもあった。

二　国政参画

中谷武世は、終戦後の公職追放によって議席を失う（一九四六年二月二七日）まで、約四年弱、帝国議会――彼いうところの「国民の意志を綜合して［天皇＝国家の］全体意志、普遍意志即ち至上意志を構成せしめんがための機関」[8]――の一員として国政の一端に携わった。当初は挙国一党を謳った

「翼賛政治会」（一九四二年五月二〇日発足）に所属し、新人ながら政務調査会の理事（委員兼務）に指名されるなど即戦力として処遇された[9]が、戦争が長期戦の様相を呈するにつれて徐々に反主流派（反東条）的行動を取るようになる。

　第八十一回帝国議会（一九四二年一二月二六日開会）では、地方行政に対する監督権限の拡大をはかるべく政府より提出された「市制中改正法律案」および「町村制中改正法律案」に公然異議をとなえ、自身初となる本会議質問演説（一九四三年一月三〇日）のなかで「所謂《いわゆる》独裁主義、所謂《いわゆる》独善的指導者原理、或ハ強権主義ハ、我ガ国古代ヨリノ統治ノ原理デハナイノデアリマス」と述べている[10]。また同様に、戦時下における治安・統制強化の一環として提出された「戦時刑事特別法中改正法律案」についても、第七条第四項の「国政ヲ変乱シ其ノ他安寧秩序ヲ紊乱スルコトヲ目的トシテ著シク治安ヲ害スベキ事項ヲ宣伝シタル者ノ罰亦前条［七年以下ノ懲役又ハ禁錮］ニ同ジ」との規定が政府――つまるところは東条個人――によって恣意的に運用（言論封殺）されかねない等の懸念[11]から、翼賛政治会政務調査会とそれに続く役員会（三月六日）の席上で原案反対を明確に表明している[12]。かねて西欧由来のファシズムを清算し純正日本主義に回帰した中谷の面目躍如たるものがあろう。後者をめぐっては関係閣僚および翼賛政治会首脳部からの反対派切りくずし工作が露骨に行われ、中谷も鈴木貞一からじかに「なにぶん戦時中のことなんだから、政府原案に反対して代議士がさわぐよう

代議士時代の中谷（満45歳、1943年頃）［中谷家所蔵］

なことはやめてくれないか」と釘を刺されたという［13］。結局、市制・町村制の両改正法案は二月二六日に、戦刑法改正法案は三月八日に、いずれも原案通りに衆議院で可決された［14］。

かくするうちにも戦局の悪化は日ごと顕在化し、東条首相の戦争指導力にいよいよ見切りをつけた中谷は、一九四四（昭和一九）年七月半ば頃から同輩議員の赤城宗徳（一九〇四―一九九三）と通謀し、閣内不一致を以て東条内閣を退陣に追い込むべく、前商工大臣で今は無任所の国務大臣・軍需次官に降格処遇されていた岸信介と密かに連絡を取り始める。

私［赤城］と中谷武世代議士は毎日の様に当時岸軍需次官（国務大臣）の私邸を訪ねて、東条総理の退陣なしでは日本の敗戦は必至である事を話しあった。……岸さんは進言を待つ迄もなく、当然だと言明されておった。かくて、東条総理は岸大臣に辞職を迫ったがそれを拒否した、そこで東条総理は、内閣改造によって米内光政［一八八〇―一九四八］重臣を入閣せしむべく画策しておる事を聞いた。米内海軍大将の自宅を中谷武世君と共に訪問し、東条内閣に入閣されない方がよいと思うが、いかがかと要請した。米内さんとの面会は、後に、衆議院議長になられた綾部健太郎［一八九〇―一九七二］氏が斡旋して呉れた。岸さんの辞職拒否は依然として固く、米内さんは入閣を強く拒否した。ともかく、こういう事態が東条総理大臣の辞職への契機となったのである。敗戦後、その事が、東条内閣の国務大臣ということでA級戦犯容疑として巣鴨に収容されておった岸さんが無罪として釈放される大きな原因であったかと思う。［15］

結果的に東条内閣はサイパン失陥（一九四四年七月七日守備隊玉砕）の責を負うかたちで総辞職（一八日）し[16]、代わって小磯国昭内閣が成立（二二日）する。中谷はといえば、既に一年志願兵の全服役期間（現役一年・予備役六年四ヶ月・後備役一〇年）を了えていたにもかかわらず満四六歳で陸軍少尉として召集令状を受け（一九四五年一月二三日）、原隊である和歌山の歩兵第六十一連隊留守隊（本隊はビルマ方面に転戦中）に出頭したが、多年国事に没頭し続けたがゆえの不摂生[17]がたたって肥満体につき軍務（小隊指揮官）不適格と軍医に診断を下され、即日帰郷を命じられてしまう[18]。当人にとって体裁の悪い結果ではあったが、正式な入隊手続が執られなかったため議員を自動的に失職せずに済んだこと――改正「衆議院議員選挙法」（一九二五年五月五日公布）には「戦時若ハ事変」に際し「召集中ノ者」は「選挙権及被選挙権ヲ有セス」（第七条第二項）とあり、また「議院法」（一八八九年二月一一日公布）には衆議院議員は「被選ノ資格ヲ失ヒタルトキハ退職者トスル」（第七十七条）と定められていた――はさいわいであった。後年中谷は、あれは明らかに不当な懲罰召集ではなかったかと述懐している。

代議士仲間でも、反主流分子で活発に動きつつあった者に対しては、「おい君にも召集が来るぞ、気をつけろよ」と冗談を言い合ったものである。それがついに私にも来たのであるから、戦刑法［改正］反対運動や東条打倒運動の急先鋒であった関係上、殊に翼政会叩きこわしの新党運動を始めた矢先のことではあり、政治召集、謀略召集という疑惑が、同志代議士の間に起ったのは、或は当然であったかも知れない。[19]

東京に戻った中谷は議員活動を再開させ、「軍部独裁の政治的下請け機構」とみた翼賛政治会を正式に脱退（三月七日通告）、同一歩調を取った小山亮《まこと》（一八九五―一九七三）、橋本欣五郎、中原謹司、井野碩哉《ひろや》（一八九一―一九八〇）、船田中《なか》（一八九五―一九七九）、赤城宗徳、永山忠則（一八九七―一九八四）、池崎忠孝（一八九一―一九四九）らとはかって院内交渉団体「護国同志会」を組織（三月一一日）し、常任幹事・世話人・各派交渉会委員となる[20]。同会は無議席の岸信介と「始終連絡し合」[21]い、事実上の盟主に仰いだことから「岸新党（準備会）」とも囁かれ、同時期に組織（三月一〇日）された院内会派「翼壮議員同志会」と並んで、戦時議会（翼賛議会）における初めての「野党的存在」として大いに注目を集めたという。当時衆議院書記官長であった大木操（一八九一―一九八一）の「日記」（二月五日）によれば、元々の計画では、岸の遠縁（叔父の義兄）で元外相の松岡洋石（一八八〇―一九四六）を総裁に担ぎ、岸を副総裁格として、翼賛政治会への不満分子をもれなく糾合する手筈であったらしいが、翼賛政治会首脳部や陸軍省軍務局軍務課長の赤松貞雄大佐（一九〇〇―一九八二）ら陸軍部内の東条残党の妨害工作もあって、所属議員は発足時二五名、最大で三一～二名にとどまっている[22]。

かくして船出した護国同志会は、貴族院議員の南次郎予備役陸軍大将を総裁とする主流派の「大日本政治会」（三月三〇日翼賛政治会を再編）とは明確に一線を画すこと――中谷および大木操の「日記」（四月一～三日）によれば、岸は南より同会の幹事長就任を要請されたが中谷ら同志たちの強硬な反対で断っている[23]――で結束を固め、小磯内閣に代わり成立（四月七日）した鈴木貫太郎内閣を倒壊させ、小山亮いうところの「重大ナル時局」を「本当ニ担当ノ出来ル内閣」すなわち岸救国内閣[24]を現出させるべく、院内外で盛んに活動した。もとより彼らの望んだ「救国」とは「終戦」ではなく、あくまで「必勝不敗の体制を確立す」るための、小手先でない「戦争政治の全面的刷新」（護国同志会「政策大綱」）を意味するものであったが[25]。

正式な政治結社（一九四五年四月一九～二〇日届出）としては認められなかったものの、政府との徹底的な対決姿勢を以て議会に臨んだ護国同志会の意気は高く、衆議院戦時緊急措置法案委員会（第八十七回帝国議会、六月一一日）では、小山亮が鈴木貫太郎首相（一八六八―一九四八）の施政方針演説（六月九日）のなかの「私ハ曾テ大正七［一九一八］年……［太平洋で日米が戦えば］必ズヤ両国共ニ天罰ヲ受クベシト警告シタ」との回想を取り上げ、これが宣戦の「詔書」（一九四一年一二月八日）冒頭の「天祐ヲ保有シ万世一系ノ皇祚ヲ践《ふ》メル大日本帝国天皇」に背馳していると非難・追求した[26]。それに対し鈴木が「天祐ヲ保有」するという言葉の意味については学者の間にも非常に議論がある云々との答弁をしたことから議事は紛糾、元から議会の開催に反対であった米内光政海相がこの件での会期延長を不服として辞意を漏らすなど、鈴木内閣は一時総辞職を視野に入れるところまで追い込まれたという[27]。

該委員会における中谷の発言（六月一一日）もみておこう。

> 私ハ護国同志会ヲ代表シテ、本法案［政府提出「戦時緊急措置法案」］ニ反対ノ意思ヲ表明シタイト思フノデアリマス、即チ本案ヲ否決スベシトスルモノデアリマス、本法提案ノ理由ハ、現下ノ非常事態ニ対処シテ、戦力ノ集中発揮ニ必要ナル事項ニ関シ、他ノ法令ノ規定ニ拘ラズ、応

急適切ナル各般ノ措置ヲ講ジ、以テ国家ノ危急ヲ克服セントスルニアリマシテ、其ノ趣旨ニ於テハ私共モ必ズシモ異ヲ立テル積リデハアリマセヌ、併シナガラ本法案ノ内容ハ極メテ広汎且ツ重大デアリ、実質ニ於テハ全権委任法トモ称スベキモノデアリ、其ノ効果ニ於テハ、戒厳ニモ匹敵スベキモノデアリマス、随テ一歩是ガ運営ヲ誤ランカ、狂人ガ殺人剣ヲ振フニ等シク、国家トシテハ洵《まこと》ニ由々シキ事態ヲ招来スルノ虞《おそれ》ナシトシナイノデアリマス、……戦ヒニ勝ツノ要訣ハ民意ノ暢達ニアリ、古往〔ママ〕今来国民ノ信頼ト全幅的協力ナクシテ戦争ニ勝チタル例シ〔ママ〕ハナイノデアリマス、今次世界大戦ニ於ケル「ファシズム・イタリー〔一九四三年九月八日無条件降伏〕」「ナチス・ドイツ〔一九四五年五月七日無条件降伏〕」ノ覆轍《ふくてつ》ハ、昭々トシテ之ヲ示シテ居ルノデアリマス、……［28］

三　戦後保守政界のなかで——民族と政治社、日本アラブ協会

一九四五（昭和二〇）年九月二日、鈴木内閣を「イタリアの降伏内閣であったバドリオ内閣に擬」して護国同志会の同志たちとともに「降伏阻止の努力」を続けて来た中谷武世の営為［29］もむなしく、ポツダム宣言を受諾（八月一四日）した大日本帝国は正式に降伏文書に調印した。

……八月十五日正午、予定通り天皇の終戦に関する玉音放送が行われた。これで万事窮すで

あった。……一瞬の茫然自失から、意識が戻ったとき、滂沱《ぼうだ》たる涙が流れ出した。歔欷《きょき》の声が起りやがて慟哭に変った。人皆声を挙げて泣いた。一億の慟哭が始まった。非国民以外はすべて泣いた。家庭で、会社で、工場で、そして宮城前で、靖国神社前で。一億皆慟哭した。民族の慟哭である。護国同志会の事務員で宿舎が焼けたため私の世田谷の宅で起居して居た三人の女性も床に伏して号泣した。私も彼女等の号泣の声を聞いている中に、万感胸に迫って、涙せき敢えず、声を放って慟哭した。〔30〕

ほどなく連合国軍最高司令官総司令部（ＧＨＱ）による占領統治が開始される。敗戦の衝撃にうちしおれる暇もあらばこそ国家再建に向けて新たな闘志を燃やした中谷は、前述（本書60～64頁）の通り衆議院予算委員会（第八十九回帝国議会、一二月八日）においてポツダム宣言の履行と憲法改正に関する政府（幣原内閣）の所信を質し有名な「松本四原則」を引き出した〔31〕のち、議会解散（一二月一八日）を受けて、五ヶ月以内に実施される第二十二回総選挙（一九四六年四月一〇日）に出馬すべく準備に取りかかった。戦後初となる国政選挙で「敗戦日本の政治家」〔32〕としての責と今後の復興を担うに値するか否かの信を堂々問う所存であった。

だが、おりしも発令された「昭和二十一年勅令第百九号（昭和二十年勅令第五百四十二号『ポツダム』宣言ノ受諾ニ伴ヒ発スル命令ニ関スル件ニ基ク就職禁止、退官、退職等ニ関スル件）」（一九四六年二月二八日公布即日施行）いわゆる「公職追放令」によって、「連合国総司令部発日本政府宛昭和二十一年一月四日附覚書 公務従事ニ適セザル者ノ公職ヨリノ除去ニ関スル件」の「附属書Ａ号」に示され

改進党時代の中谷と重光葵
［中谷家所蔵］

た追放項目「C項／極端ナル国家主義的団体、暴力主義的団体又ハ秘密愛国団体ノ有力分子」および「D項／大政翼賛会、翼賛政治会及大日本政治会ノ活動ニ於ケル有力分子」の該当者に指定され、議員を失職、同時に一切の公職に就くことを禁じられてしまう[33]。

雌伏の五年数ヶ月[34]を経てようやく追放解除（第二次、一九五一年八月六日）となった中谷は、早速に政治活動を再開し元外相で降伏文書調印時の政府全権もつとめた重光葵（一八八七—一九五七）を総裁とする新党「改進党」（一九五二年二月八日結党）に準備段階から参加、中央常任委員に就任する[35]。同党から第二十五回（一〇月一日）、第二十六回（一九五三年四月一九日）と続けて衆議院議員総選挙に立候補（和歌山県第一区、定員三名）したが、いずれも下位で落選している[36]。時代思潮・価値観の急激な転換期にもかかわらず両選挙ともかつて翼賛選挙で当選した時と大差ない一万七、〇〇〇票前後は得ており、郷党における一定の支持基盤の固さがうかがえるが、選挙権年齢の引き下げ（満二五歳→満二〇歳）や婦人参政権（女性参政権）を認めた新選挙制度のもとでの有権者数の増加に伴う法定得票数には達しなかった。

その後は、「吉田［茂、一八七八—一九六七］打倒という最大公約数達成のため」[37]に結束した鳩山一郎、岸信介、三木武吉（一八八四—一九五六）らの「日本民主党」（一九五四年一一月二四日結党）に改進党もろとも参加、相談役に就任する。しかして第一次鳩山内閣（一二月一〇日成立）の与党となった同党から第二十七回総選挙（一九五五年二月二七日）に出馬したが、三たび落選[38]。これを機に中谷は議席獲得を諦め、以降は自身の主宰する雑誌『民族と政治（*The Nation and Politics.*）』（一九五二年八月創刊）[39]を通じて、院外から、自由党と日本民主党の合同[40]によって誕生した「自由民主党」（一九五五年一一月一五日結党）を遊撃支援することに意義を見出すようになる。とはいえ政界復帰の夢は断ちがたく、第二十八回総選挙（一九五八年五月二二日）に無所属で出馬したが、これもあえなく落選している[41]。

『民族と政治』第251号（1976年7月）表紙

『民族と政治』第372号（1987年9月）表紙

『民族と政治』は、「他国の領土と人民をその意志に反して支配することは、その経済的たると軍事的たるとを問わず、植民地主義であり、帝国主義であることに間違いない」とする「国際政治学のいろは」[42]および「いかなる善政でも外国人による政治は堪えられない」とする「近代民族主義のいろは」[43]に則って、事実外国の占領統治下で成立した「日本国憲法」の破棄と自主憲法の制定を至上命題に掲げ、いわゆる進歩的な戦後思潮に言論を以て公然と対峙した。

> ……私共が昭和六、七年頃から昭和十二、三年頃まで、国民思想研究所を作り、「国民思想」〔カギカッコママ、以下同〕という雑誌を出していたんです。この「国民思想」がやがて「維新」

という雑誌になり、戦争で中絶、現在の「民族と政治」はいわばその復活です。[44]

須崎慎一の調査[45]に依れば、同誌には創刊号から第三四三号（一九八四年一二月）までの間に、一〇三回（概算、以下同）の福田赳夫を最多として保守政界の有力者の名前――中曽根康弘が七〇回、岸信介が三七回、三木武夫（一九〇七―一九八八）が三五回、田中角栄（一九一八―一九九三）が一六回、佐藤栄作（一九〇一―一九七五）が一〇回、竹下登（一九二四―二〇〇〇）が八回、大平正芳（一九一〇―一九八〇）が六回、宇野宗佑が六回、鈴木善幸（一九一一―二〇〇四）が四回など――が繰り返し登場（ほとんどが中谷との対談記事）しており、その様相はさながら政権与党の準機関誌であった[46]。それゆえ、第二次岸内閣当時、同誌の発行元である「民族と政治社」に対して内閣関係の報償費・情報調査委託費の一部が流れているのではないかと参議院で日本社会党の吉田法晴（一九〇八―一九八一）より質疑が為された（一九五九年三月二七日）こともあった。無論政府側は否定しているが[47]。

ことほどさように中谷と自民党（就中岸とその後継者であった福田のライン）との結び付きは強く、結党早々に設置された憲法調査会――翌一九五六（昭和三一）年六月一一日に設置された内閣憲法調査会とは別組織――の委員を委嘱されるほどであった[48]が、時として彼は、創立時の理念を忘失したかのような党内の動向を痛切に憂えている。幾つか例を挙げてみよう。

ここで私共は端なくも想起する――あの安保騒動に際し、怒涛の如き容共勢力の大攻勢に抗して岸内閣が新安保条約の成立に必死となつて闘いつつあるとき、党内実力者の一部が背後より岸内閣の足を引っ張り、容共勢力に呼応するが如き動きを示す事実があったことを。……社会党に対する利敵行為は、結局ソ連中共に対する利敵行為となる。とすると、これは実力者による寡頭専制が近代政治に逆行するということ以上に、まこと由々しき大事である。党員諸君は一体此の事実をどう見て居るのであろうか。[49]

天皇主権から人民主権へ、マッカーサーによる国体革命。その結晶は占領憲法。占領憲法の擁護は国体革命の容認。国体革命の容認は伝統的観念からいえば乱臣賊子である。……岸さん、佐藤さん、そして自民党代議士諸君、乱臣賊子の汚名を永く後毘《こうび》に伝えていいのかどうか。……兄［岸］は改憲の急先鋒、弟［佐藤］は平和憲法擁護者、兄は豊臣、弟は徳川の真田家兄弟の使いわけでもあるまいが、日本を本質的に大阪城の運命にしてはなるまい。[50]

佐藤栄作、田中角栄と（『民族と政治』誌上対談時、1960~70年代）［中谷家所蔵］

鳩山、岸、三木武吉等の人たちによってつくられた自民党というものは、占領政策是正、自主憲法制定のためにできた政党なんです。その党の綱領即ち党是を無視して占領憲法護持を国会で繰り返し言明し「改憲を求める閣僚は去って貰う」とまでいっている。即ち総理〔鈴木善幸〕や官房長官〔宮沢喜一（一九一九―二〇〇七）〕が公然と反党行為をやっている。これが政党政治、議院内閣制の姿かといいたい。〔51〕

東西冷戦下の大局的見地から「反ソ／反共」と「親米」を自身の政治的旗幟とした岸信介〔52〕に理解を示して無暗な「反米」言説は控えた中谷〔53〕も、こと「改憲」に関しては、いかに煙たがられようと一切妥協をみせなかった。それだけに、陸上自衛隊市ヶ谷駐屯地において東部方面総監の益田兼利陸将（一九一三―一九七三）を人質に取り憲法改正とそのための自衛隊の蹶起を訴えたのち自決した三島由紀夫（本名平岡公威、一九二五―一九七〇）のことは、立場や方法論の違いを超えて理解を示している。

端的に言って、今度の三島氏の行動は、戦後日本、言い替えると占領下の日本――その占領というものが精神的に今もまだ続いていますが――、占領政治下の日本、虚妄の日本にぶつけた死をもってする一つの大きな抗議であったということです。……三島事件の以前と以後とでは自衛隊の本質が全く変わった。三島氏の精神、彼の檄文が訴えた思想はあの壮烈な死を通じて今や自衛隊員の心に急速に育ちつつあると私は思います。〔54〕

なお、戦後の中谷は、保守政界のみならず財界ともパイプを築いており、三菱電機社長等を歴任し日本政府首席代表として「日本国と大韓民国との間の基本関係に関する条約（日韓基本条約）」の締約（一九六五年六月二二日署名）にも携わった高杉晋一（一八九二—一九七八）や、三井グループの江戸英雄（一九〇三—一九九七）、フジサンケイグループの鹿内信隆（一九一一—一九九〇）らと親しく交際している。民族と政治社や後述の日本アラブ協会の経営を安定的に維持するためには、時にこうした人々の助力と支援を仰ぐ必要もあったことだろう［55］。

インド政府主催晩餐会（於ニューデリー 大統領官邸、1957年5月23日）にて、右より3人目岸信介、ネルー、左より2人目中谷［中谷家所蔵］

さて、一九五七（昭和三二）年五月、中谷は、同年二月二五日に首相に就任した岸信介のアジア諸国歴訪に同行する［56］。インド、パキスタンでの歓迎行事に出席しインド共和国初代首相のネルー（Jawaharlal Nehru, 1889-1964）ら複数の要人と言葉を交わすなどしたのち、イスラエル寄りのアメリカへの訪問を翌月に控えあまり表立ったこと（親書等）の出来ない岸の内意を受けて［57］、同じく首相一行に加わっていた下中弥三郎、中曽根康弘衆議院議員［58］とともに西アジア—中東・アラブ世界に向かう（五月二九日）。道中中谷は、硬骨のアナキストとして知られた石川三四郎（一八七六—一九五六）が大正期に提唱した日本—ヒッタイト民族同根説あるいは

カイロにて、左より下中弥三郎、中曽根康弘、ナーセル、中谷（於カイロ ナーセル私邸、1957年6月6日）［中谷家所蔵］

前述スメラ学塾などが戦時期盛んに唱道した日本―シュメール民族文化起源説を、自論を交えて連れの二人に熱心に説明――Hatti（Hittite）の音は「日の後《ひのあと》」（天孫後裔の意）または歴代天皇の「仁《ひと》」に通じる。Šumeru（Sumer）の音は「皇《すめら》」に通じる。スサノオ（素戔嗚、須佐之男）の「スサ」はイランの古代都市Shush（Susa）に由来する。等々――したという[59]。

一行は彼の地で、パフラヴィー朝イラン首相のエクバル（Manuchehr Eqbal, 1909-1977）、シリア共和国大統領で翌年エジプトとの合邦（アラブ連合共和国、二月二二日成立）にふみ切るクワトリ（Shukri al-Quwwatli, 1891-1967）、エジプト共和国大統領で汎アラブ主義の熱心な唱道者でもあったナーセル（ナセルともGamal Abdel Nasser, 1918-1970）といった政治的指導者たちと次々に会談した[60]。後に中曽根は、この時の三人の行動こそ「或る意味に於いては日本のアラブ・中近東外交の始まりではなかったか」[61]と述懐している。

就中ナーセルは「[日本人は]日露戦争でロシアを破ったじゃないか」[62]と遠来の客を歓待し、みずからも「[アメリカ]第六艦隊の威力も、……アラブ民族主義を破ることは出来ぬ」[63]と昂然その意気を示した。懇談のなかで、中谷、下中、中曽根はそれぞれに、現在計画中のアスワン・ハイ・ダムは日本の技術資本を中心にアジア・アフリカ諸国が協同で建設してはどうかと提案し、ナーセルを少なからずその気にさせたという。じっさいに、ナーセルは同年一〇月にダム委員会の幹部三名を日本に派遣し、日本政府もまた翌年一月に元経済審議庁（企画庁）長官の高碕達之助（一八八五—一九六四）を団長とする経済調査団七名をエジプトに派遣——中谷も団員に選ばれナーセルと再会（一八日）——し、相互に実現の可能性を模索している［64］。しかし、技術面はともかく、当時の日本の経済規模では構想はやはり遠大に過ぎ、ダムは結局、ソ連の借款と技術供与のもとで建設される（一九六〇年一月九日着工）こととなった［65］。

一九五八（昭和三三）年九月一三日、中谷は、「水のダムは出来なかったけれども、人のダムをつくろうじゃないか」とナーセルの信頼に応えるかたちで、下中、中曽根、高碕達之助らとともに「日本とアラブ諸民族との親善友好関係の増進と、文化交流、経済提携の推進に協力し、アジア・アラブ諸民族の繁栄興隆と世界の平和に寄与すること」等を定款に謳った国際親善団体「日本アラブ協会」を発足させる［66］。初代会長には日本商工会議所会頭の足立正（一八八三—一九七三）が就任したが、同人が「日本イスラエル協会」（一九五二年設立）の理事を兼任していたことから「アラブ諸国に対して好もしからぬ印象を与え駐日アラブ諸国の大公使からもその意味のことが我が外務当局にも示唆せられ」［67］たため、顧問の下中が第二代会長となり（一〇月）、中谷は理事長として会務全般を掌理することとなった。

日本アラブ協会は、機関誌季刊『アラブ』を発刊（一九六四年七月創刊）し、「随時アラブ事情紹介のパンフレットの配布、駐日アラブ外交使節団との交流、アラブ圏諸国への調査員の派遣等」を行い、

サーダートとの会見（於ギザ 大統領公邸、1977年5月7日）［中谷家所蔵］

一般向けのアラビア語講座、アラブ夏期大学、アラブ・セミナー等、各種の事業を意欲的に展開し現在に至っている〔68〕。

中谷もまた協会の事実上の代表――一九七四（昭和四九）年三月には下中弥三郎、赤城宗徳、元外務次官・駐英大使の松本俊一（一八九七―一九八七）に続いて第五代会長に就任――として、在りし日猶存社に参加してより幾度となく想いをはせたアジアの涯《はて》すなわち「チグリス・ユフラテ〔ママ〕ス河の平野を流るゝ所、ナイル河の海に注ぐ所、即ち黄白人種の接壌する所」へ、はてはアフリカ大陸北岸へと老軀を押して精力的に赴いた〔69〕。例えば、一九七一（昭和四六）年一月二二日には、パレスチナ解放機構（PLO）執行委員会第三代議長のアラファト（Yasser Arafat, 1929-2004）とアルジェの大統領迎賓館で対面、同人がこれまで実践して来た「パレスチナ解放の戦い」に満腔の理解を示すとともに自分も「日本人の心の中に在るアメリカの基地、アメリカの精神基地を粉砕す」る戦いを続けていることを述べて意気投合し、以来PLOの幹部たちと機会あるたび会談を重ねた〔70〕。また一九七七（昭和五二）年五月には、協会顧問であった福田赳夫首相の特使としてエジプト・アラブ共和国――シリアの連合離脱（一九六一年九月二八日）を経て国名を変更（一九七一年九月二日）――を訪問、ナーセルの後を継いだサーダート大統領（サダトともMuhammad Anwar el-Sadat, 1918-1981）に親書を手交して早期の訪日を要請した[71]。更に一九八四（昭和五九）年一一月一日には、やはり協会顧問の中曽根康弘首相の依頼により政府特派大使としてアルジェリア革命三〇周年記念式典に参列した[72]。こうした活動について彼は、

> 大川〔周明〕さんも、北〔一輝〕はもちろん、満川〔亀太郎〕、みなアラブの土地は踏んでおらん。嶋野〔三郎〕さんと僕とだけが、〔旧猶存社同人のなかで〕アラブの土地を踏んでおる。[73]

と誇らしげに語っている。

他にも連絡調整役《シヴィリアン・リエゾン・オフィサー》として、中谷─日本アラブ協会の存在はさまざまな外交局面で重宝[74]された。エジプト、シリア両軍のイスラエル軍への奇襲に始まった第四次中東戦争（一九七三年一〇月六日勃発）に際しては「中谷氏は政界最高レベルとの連絡を密にし、日本の朝野にアラブの大義を確認宣明すべきことを訴え、日本がアラブ世界に対して更に一層緊密なる提携を強化し、理解を深めるよう働きかけ」たと駐日エジプト・アラブ共和国大使館より公式に感謝されている[75]。また日本赤軍によるダッカ日本航空機ハイジャック事件（一九七七年九月二八日発生）のさい、福田赳夫内閣の官房長官で協会発起人の一人でもあった園田直（一九一三─一九八四）は、犯人グループを受け容れたアルジェリア民主人民共和国政府──当時日本とは実行犯の相互引き渡し等を定めた「航空機の不法な奪取の防止に関する条約」を締結していなかった──との交渉に関して、

政府としては外交ルートを通じ、あるいは日本アラブ協会を通じ、あるいはその他の方法を通じて、これにいろいろ折衝をする計画を進めております。[76]

と国会で答弁している。

日本における「アラブ通」の第一人者として国内外からその功績を高く評価[77]された晩年の中谷は、数々の栄典に浴し、心の盟邦というべきエジプト・アラブ共和国からは駐日大使を通じて「共和国最高勲章（وسام الجمهورية من الدرجة الأولى / Wisam algomhoreya min aldaraga aluula）」（一九七四年五月二三日、勲記は一月一九日）を、出身の和歌山県からは「昭和五十八年度 和歌山県国際文化功労賞」（一九八四年二月一八日）を、日本国からは「勲一等瑞宝章」（一九八六年一一月五日）を授かっている。わけても最晩年、満八八歳での叙勲は感無量であったようで、祝賀会（一九八六年一一月二六日）の席上、北一輝、大川周明の名を挙げ、自身の今日までの歩みは総じて「猶存社宣言に感奮した時［本書33、34頁］以来の延長」であったことに改めて言及した上で、

今回、私の叙勲を通じまして私共の努力が国家によって承認せられました。私共はこれを契機として更にこの日本の大義とアラブとの大義の結合に努めて行きたい。日本の悠久の大義のために南太平洋の波に多くの青年が沈んで行った。又アラブの大義の実現のために、多くのパレスチナの青年、アラブの青年達が死んで行っております。このアラブの大義と日本の悠久の大義との結合、それを一本の絆でつないでおる。僭越ながら中谷武世はその一本の絆であると信

じております。そしてなお今後とも、老躯に鞭打ちまして、世界の真の平和の前提である中東和平の実現のために、特にパレスチナ人の固有の権利を回復しパレスチナ独立国家を建設するために、私の生のあらん限りこれに協力して行きたいと存じております。

と述べ、戦前同様、一国ナショナリズムの枠組を超えた、「日本の民族主義とアラブの民族主義との連結」にあくなき意欲を示している[78]。

日本政府の公式な招待により二度目の訪日を果たしたアラファトの宿舎を表敬訪問（1989年10月1日、翌々日には日本アラブ協会創立30周年記念祝賀会・PLOアラファト議長歓迎会に揃って出席）、左は小池百合子［中谷家所蔵］

一九九〇（平成二）年八月下旬、前年に畢生の大著『昭和動乱期の回想 中谷武世回顧録』（泰流社、一九八九年三月刊）を完成させた中谷は、糟糠の妻セイと伊豆を旅行中突如倒れ、慶應義塾大学病院に緊急入院した。おりしも中東・ペルシャ湾岸では、サッダーム・フセインイラク大統領（Saddam Husayn, 1937-2006）の命を受けた共和国防衛隊のクウェート侵攻（八月二日）により緊張状態が高まり、同国在住の外国人の一部（日本人も含む）が「人間の盾」として拘束される（一八日 イラク当局発表）という事案が発生する。日本アラブ協会事務局長として人質解放に向けて独自に動いていた小池百合子［79］から、見舞いかたがたその件で報告と相談を受けた中谷であったが、重篤の身では如何ともし難かった。

「日本のやるべきことを泰然としてやれ。ガタガタするな。アメリカの言うがままでは日本民族の自主性はない」

これは当協会の創始者の一人で、昭和四十九年以来十六年間に渡って会長を務めてきた故中谷武世会長が残した私への遺言である。……バグダッドへ出発直前、病床の会長を見舞った際、会長は言葉なく、ただ私の手をぐっと握られた。九二歳、それも死の瀬戸際にある老人の力とは思えない力強さであった。きっと、その冒頭の言葉を手で伝えようとされたに違いない。［80］

九月初頭に退院するも回復の見込みは立たず、遂に一〇月二四日、「もうあかんな」と一言声を発し、中谷武世は、世田谷の自宅にてその波乱に満ちた生涯を終えた。行年満九二歳。

翌日の『産経新聞』（東京版）には次のような訃報記事が掲載された。

中谷武世氏（なかたに・たけよ＝日本アラブ協会会長、元衆議院議員。中谷昭世・サンケイリビング新聞社取締役相談役、中谷英世・東京ハイビジョン社長の父）二十四日午前七時五十五分、老衰のため東京都世田谷区代田三ノ二二ノ七の自宅で死去、九十二歳。和歌山県出身。葬儀・告別式は二十六日午後一時半から東京都文京区大塚五ノ四〇ノ一、護国寺桂昌殿で。喪主は妻、セイさん。東大法学部卒業。法政大学教授、衆議院議員などを経て日本アラブ協会創立とともに理事長。昭和四十九年から同協会会長を務めた。主な著書に「アラブと日本《〔カギカッコママ〕》――日本アラブ交流史」など。勲一等瑞宝章受章。[81]

神式で執り行われた葬儀には福田赳夫、中曽根康弘、宇野宗佑といった首相経験者やエジプトをはじめ中東・アラブ諸国の大公使など、千人に及ぶ弔問客が訪れ、祭壇は現職首相の海部俊樹（一九三一―）、外相の中山太郎（一九二四―）、自由民主党幹事長の小沢一郎（一九四二―）、既に病床にあった安倍晋太郎など、各方面から贈られた三百以上の献花で埋め尽くされたという[82]。

没後公開された遺稿（一九九〇年八月二〇日了）の末尾は、

こと中東和平に関しては、イスラエルに近いアメリカの態度に協力すべきではないと思う。中東和平達成と難関を突破するためにも、日本としてはエジプトのムバラク大統領〔Hosni Mubarak, 1928-2020〕が、イラク軍突入当時一時構想したような「アラブは一つ」の連合国に構想されるべきではないかと思う。この構想はかつてエジプトのナセル大統領が構想した「大アラブ主義」にちかいものであって、アラブの中心派、穏健派、双方を含めて文字通り「アラブは一つ」を実現出来ると思うが、読者諸賢のお考えは如何なものであろうか。[83]

と、最後まで「一体としての亜細亜《アジア》の自覚」[84]――"Ajia is one Nationality." に則った、確信的主張で結ばれていた。

注

1 中谷武世「巻頭言／今ぞ起て亜細亜《アジア》民族！」（『大亜細亜《アジア》主義』第一〇五号、一九四二年一月）。同前掲『戦時議会史』六～一一頁。同前掲『昭和動乱期の回想』七二四～七二九頁。

2 中谷武世「亜細亜《アジア》の解放と世界維新――解放戦並に建設戦としての大東亜戦争」（『大亜細亜《アジア》主義』第一〇五号、一九四二年一月）二、六頁。

3 岸、中谷前掲「対談 東条内閣の商工大臣時代の回想」五八頁。中谷前掲『昭和動乱期の回想』七三〇～七三三頁。

4 中谷前掲『昭和動乱期の回想』七三三頁。

5 「選良茲《ここ》に決定す」（『紀伊新報』一九四二年五月三日 一面）。朝日新聞社編・発行『翼賛選挙大観』（一九四二年五月）四七、一〇〇頁。衆議院事務局編・発行『第二十一回衆議院議員総選挙一覧』（一九四三年五月）三九一頁。中谷武世「民主党革新派の人と思想――政策一本に生きる新政治家群像」（『人物往来』第四巻第八号、一九五五年八月）一一三頁。同前掲『戦時議会史』八〇～九三頁。岸、中谷前掲「対談 東条内閣の商工大臣時代の回想」五八頁。因みにこの時の選挙では綾川武治も埼玉県第二区から立候補を届け出た（四月一〇日）が、翼賛政治体制協議会の推薦や有力者の支援を得る見込みが立たず、直後に取り下げている。木下前掲『近代日本の国家主義エリート』一四三頁。

6 「翼賛選挙を顧て下／期待はむしろ今後に――六議員に見る過渡的色彩」（『朝日新聞』和歌山版、一九四二

年五月六日 一面）。

7　「第一区当選者の抱負——文化工作に中谷武世氏談」（『朝日新聞』和歌山版、一九四二年五月二日 一面）。

8　中谷武世「天皇の御本質と天皇政治の本義（下）」（『国民思想』第二巻通第一三号、一九三三年七月）六〇頁。

9　「翼賛政治会役員名簿」（政府用紙、一九四二年五月二二日）＝JACAR Ref.A15060026000 第八画像。前掲『翼賛選挙大観』四七頁。翼賛政治会編・発行『昭和十七年度 翼賛政治会の概況』（一九四三年六月）一一三頁。衆議院事務局編・発行『自第一回帝国議会至第九十二回帝国議会 衆議院議員党籍録』（一九五七年四月）四三五、四四一、四四六、四五二、四五八、四六四頁。中谷前掲『戦時議会史』九四～九八頁。

10　「昭和十八年一月三十日開議 第八十一回帝国議会 衆議院議事速記録第六号 市制中改正法律案外四件 第一議会」（『官報号外』一九四三年一月三一日）九六、九七頁。中谷前掲『戦時議会史』一一七～一二八頁。「議政壇上を飾った名演説『政《まつりごと》は須く独断を避けて衆議に依るべし』——中谷武世―軍部独裁を批判し予算審議中に〝懲罰召集〟」（『国会画報』第四六巻第一二号、二〇〇四年一二月）一四～一六頁。

11　銀行問題研究会編・発行『解説附 第八十八十一議会新法律（昭和十七年度昭和十八年度）』（一九四三年八月）一五四、一五五頁。船田中『戦時産業叢書第四輯／決戦議会の成果』（川崎商工会議所、一九四三年八月）二五、二六頁。

12　中谷前掲『戦時議会史』一二九～一五〇頁。政務調査会・役員会と同日午後に行われた翼賛政治会の代議士会総会では、戦時刑事特別法中改正法律案委員長の浜野徹太郎（一八八五―一九七四）が同委員会における法案の審議経過と結果について「反対乃至修正意見が多数」であったにもかかわらず「大多数が原案賛成」と報告したため、同委員の真崎勝次（一八八四―一九六六）などから口々に疑義が呈され、審議差し戻しを求める声で会場はたちまち騒然となったという。その場の様子を中谷は次のように活写している。「此の空気を見て突如、津雲（国利）総務［一八九三―一九七二］が役員席から起ち上って代議士席の一番前の席近くまで歩み寄り、大手をひろげて、『そういうことは此の俺が許さん』と大声叱咤したので、『俺が許さんとは何を生意気な、先ず津雲をやっつけろ』という叫びが揚がり（これは実は私［中谷］が叫んだのだが）、これに応じて十数人の代議士が津雲を目がけて突進した。会場は全員総立ちとなり、守衛が素早くスクラムを組んで津雲を護衛したが、これに対し木村武雄の如きは椅子を踏み台にして守衛の頭上を越えて、津雲に向ってダイビング攻撃を試みるなど、代議士会は全く収拾のつかぬ混乱状態となり、代議士会長の小泉又次郎［一八六五―一九五一］は茫然なすところを知らず、ただ小声で『静粛に静粛に』を繰り返すだけであった。……」。

13 三田村武夫『警告の記録 中野正剛自刃二〇周年に当って』（政治科学研究所、一九六三年一〇月）七三頁。中谷前掲『戦時議会史』一五〇～一五五頁。保阪正康『昭和史忘れえぬ証言者たち』（講談社、二〇〇四年一二月）七七頁。

14 「昭和十八年二月二十六日開議 第八十一回帝国議会衆議院 市制中改正法律案外四件委員会議録（速記）第十四回」（衆議院事務局、一九四三年二月二六日 発行）二三八頁。「昭和十八年三月八日開議 第八十一回帝国議会衆議院 戦時刑事特別法中改正法律案委員会議録（速記）第十四回」（衆議院事務局、一九四三年三月八日 発行）二二三頁。

15 赤城前掲「東条退陣と安保騒動」一九、二〇頁。

16 秦前掲『昭和史の軍人たち』五二頁。

17 これについて、中谷の次男昭世は「父の帰宅は深夜がつねで、それから夜明け近くまで、原稿書きや読書をしていたようです。父はこの夜型人間を死ぬまで通したのですが……」と述懐している。中谷昭世「追悼――中谷武世／父を語る」（季刊『アラブ』第五六号、一九九一年三月）四頁。

18 中谷前掲『戦時議会史』二六九～二七五頁。前田英昭「研究ノート 国会議員の二つの応召義務」（『政治学論集』第五二号、二〇〇〇年一〇月）五八～六一頁。前掲「議政壇上を飾った名演説『政《まつりごと》は須く独断を避けて衆議に依るべし』」一六、一七頁。

19　中谷前掲『戦時議会史』二七〇頁。

20　前掲『自第一回帝国議会至第九十二回帝国議会 衆議院議員党籍録』四六五、四七〇、四七一、四七六、五六五、五六六頁。衆議院・参議院編『議会制度七十年史 政党会派編』（大蔵省印刷局、一九六一年三月）六四八〜六五〇頁。大木操『大木日記――終戦時の帝国議会』（朝日新聞社、一九六九年九月）二三三、二三六、二四三、二四四、二四六、二五〇〜二五四頁。中谷前掲『戦時議会史』二七五〜三〇〇頁。前掲『岸信介の回想』七〇〜七四頁。中谷前掲『昭和動乱期の回想』一九四頁。東中野多聞「岸信介と護国同志会」（『史学雑誌』第一〇八編第九号、一九九九年九月）六九〜七二頁。横関至「農民運動指導者三宅正一の戦中・戦後（下）」（『大原社会問題研究所雑誌』第五六〇号、二〇〇五年七月）五一〜五三頁。長谷川隼人『岸内閣期の内政・外交路線の歴史的再検討――「福祉国家」、「経済外交」という視点から』（一橋大学博士学位論文、二〇一五年三月）四〇、四一頁。護国同志会には他にも、木村武雄、池田正之輔（一八九八―一九八六）、浜田尚友（一九〇九―一九八八）、左派労農運動出身の杉山元治郎（一八八五―一九六四）、川俣清音（一八九九―一九七二）、三宅正一（一九〇〇―一九八二）、前川正一（一八九八―一九四九）などが参加した。

21　岸、中谷前掲「対談 東条内閣の商工大臣時代の回想」六〇、六一頁。

22　前掲『自第一回帝国議会至第九十二回帝国議会 衆議院議員党籍録』五九八頁。前掲『大木日記』二四六頁。中谷前掲『戦時議会史』二九一、二九二頁。鳥居民『昭和二十年 第一部＝3 小磯内閣の崩壊』（草思社、一九八七年九月）二八三〜三〇〇、三〇九〜三一二頁。

23　前掲『大木日記』二七五〜二七八頁。中谷前掲『戦時議会史』三〇一〜三一二頁。

24　「昭和二十年六月十一日開議 第八十七回帝国議会衆議院 戦時緊急措置法案（政府提出）委員会議録（速記）第三回」（衆議院事務局、一九四五年六月一一日発行）八頁。東中野前掲「岸信介と護国同志会」七九頁。

25 「護国同志会〔政治〕結社届出に決定」(『信濃毎日新聞』一九四五年四月一九日 一面)。中谷前掲『戦時議会史』三四四頁。東中野前掲「岸信介と護国同志会」七二〜七四、八二、八三頁。保阪前掲『昭和史 忘れえぬ証言者たち』七六頁。もっとも「黒幕的な存在」の岸は「護国同志会の諸君は最後まで戦うということだったけれども、……〔自分は〕戦争は早くやめなけりゃならないという意見だった」そうである。前掲『岸信介の回想』七〇、七四、七五頁。

26 前掲「昭和二十年六月十一日開議 第八十七回帝国議会衆議院 戦時緊急措置法案(政府提出)委員会議録(速記)第三回」四〜七頁。前掲『大木日記』二五三、二九九〜三〇三頁。東中野前掲「岸信介と護国同志会」七七〜八〇頁。

27 中谷前掲『戦時議会史』三四四〜三六六頁。鳥居民『昭和二十年 第一部=11 本土決戦への特攻戦備』(草思社、二〇〇三年一二月)一八〇〜一八六頁。

28 前掲「昭和二十年六月十一日開議 第八十七回帝国議会衆議院 戦時緊急措置法案(政府提出)委員会議録(速記)第三回」一一頁。中谷前掲『戦時議会史』三六七、三六八頁。

29 中谷前掲『戦時議会史』四八五〜四九〇頁。護国同志会員のなかには終戦/敗戦が日ごと現実味を帯びるに及んで、「こういうことなら東条内閣を倒すのではなかった。東条なら骨が砂利になっても最後まで抗戦を継続し、米英の軍門に降るようなことはしなかったであろう」と後悔する者もいたという。

30 中谷前掲『戦時議会史』五〇五、五〇六頁。

31 この時点で既に護国同志会は解散しており(八月一五日 届出)、中谷は一旦大日本政治会に合流した(議会総務に就任)のち、赤城宗徳、船田中、小山亮ら旧同志会の面々や黒沢酉蔵(一八八五—一九八二)、尾崎行雄、佐々井一晁など議員有志とともに院内交渉団体「無所属倶楽部《クラブ》」を立ち上げ(一一月二六日 届出)、世話人となっていた。その後黒沢、船田らを中心に「協同民主々義を政治原理とし、協同組合主義を経済組織原理」とする「日本協同党」が結党(一二月一八日)されると中谷もこれに参加、やはり世話人に選

出されている。議会政治研究会編『昭和二十二年 政党年鑑』（ニュース社、一九四七年三月）一三頁。前掲『自第一回帝国議会至第九十二回帝国議会 衆議院議員党籍録』四七七、四八一、四八七、五六七、五六八頁。中谷前掲『戦時議会史』四九〇、四九一、五三八、五三九、五四一頁。竹中佳彦「戦後日本の協同主義政党——協同主義の通俗化と分化」（『日本政治学会年報政治学 一九九八／日本外交におけるアジア主義』第四九巻、一九九九年一月）一七三、一七四頁。楠精一郎『昭和の代議士』（文藝春秋、二〇〇五年一月）九五、九六頁。

32 中谷前掲『戦時議会史』五三八頁。

33 「連合国総司令部発日本政府宛『公務従事ニ適セザル者ノ公職ヨリノ除去ニ関スル件』覚書附属書A号中C及Dノ各項該当者ノ範囲」（『官報』第五七二三号、一九四六年二月一三日）八六頁。「閣令／内務省令第一号 昭和二十一年勅令第百九号（昭和二十年勅令第五百四十二号『ポツダム』宣言ノ受諾ニ伴ヒ発スル命令ニ関スル件ニ基ク就職禁止、退官、退職等ニ関スル件）施行ニ関スル件左ノ通定ム」（『官報』第五七三六号、一九四六年二月二八日）二二六～二二八頁。前掲『昭和二十二年 政党年鑑』一三、二五～二七頁。中谷の正式な該当自由は「推薦［翼賛政治体制協議会］議員 行地社要財《〔ママ〕》者 大亜細亜《アジア》協会常任幹事 大日本青年党評議員」とされている。総理庁官房監査課編『公職追放に関する覚書該当者名簿／一般該当者名簿』（日比谷政経会、一九四九年二月）四二〇頁。

34 この期間中、中谷は友人の支援で和歌山市内に小さな建設会社を立ち上げ戦災からの住宅復興に取り組み、また郷里西脇野村の海岸（磯ノ浦）に海水浴場をつくり、村の復員青年たちに働き場を提供するなどしていたという。だがそれらの事業、特に後者の運営は容易ではなかったらしく、近隣一帯の闇市を実質支配する当時一般的に「第三国人」と呼ばれた在日外国人の集団から暴力的干渉——拳銃で脅しに来た一味の者が逮捕される事態にまで及んだ——を受け、元締めと直談判の上どうにか手を引かせるなど、それまでの人生では経験したことのない種類の苦難の連続であった。そうしたなかでも中谷は、捲土重来の時を期して「静かに世界情勢の推移を見、今後の国際政治の紛糾の中心は中東地域、即ちアラブに在ると見て、ひそかに中東アラブ情勢に注目を怠らなかった」という。中谷前掲『昭和動乱期の回想』八〇頁。

35 有楽散人「政界夜話 改進党を解剖する」(『実業之日本』第五五巻第六号、一九五二年三月一五日)四九頁。中谷武世「改進党談義——新党成立裏話」(『政界往来』第一八巻第四号、一九五二年四月)一〇二頁。増田弘「公職追放令の終結と追放解除(三・完)——一九四七年~一九五二年」(『法学研究——法律・政治・社会』第七一巻第三号、一九九八年三月)六二頁。

36 第二十五回では一六、六〇一票を獲得、一〇名中八位。第二十六回では一八、一六六票を獲得、八名中六位。衆議院事務局編・発行『第二十五回衆議院議員総選挙一覧』(一九五三年三月)六〇〇、六〇一頁。同『第二十六回衆議院議員総選挙一覧』(一九五三年一〇月)五九〇、五九一頁。

37 吉田一郎「この民主党人物地図——ひしめき合う寄合世帯」(『文藝春秋緊急増刊 戦後最大の政変』第三三巻第二号、一九五五年一月)一〇一頁。

38 一七、五一七票を獲得、六名中六位。衆議院事務局編・発行『第二十七回衆議院議員総選挙一覧』(一九五五年七月)四七六、四七七頁。

39 「昭和二十七年七月十二日 日本国有鉄道特別扱承認雑誌第二三二六号」として発刊。『民族と政治』の創刊時期について前掲『戦時議会史』、『アラブと日本』、『民族主義の基本的研究』、『昭和動乱期の回想』など中谷晩年の著作の巻末略歴では、いずれも一九五四(昭和二九)年八月となっているが、これは一旦刊行が中断したのちの復刊第一号のことであろう。同誌は一九五五(昭和三〇)年九月の復刊第三号より月刊となり、以降、中谷が没する前々月、一九九〇(平成二)年八月の第四〇四号まで刊行された。

40 いわゆる「保守合同」について、中谷は「保守合同の必要は既に常識だが、今日の日本の政界に必要なのは、寧ろ議員の質の向上と国会本来の機能の完全な発揮に適合するような政党分野の再編であり、矢部貞治博士の言葉を借りれば保守新生運動こそがより急務であって、此の意味に於ては保守二党論乃至中党分立論にも一応聴くべき論拠もあるようである」と慎重な意見を述べていた。中谷前掲「民主党革新派の人と思想」一一七頁。

41　一八、五六三票を獲得、六名中五位。衆議院事務局編・発行『第二十八回衆議院議員総選挙一覧』（一九五八年一一月）三六二、三六三頁。

42　「民族春秋」（『民族と政治』第八一号、一九六二年三月）八八頁。

43　中谷、神川前掲「対談 憲法改正の基本的論議」三一頁。

44　中谷、大熊前掲「対談 三島事件の本質をどう見るか（続）」五七頁、傍点引用者。

45　須崎前掲「現代日本の国家主義」一七〇頁。同前掲「戦後日本の保守思想と右翼的ナショナリズム」一二頁。

46　さりとて提灯記事満載のプロパガンダ誌というわけではなく、主宰者たる中谷の是々非々の編集方針のもと、「実力者［重宗雄三（一八九四―一九七六）］の『待った』で、新政防法［政治的暴力行為防止法］もオヂャン。総務会で決定したものが、実力者の一言で覆るんだから、大した近代政党である」、「国民の感覚とは完全に隔絶した閉鎖社会。その閉鎖社会の腐臭紛々たる土壌の上に咲いた陰花植物が、田中［角栄］金権政治」、「世論と権力を一番儲けた人、それは三木［武夫］首相。ロッキードのおかげで内閣の命が延びた」、等々、党重鎮に対する批判的な言説も随時掲載されていた。「民族春秋」（『民族と政治』第八一号、一九六二年三月）八八頁。「民族春秋」（『民族と政治』第二三三号、一九七四年一一月）一〇〇頁。「民族春秋」（『民族と政治』第二五一号、一九七六年七月）九六頁。中谷武世「巻頭言／日本の民族主義とアラブの大義との連結」（季刊『アラブ』第四九号、一九八七年三月）四頁。

47　「昭和三十四年三月二十七日開議 第三十一回国会 参議院会議録第二十号 治安対策に関する緊急質問」（『官報号外』一九五九年三月二七日）五一八～五二〇頁。

48　同委員会の出した中間報告（一九五六年四月二八日）には、「……現行憲法はわが国の主権が連合国最高司令官の制限の下に置かれていた時代に、国民が敗戦の結果全く虚脱の状態にある最中、占領軍司令部の強圧の下にその草案に従い、修正の自由なくして制定せられたものであるからわが国が独立を回復した今日、日本国民自らの手による自主的憲法を制定する必要があることは理論的にも、国民感情の上からも国家永遠の生命のためにも極めて当然である」等、所々に中谷の知見を取り入れた形跡がみられる。自由民主党編・発行『自由民主党党史 資料編』（一九八七年一月）五七二、五七三頁、傍点引用者。

49 中谷武世「巻頭言／党の近代化に逆行する寡頭専制——実力者の、実力者による、実力者のための政治」（『民族と政治』第八一号、一九六二年三月）五頁。

50 中谷武世「民族春秋」（『民族と政治』第一八八号、一九七一年二月）一一四頁。

51 中谷武世、細川隆一郎『政治改革のすすめ』（対談集、山手書房、一九八三年一一月）一一九頁。

52 五百籏頭真編『戦後日本外交史』（新版、有斐閣、一九九九年五月）九七～一〇四頁。鈴木宏尚「親米日本の政治経済構造、一九五五—六一」（『法政論集』第二六〇号、二〇一五年二月）二五八、二五九、二七四頁。

53 もとより彼自身が親米になることはなく、「日本の反米感情をかき立てるものは共産党にあらず、社会党にあらずして親米政治家、親米外交官であるといっても私は誇張じゃないと思う。ソ連なんかが一番ねらっておるのはこういう点なのです。政府や保守党が腰をシャンと立てて当然主張すべきものは主張するという態度をとってこそ国民を反米に追いやらんで済むのです」と折々『民族と政治』誌上で釘を刺すことも忘れなかった。同様に沖縄の米軍基地問題についても、「本来ならば日本民族、日本国民の失地回復運動として出てこなければならないのです。……本土でそれが燃え上らないものだから生活の最後の線まで追い詰められてきて、生存のための最後の抵抗として沖縄県民が立ち上っている」と述べ、戦後の日本全体に「強烈な民族主義の迫力がない」ことが「アメリカをして日本を見縊らせ」ていることを憂えている。中曽根、中谷他前掲「座談会 民族問題としての沖縄問題」三一、三三、三四頁。

54 中谷武世、大熊信行「対談 三島事件の本質をどう見るか」（『民族と政治』第一八七号、一九七一年一月）六〇、六一、六四頁。

55　中谷をして財界きっての「愛国者」と言わしめた高杉は、須崎慎一の調査に依れば、一九五六（昭和三一）年から一九七八（昭和五三）年六月六日に死去するまで、中谷との対談記事等で『民族と政治』誌上に七九回も登場している。中谷武世、細川隆一郎「対談 岸先生を偲んで——創立の目標を見失った自民党は解党すべし」（『民族と政治 岸先生追悼号』第三七二号、一九八七年九月）三六頁。須崎前掲「現代日本の国家主義」一七四頁。同前掲「戦後日本の保守思想と右翼的ナショナリズム」四五頁。他にも、高杉、江戸は日本アラブ協会の発起人に、江戸、鹿内は「［中谷武世の］米寿と叙勲を祝う会」（於ホテルオークラ、一九八六年一一月二六日）の発起人に名を連ねている。中谷前掲『アラブと日本』二七五頁。鹿内信隆「アラブ外交と二十一世紀への示唆」（季刊『アラブ』第四九号、一九八七年三月）一六頁。「日本アラブ協会会報」（前同）三七頁。

56　「中国の周恩来首相［一八九八—一九七六］、ソ連のフルシチョフ首相［Nikita Sergeyevich Khrushchev, 1894-1971］等が、インドを訪問して大歓迎を受けておるのに反し、同じアジアの日本の首相の訪問に際してそれより貧弱なインドの対応であっては一つの国辱だという考え」から、中谷は、下中弥三郎、高岡大輔衆議院議員（一九〇一—一九九二）とともにニューデリーに先行（五月一八日出発）し、かの国の政界要人にはかって首相一行がなるべく盛大に入国・滞在出来るよう種々の「準備工作」を行うかたわら、同地で十数年ぶりにプラタプと再会を果たした。中谷武世『民族の鼓動を聴きつつ』（民族と政治社、一九五七年一〇月）一〜九頁。中曽根康弘「アラブの指導者と下中翁」（『民族と政治』第八一号、一九六二年三月）五六頁。中谷武世「日本アラブ協会」（前掲『下中弥三郎事典』）二九三頁。同前掲『アラブと日本』三〜二三頁。同前掲『昭和動乱期の回想』八〇〜八三頁。

57　中谷前掲『アラブと日本』二〇頁。

58　出発に先立ち、岸は「中曽根さんを育ててくれ」と中谷に指南役を命じたという。中谷にとって中曽根は二〇歳も年少であったが、改進党に同籍して以来の政治的同志であり、「青年婦人層の間に、ソッポを向かせないで憲法改正論にも耳を傾けしむるだけの魅力と親近感を持ち合はす政治家は、彼以外に一寸見つからぬのである」とじっさい高く評価していた。中谷前掲「民主党革新派の人と思想」一一五頁。

59 石川三四郎『古事記神話の新研究』（三徳社、一九二一年四月）五九～六四、九一～九六頁。小島威彦『ナチス叢書／ナチス・ドイツの世界政策』（アルス、一九四〇年一一月）一一〇～一二一頁。同『学校及学問の歴史的意義』（スメラ民《みたみ》文庫編輯部、一九四一年一二月）三～七頁。中谷前掲『アラブと日本』二七、二八、三五、四二、四三、四八、四九頁。

60 エクバルとは五月三〇日に、クワトリとは六月三日に、ナーセルとは六月六日に会見。この間イラクにも滞在した（六月一日）が、親英的な国王・ファイサル二世（Fayṣal Ath-thānī, 1935-1958）のもとで「独立国とはいいながら属国的、植民地的雰囲気が濃厚で、民族意識も低調」とみた同国にはさほど感ずるところもなかったという。イラクでは翌年、汎アラブ主義を奉ずる急進将校たちによる軍事クーデターが勃発（七月一四日）し共和制に移行するが、その後は慢性的な政情不安が続くことになる。中谷前掲『民族の鼓動を聴きつつ』四九～五九頁。同前掲「日本アラブ協会」二九三頁。同前掲『アラブと日本』二四～五六頁。同前掲『昭和動乱期の回想』八三～九一頁。

61 中曽根康弘「アラブとの友好に尽された偉大な功績」（季刊『アラブ』第四九号、一九八七年三月）二〇頁。

62 中曽根前掲「アラブの指導者と下中翁」五六頁。

63 中谷前掲『民族の鼓動を聴きつつ』五九頁。

64 中曽根前掲「アラブの指導者と下中翁」五六～五八頁。中谷武世「アスワン・ハイダム 現地視察の想い出」（季刊『アラブ』第一号、一九六四年七月）二〇、二一頁。同前掲「日本アラブ協会」二九三頁。同前掲『アラブと日本』七五～一二八頁。同前掲『昭和動乱期の回想』九一、九二頁。中曽根康弘、中谷武世「対談 日本アラブ協会創立の契機となったナセル会談、ハイダムミッション当時を回想して」（季刊『アラブ』第五四号、一九八九年一〇月）一二～一四頁。

65　「第一期工事を終ったアスワン・ハイダム」（季刊『アラブ』第一号、一九六四年七月）一八、一九頁。

66　創立総会（発会式）にはアラブ連合共和国の工業大臣・シドキ（Aziz Sidqi, 1920-2008）が臨席した。「日本アラブ協会定款」（季刊『アラブ』第一号、一九六四年七月）四六頁。「日本アラブ協会会報／中谷会長にエジプト最高勲章授与」（季刊『アラブ』第二三号、一九七四年一一月）一八、一九頁。中谷前掲「日本アラブ協会」二九三、二九四頁。同前掲『アラブと日本』二七一～二七六頁。中曽根、中谷前掲「対談 日本アラブ協会創立の契機となったナセル会談、ハイダムミッション当時を回想して」一四頁。「日本アラブ協会の創立と沿革」（季刊『アラブ』第五六号、一九九一年三月）一九頁。

67　中谷前掲「日本アラブ協会」二九四頁。

68　中谷前掲「日本アラブ協会」二九四頁。同前掲『アラブと日本』二七七～三三六頁を参照。

69　大川周明、満川亀太郎「巻頭宣言」（『雄叫』第三号、一九二〇年一〇月）。中谷前掲『アラブと日本』「緒言 私の生涯を貫く民族運動の発展過程とアラブナショナリズムへの共同展開」ⅱ、ⅲ頁。同前掲「アジア開放《〔ママ〕》運動の先駆者嶋野三郎」五〇四頁。同前掲「巻頭言／日本の民族主義とアラブの大義との連結」五頁。同前掲『昭和動乱期の回想』「序文」ⅱ、ⅲ頁、七四～七六頁。

70　中谷前掲『アラブと日本』二一〇～二一五、二四〇～二五〇、三八三～三九二頁。同前掲『昭和動乱期の回想』九三、一五八頁。

71　中谷前掲『アラブと日本』三六三～三六七頁。阪上義和『郷土歴史人物事典 和歌山』（第一法規出版、一九七九年一〇月）一六八頁。もっとも、ＰＬＯへのシンパシーから、後にイスラエルとの平和条約締結（一九七九年三月二六日）にふみ切ったサーダート（一九八一年一〇月六日 暗殺）に対して、中谷は複雑な感情を抱いていたという。

72　中谷武世『アルジェリア革命三十周年式典に参列及びアラブ諸国歴訪各国首脳と会談の印象——肌身で感じた中東情勢の新展開（報告書に代えて）』（日本アラブ協会、一九八四年一二月）二、三頁。

73 中谷前掲「アジア開放運動の先駆者嶋〔ママ〕野三郎」五〇七頁。森本州平の「日記」（一九二八年一〇月六日）によれば、中谷は同年の冬頃にアフガニスタン行を計画していたらしいが、これは実現していない。須崎慎一編「史料紹介 森本州平日記（抄）（一三）——一九二八（昭和三）年七～一二月」（『神戸大学教養部論集』第四八号、一九九一年一〇月）六二頁。

74 まして、一九七〇年代に入って中東・アラブ産油諸国による攻勢的石油戦略が開始され、「かつての植民地宗主国、英仏は『友好国』扱いされ、日本は石油供給カットの対象になる『非友好国』扱いにされているらしいことが次第に明らかにな」るに及んではなおさらであった。片倉邦雄「一九七三年のアラブ石油戦略に対する日本の対応」（『日本中東学会年報』第一号、一九八六年三月）一〇六頁。

75 前掲「日本アラブ協会会報／中谷会長にエジプト最高勲章授与」一九頁。中谷前掲『アラブと日本』二九九頁。

76 「昭和五十二年十月二十七日開議 第八十二回国会 参議院運輸委員会会議録第三号」（参議院事務局、一九七七年一一月一六日発行）一九頁。

77 阪上前掲『郷土歴史人物事典 和歌山』一六八頁。福田赳夫の長男で長らく父の秘書をつとめた第九一代内閣総理大臣の福田康夫（一九三六—）は、中谷について概ね次のようにコメントしている。「［戦前の大アジア主義は］日本を中心として、日本がアジア全体をまとめていこうと。時には占領もしよう、植民地にしようという魂胆じゃないですか。……戦後はそうじゃないです。そういう考え方をしている人は、おそらくいないでしょう。中谷さんにしても、そういう反省から逆にアジア全体に目を配りながら、みんなと仲良くやっていきたい。それは日本にいてそういうことをやっていこうと。昔は向こうにもどこにも自分たちが行っちゃおう。そういうことだよね。……彼［中谷］は、よく自宅などに来ていました。事務所にも杖をついてよく来ていた。中谷氏が、割合と信用してくれたのではないでしょうか。ですからいろいろな中東に関する情報は、［父は］中谷氏からずいぶん聞いていたということです。……中谷氏はアラブ協会を創設したとか、そういう功績もありますしね。当時、非常に少ないパイプ役であったことは言えるのではないでしょうか。当時、中東地域でほかにそういうお付き合いをする人がいない中で、彼は日本人として一生懸命その重要性を感じながら付き合っていたということは、中谷氏はそれなりの見識を持った人だと思います。……」。S・レヴェント「聞き書き福田康夫元総理『中東』関係回想録――認識と政策」（『立教法学』第一〇〇号、二〇一九年三月）六五、六六、七九、八二頁。

78　中谷前掲「巻頭言／日本の民族主義とアラブの大義との連結」五頁。

79　小池が日本アラブ協会の事務局長に就任したのは一九八九（昭和六四／平成元）年で、早速、協会創立三〇周年記念祝賀会（於ホテルニューオータニ、一九八九年一〇月三日）の準備・実施に取り組んでいる。なお創立三〇周年には、福田赳夫、中曽根康弘、安倍晋太郎といった中谷に近い面々に加えて、森喜朗（一九三七―）、二階俊博（一九三九―）、平沼赳夫（一九三九―）なども国会議員として公式に祝意を表している。小池百合子「私の原点」（季刊『アラブ』第五四号、一九八九年一〇月）三三頁。「祝 日本アラブ協会創立三十周年」（前同）三五頁。「日本アラブ協会会報」（季刊『アラブ』第五五号、一九九〇年四月）三一頁。小池前掲「協会の主張、私の決意」三三、三四頁。大下前掲『挑戦』一二五～一三五頁。

80　小池前掲「協会の主張、私の決意」三三、三四頁。中谷と小池の関係について確認しておこう。中谷は前述米寿と叙勲を祝う会の席上、司会を担当した小池のことを、「私の友人の小池勇次《〔ママ〕》郎君の令嬢でございまして、お父さんの小池君は今カイロに永住しておられる。父娘二代に亘るアラブとの交流でございます。……小池さんは振り袖を着てピラミッドに登った人で、その題名の著書もございます」と紹介している。じっさい、勇二郎は一九七〇（昭和四五）年頃日本アラブ協会の評議員をつとめており、百合子がカイロ留学に出立（一九七一年九月）する際には中谷はわざわざ空港に出向いて見送っている。帰朝後、同人はもっぱら通訳として日本アラブ協会の仕事に携わることになるが、中谷から折々聴かされたであろう「民族」論や「改憲」論、国際関係論にそれなりの影響を受けたことは、政界に転身した後々の言説――

例：「結論から申し上げれば、一たん現行の憲法を停止する、廃止する、その上で新しいものをつくっていく、私はその方が、逆に、今のしがらみとか既得権とか、今のものをどのようにどの部分をてにをはを変えるというような議論では、本来もう間に合わないのではないかというふうに思っております……私は、むしろアメリカの戦略とすれば、日本にこの憲法を変えさせないのが最大の戦略になってくるんじゃないか。つまり、いろいろな点でがんじがらめにしておいて、そしてそのたびに出おくれるような形にして、最後は小切手外交をさせようというのが、これは一番アメリカにとっていい方法で……」（於衆議院憲法調査会、二〇〇〇年一一月三〇日）、「私はいつもパレスチナの方には申し上げるんですが、若者がこうやって国のため、祖国をつくるために［自爆テロで］命を絶っているけれども、これはただ若い命を失うだけにしか今なっていないじゃないかということも訴えて、ガンジーではないですけれども、むしろ、やるんだったら非暴力で徹底してやった方が迫力がありますよ、その方が効果がありますよというようなことも申し上げさせていただいて……」（於衆議院安全保障委員会、二〇〇二年四月二日）——の端々に伺える。小池にとって畢竟中谷の存在は、自身の精神的準備期（政治外交理念・歴史観の確立）に大きなウェイトを占めた「老師」にして、日本アラブ協会をプラットフォームにさまざまな要人との接点をもたらしてくれた「恩人」ということになろう。小池勇次《〔ママ〕》郎「アラブ・マグレブ諸国を瞥見して——公害対策と石油貿易推進の見地から」（季刊『アラブ』第一五号、一九七〇年一〇月）三〇～三二頁。「日本アラブ協会々報」（前同）三五、三六頁。中谷前掲「巻頭言／日本の民族主義とアラブの大義との連結」二頁。小池前掲「私の原点」三三、三四頁。「平成十二年十一月三十日開議 第百五十回国会衆議院 憲法調査会議録第五号」（衆議院事務局、二〇〇〇年一二月七日 発行）一三、三一頁。「平成十四年四月二日開議 第百五十四回国会衆議院 安全保障委員会議録第四号」（衆議院事務局、二〇〇二年四月一五日 発行）二頁。藤田直央、笹川翔平「保守の立場、「ぶれぬ」小池氏 安保政策や憲法観」（『朝日新聞デジタル（https://www.asahi.com/articles/photo/AS20170930002469.html）』二〇一七年一〇月一日）。

81　「訃報欄」（『産経新聞』一九九〇年一〇月二五日二九面）。他に『毎日新聞』等も報じている。
82　寄せられた香典のほとんどは、中谷家を代表して三男英世と小池百合子が相談の上、故人の意思を活かすべく、「ＰＬＯの子供たちのために」として駐日パレスチナ総代表部（当時）に寄附された。
83　中谷武世「アラブ主要国は高い道義性を」（季刊『アラブ』第五六号、一九九一年三月）一五頁。
84　前掲「大亜細亜《アジア》協会創立趣意書」＝JACAR Ref.B04012373800 第四、五画像。中谷前掲『昭和動乱期の回想』三五三頁。

総論

一　中谷武世の人物的位置付け

以上で、中谷武世の全生涯にわたる思想と行動の概要を明らかにし了えた。

一九二〇年代、大正中期に生粋の硬派知識人としてキャリアをスタートさせて以来、中谷は、持てる学識と人脈を最大限に活かし、内政、外交、軍事と近代日本の直面した種々の課題に先見的・急進的にコミットし続けた。戦前彼が発信したおびただしい言説は、時に一定以上の影響力を発揮し、結果的に、帝国としての日本が国家の「自存自衛」と東亜の「解放」を掲げて対米英《アングロ・サクソン》開戦を選択するに至る露払いの機能を果たした。その学問的・思想的意欲と行動力は戦後も衰えを知らず、東アジア―中国に続く新たな対外活動の舞台として西アジア―中東・アラブ世界を見出し、彼の地の政治的要人たちとの間に単なる民間交流の域を超えた信頼関係を構築することに成功する。また国内では、保守政界、政府与党の思考回路を折にふれチェックするテスターの役割――「創立目標を見失って『憲法改正をしない』と言うんなら、もう自由民主党は解党したらいいんですよ」[1]――も担った。いわゆる〝右派〟という枠組に収めるにはあまりにもスケールの大きな中谷の行実[2]。その原動力は、幼年期に培われた素朴な敬神の念、青少年期に薫習された武侠的な正義感、国家の学歴エリートとしてのただならぬ使命感、おそらくそういったものだったのであろう。西郷隆盛（号南洲、一八二八―一八七七）をこよなく尊崇し「商才や、儲け話とは無縁」[3]の清貧に安んじて「国事に奔走することを誇りとし」[4]た彼の猶存社参入以来およそ七〇年にわたる政治的営為をいかに受け止めるか、是非は読者各々の見識に委ねたいが、少なくともこれだけは明言出来よう。

すなわち、中谷武世こそは、北一輝や大川周明と肩を並べる重要人物――活動した期間や国家中枢との近接度、歴史的事象への関与からみれば、猶存社同人のなかでは中谷が安岡正篤をおさえて最長・最高・最深である――として、近代日本政治思想史上に確固たる位置付けを与えられるに相応しい存在である、と。

二　中谷武世の思想と行動の特質

中谷武世は一九二〇年代初頭、北一輝、大川周明、鹿子木員信、満川亀太郎らの思想と言説をまとめて吸収し、そこから国家主義・日本主義にしてアジア主義というゆるぎない思想信条を打ち樹てた。「世界情勢を正確に把握し、世界に於ける祖国の立場と亜細亜《アジア》全民族の共同運命に対する認識が深まれば深まるだけ、国内諸機構の改革に対する情熱が益々切実となるのであ」り、「大亜細亜《アジア》主義運動と国内改造運動とは、方法論的にも唯一不可分なのであ」る[5]。…こうした両輪性が戦前戦後を通じて貫徹されたことは、みてきた通りである。

中谷は、一九四〇年代に入って「大東亜共栄圏」構想が国家のフォーマルな目標として一般化するその二〇年近くも前――アジア主義の言説や運動が当時まだ有効であった日英の同盟・協調関係を損ないかねないとして、官憲の取り締まり対象とされていた時代――から、欧米勢力を駆逐したアジアブロックの形成、強いアジアの実現こそが真の意味での日本の国益にかなうことだという確信に達していた。

太平洋戦争／大東亜戦争の敗北による「大東亜共栄圏」構想の挫折以降、アジア主義は、理想主義の仮面を被った地域帝国主義・覇権主義・膨張主義として、戦後の学界・言論界では概して否定の対象となった。だが、中谷はそうした逆風など意に介さず、「道義」と「国益」の両立（義利一如）を念頭に、アジアの超大国の位地から転落した日本が再び地域の一角に強力なプレゼンスを発揮するべを模索し続けた［6］。晩年中谷が心血を注いで取り組んだ西アジア―中東・アラブ世界との友好事業は、ナーセルやアラファトらの実践している「アラブの大義」すなわち「中東地域への支配を獲得或いは継続しようとする西欧帝国主義との闘争、或いはパレスチナ問題をさし挟んでのシオニズム及びこれを支援しつつあるアメリカ帝国主義に対する共同闘争の姿」［7］に共感しこれを官民挙げて支援する方向性に持っていこうという、戦前来の思想運動の延長であると同時に、

日本はね、石油資源がないというのであの大東亜戦争をはじめた。私は、日本を中心にしての東亜の解放を意図していたが、実際には石油がないので戦争をはじめてしまった。この問題を解決していくのに日本に必要とされている姿勢は、産油国と友好関係を結んでいくことだ。これを忘れては、日本はまた道を誤るだろうね。私［中谷］が日本アラブ協会を昭和三十三［一九五八］年に設立し、アラブの国々との友好関係を築きあげていこうとしているのもそのためなんだよ。［8］

と述べているように、過去の轍は踏むまいとする冷静な国家戦略的思考の所産でもあった。

かくもしたたかなナショナリスト・中谷。その論理と心理、あるいはたたずまいに最も影響を与えた宗匠はやはり北一輝とみてよい〔9〕。もとより大川周明などからの影響も軽視すべきではないが、中谷にとって同人は、国家主義・日本主義・アジア主義の実践運動に本格的に参入する「最初の機縁」をもたらした敬すべき「先輩」以上の存在ではなかったように思われる〔10〕。

北との出遇いは中谷において、若き日の未熟な「大亜細亜《アジア》復興の長計」に具体的な形相を与え、日本国家とみずからの進むべき道を「……天皇ヲ奉ジテ速カニ国家改造ノ根基ヲ完《まっと》ウセザルヘカラズ。……亜細亜《アジア》連盟ノ義旗ヲ飜シテ真個到来スベキ世界連邦ノ牛耳ヲ把リ、以テ四海同胞皆是仏子ノ天道ヲ宣布シテ東西ニ其ノ範ヲ垂ルヘシ」〔11〕と明確に指し示してくれたという意味で、決定的な出来事であった。

軍との関わり方や運動戦術等の相違から昭和初期に自然と派閥的疎隔を生じ、主宰する雑誌を通じて一度は遠慮会釈なく批判した北の天皇観・国体観についても、戦後数十年を経て中谷は改めて詳細に検討し、同人が二・二六事件に連座して逮捕され取り調べを受けた際の「天皇は人格であると同時に神格であります……」〔12〕との陳述を根拠に、「現実の天皇、人格としての天皇は『今上天皇』であり、本質の天皇は、神格として日本の国体そのものの体現であり、万世一系天照大神の延長である」とする「情緒的」な天皇観・国体観こそ北が「最終的に到達」したものだと、自分のそれ（本書90、91頁）に引き寄せて論じている〔13〕。そうすることで、おのれと北の思想的・同志的絆もまた不変であることを証ししようとしたのであろう。

三　今後の課題と展望

最後に、今後の中谷武世研究の課題と展望を示したい。

第一の課題は、共時性の観点からの考察である。

戦前においては、非マルクス主義的（民族的・土着的）な革命志向、欧米型民主主義・議会主義に対する反発、ファシズム・全体主義への一時的傾倒、国家の本来性・永遠性・神話性への回帰、観念的な民族共同体の意識、地域を打って一丸と為す大圏域構想、戦後においては、占領軍政とその終了以降も継続されたとみなす異国・異民族の精神支配に対する抵抗《レジスタンス》、等々。中谷の言動に順次現れたこれらの客観的特徴は、同時代のヨーロッパとりわけドイツ語圏の、ナチズムとは別家のイデオローグたちのそれ――メラー・ファン・デン・ブルック（Arthur Moeller van den Bruck, 1876-1925）の「第三（永遠）の国《ライヒ》」論、シュミット（Carl Schmitt, 1888-1985）の「質的な全体国家」論や「広域《グロース・ラウム》」概念、ユンガー（Ernst Jünger, 1895-1998）の「形而上学的共同体」言説、モーラー（Armin Mohler, 1920-2003）の「保守革命」論や「奴隷の鼻輪」論、等々――に種々の共通項を見出すことが出来る[14]。なかでもスイス生まれのモーラーは、戦前戦後を通じて幅広く活動し、時にドイツ保守政界の旗手といわれたシュトラウス（Franz Josef Strauß, 1915-1988）率いるＣＳＵ（キリスト教社会同盟）の思想ブレーン格となるなど[15]、中谷の位相と対応する部分も多い。表面上の類似を単純に結び付けるのではなく、双方の特質を精密に比較検討する。それによって、二〇世紀ナショナリズムにおける中谷の思想と行動の普遍的な側面と特殊な側面がより一層明瞭となり、整理された議論が可能となろう。

第二の課題は、現代日本政治と具体的に関連させた考察である。

政治家を志すその意識形成過程のなかで中谷の思想的感化を少なからず蒙ったと思われる小池百合子[16]。戦時議会以来中谷が水魚の交わりを結んだ岸信介の孫で、その岸と福田赳夫の系譜に連なる自由民主党清和会（一九七九年一月八日発足）—現清和政策研究会を出身派閥とする安倍晋三[17]。二一世紀最初の二〇年間、日本の「保守」政界において際立った存在感を発揮した両名が中谷と直接・間接につながりを有するという事実それ自体を過大視するつもりはないが、彼らとその周辺の人々のこれまで実践して来たもしくは実践しようとして来た事柄の意味性を、中谷という一つの透徹したナショナリストの視座を軸に分析評価することは、憲政史上歴代最長の政権（第一～四次安倍晋三内閣、在任通算三一八八日、二〇〇六年九月二六日～二〇〇七年九月二六日・二〇一二年一二月二六日～二〇二〇年九月一六日）を体験したわれわれが、今、改めて、「保守政治なるもの」の本質を検討する上で幾分なりと有益であろう。

注

1 中谷、細川前掲「対談 岸先生を偲んで」三四頁。

2 中谷も「右翼と呼ぶこと自身が私共の立場に対する一種の侮辱」と戦前から明言するなど〝右翼〟と通俗

的に規定されることを生涯を通じて忌避していた。中谷、下中他前掲「国民運動の今明日を語る座談会」五五頁。

3 小池前掲「協会の主張、私の決意」三四頁。

4 中谷武世「ロッキード事件を徹底的に究明せよ」(『民族と政治』第二四七号、一九七六年二月)五頁。中谷の世田谷の居宅の応接間には西郷の胸像があり、同じ部屋に置かれた松井石根の胸像ともども朝夕手を合わせていたという。

5 中谷武世「大亜細亜《アジア》主義と国内改造」(『国民思想』第二巻通第一四号、一九三三年九月)三二頁。同前掲『昭和動乱期の回想』四六一頁。

6 その意味で、柄谷行人の「戦後の〝空間〟は、いわば『アジア』を切りすてた領域……侵略であれ、解放であれ、『アジアに手を出すな』という禁止が、言説空間を支配している。実際には、戦前以上の経済的支配に至っているにもかかわらず、〝意識〟においてはそうなのだ」との見方は、中谷には該当しない。柄谷『終焉をめぐって』(再版、一九九五年六月)二一頁。

7 中谷前掲『民族主義の基本的研究』二五一頁。

8 保阪前掲『昭和史忘れえぬ証言者たち』七八、七九頁。

9 北をして純粋なナショナリストの範疇に入れることには異論もあろうが、少なくとも中谷は「北一輝さんの思想は、根本はやっぱり民族主義ですね。革命的民族主義ですね」とみなしていた。中谷前掲『昭和動乱期の回想』一二〇頁。G・M・ウィルソン『北一輝と日本の近代』(岡本幸治訳、勁草書房、一九七一年一二月)一八三～一八七頁を参照。

10 中谷前掲『昭和動乱期の回想』七三七頁。大川が晩年『クルアーン』を邦訳(『古蘭』岩崎書店、一九五〇年二月)するなどして西アジア—回教圏《イスラーム》の宗教と文化に造詣を深めたことは知られているが、中谷の該地域へのこだわりは、そうした方面よりも、もっぱら現実に彼の地で展開されている「アラブ・ナショナリズムの生成と成長と発展の過程」への政治的・思想的関心に占められていた。中谷武世「アジア・ナショナリズムについて」（同前掲『民族主義の基本的研究』）二五一頁。

11 北前掲『国家改造案原理大綱』＝前掲『北一輝著作集 第二巻』二二〇頁。中谷前掲『昭和動乱期の回想』一二七頁。文中の「世界連邦」と直接関連性はないが、中谷は戦後、下中弥三郎、尾崎行雄、賀川豊彦らの推進する「世界連邦運動」にも協力している。田中正明「世界連邦アジア会議」（前掲『下中弥三郎事典』）二二六頁。同「世界連邦運動」（前同）二二七、二三〇頁。

12 「北輝次郎の国体論に関する陳述の一部」（一九三六年、安井藤治所蔵）＝宮本盛太郎『北一輝研究』（有斐閣、一九七五年三月）二〇三頁。

13 中谷前掲『昭和動乱期の回想』一五〇、一五一頁。中谷とは逆に、宮本盛太郎は北の天皇観について、官憲等に何らかの「配慮を必要としない次元」で語った「人格」としての「天皇」像が主であり、畢竟北は「天皇を、『玉』＝自己の行動を正当化するために利用するシンボルと考えていた」云々と論じている。現在の北一輝研究では、こうしたとらえ方の方が一般的のようである。宮本前掲『北一輝研究』二〇三～二〇六頁。

14 ノイロール前掲『第三帝国の神話』二八、二九、七四頁。千坂恭二「アルミン・モーラーの保守革命論とナチズム――ドイツ・ファシズム論のイデオロギー状況」（『東大陸』第二号、一九九二年一〇月）四一、四二頁。A・モーラー「ドイツの現状と真の敵」（『東大陸』第四号、一九九五年七月）六九頁。G・L・モッセ『フェルキッシュ革命――ドイツ民族主義から反ユダヤ主義へ』（植村和秀他訳、柏書房、一九九八年一〇月）三五二、三五三頁。川合全弘「第一部解題 エルンスト・ユンガーにおける追悼論の変遷」（同編訳『ユンガー政治評論選』月曜社、二〇一六年五月）一九八、一九九頁。V・ヴァイス『ドイツの新右翼』（長谷川晴生訳、新泉社、二〇一九年一月）五三、五六～六四、九一、九二、二八一～二八三頁。長谷川晴生「解説 もう一つのドイツ――保守革命から新右翼へ」（ヴァイス前掲『ドイツの新右翼』）四三九

〜四四四頁。蔭山宏『カール・シュミット——ナチスと例外状況の政治学』（中央公論新社、二〇二〇年六月）一四一〜一四三、一四七〜一五二、一七八〜一八二頁。

15 ヴァイス前掲『ドイツの新右翼』六九〜七一頁。

16 第四章注80を参照。

17 福田赳夫『回顧九十年』（岩波書店、一九九五年三月）一四八、一四九、一六三、二四九頁。大下英治『清和会秘録』（イースト・プレス、二〇一五年一〇月）三二、五五、五六、九九、一〇〇頁。宇野重規『保守主義とは何か——反フランス革命から現代日本まで』（中央公論新社、二〇一六年六月）一八四頁。大下前掲『挑戦』二二七頁。椎橋勝信「安倍晋三と『清和会』」（『調査情報』第五四九号、二〇一九年七月）一六〜二〇頁。

巻末資料① 中谷武世 著書（編書、訳書、対談本、冊子含む）一覧

『新日本の青年に寄す』（R・M・プラタプ述、中谷編訳、大東文化協会出版部、一九二六年一月）。

『魂の奪還』（宮本熊吉、綾川武治他共著、中谷執筆箇所「民族闘争の史的展開」、宮本熊吉私家版、一九二八年一月）。

『人生の路標』（宮本熊吉、綾川武治他共著、前著「民族闘争の史的展開」を再録、宮本熊吉私家版、一九三〇年六月）。

『革命亜細亜《アジア》の展望』（R・B・ボース共著、扉の題名は『革命亜細亜《アジア》展望』、中谷執筆箇所「（前篇）東方民族運動の発展と其思想的根拠」、萬里閣書房、一九三〇年一二月）。

『東方問題研究会叢書之四／革命亜細亜《アジア》的展望』（前著『革命亜細亜《アジア》の展望』の中華民国版、牛山訳、新亜州書局、一九三一年）。

『調査資料特輯号／現下の国際政局と満蒙問題』（陸軍経理学校研究部、一九三一年一二月）。

『国民社会主義の考察 附、社会思想と軍隊』（国民思想研究所、一九三二年四月）。

『思想研究資料第八十五号／現下の世界政局と日本』（海軍省教育局、一九三二年六月）。

『大亜細亜《アジア》連合への道』（国民思想研究所、一九三三年一月、後に大亜細亜《アジア》協会に移版）。

『世界の今明日 第四巻／印度と其の国民運動』（平凡社、一九三三年七月）。

『大亜細亜《アジア》主義と日支関係／大亜細亜《アジア》主義与中日関係』（大亜細亜《アジア》協会、一九三三年八月）。

『天皇の御本質と天皇政治の本義』（国民思想研究所、一九三四年二月）。

『美濃部学説の思想的背景』（維新社、一九三五年四月）。

『天皇機関説の批判』（維新社、一九三五年六月）。

『北支問題と大亜細亜《アジア》主義』（大亜細亜《アジア》協会、一九三五年一一月）。

『ASIATIC ASIA — WHAT DOES IT MEAN?（亜細亜《アジア》人の亜細亜《アジア》とは何ぞや）』（大亜細亜《アジア》協会、一九三五年六月）。

『支那問題の再認識と国策維新』（維新社、一九三六年）。

『日支事変の史的意義と支那再建の思想的基調』（大亜細亜《アジア》協会、一九三七年一一月）。

『対支文化工作の諸問題——思想戦としての支那事変と対支文化工作の基調に就いて』（大亜細亜《アジア》協会、一九三八年五月）。

『再建支那と東亜連邦の構想』（大亜細亜《アジア》協会、一九三九年三月）。

『新支那の思想的性格と大亜細亜《アジア》主義の基調』（大亜細亜《アジア》協会、一九四〇年三月）。

『ナショナリズムの研究』（神川彦松他共著、中谷執筆箇所「民族主義の社会的過程について」、世界経済調査会、一九五六年一二月）。

『民族の鼓動を聴きつつ』（民族と政治社、一九五七年一〇月）。

『民族の鼓動を聴きつつ 続』（民族と政治社、一九五八年）。

『ダライ・ラマ会見記』（アジア外交懇談会、一九五九年一一月）。

『安保政変史の一齣《こま》』（アジア外交懇談会、一九六〇年一二月）。

『ナショナリズムの基本問題——研究対談』（大熊信行との対談冊子、民族と政治社、一九六八年四月）。

『沖縄返還途上の陥穽——沖縄問題と日本ナショナリズム』（泰流社、一九六九年）。

『戦時議会史』（民族と政治社、一九七五年一月）。

『アラブと日本——日本アラブ交流史』（原書房、一九八三年一一月）。

『民族主義の基本的研究』（原書房、一九八三年一一月）。

『中谷武世、細川隆一郎直言集 政治改革のすすめ』（細川隆一郎との対談本、山手書房、一九八三年一一月）。

『アルジェリア革命三十周年式典に参列及びアラブ諸国歴訪各国首脳と会談の印象——肌身で感じた中東情勢の新展開（報告書に代えて）』（日本アラブ協会、一九八四年一二月）。

『昭和動乱期の回想 中谷武世回顧録――昭和維新の源流「猶存社」北一輝・大川周明とその同志達』(上下分冊、泰流社、一九八九年三月)。

巻末資料② 中谷武世 戦前主要関係誌掲載論文・記事等一覧

月刊『日本』(行地社発行)

「家屋下の坑道」(第二号、一九二五年五月)。

「蘇峰の国民小訓」(前同号)。

「現下の世相に対する史的観察」(前同号)。

「映画演劇に現はれたる民心の帰嚮《ききょう》」(第三号、一九二五年六月)。

「軍旗の奉還」(西田税共執、前同号)。

「国民主義者としてのフイヒテ及びシルレル(一~三)」(第三・四・五号、一九二五年六・七・八月)。

「仏領印度支那売却論」(第六号、一九二五年九月)。

「回教民族の興起」(前同号)。

「帝国主義的衝動」(第七号、一九二五年一〇月)。

「軍教問題」(第九号、一九二五年一二月)。

「新興波斯《ペルシャ》」(前同号)。

「ガンデイの政治哲学(上・下)」(第一〇・一一号、一九二六年一・二月)。

「モスール問題と国際連盟」(第一〇号、一九二六年一月)。

月刊『大東文化』（大東文化協会発行）

「翻訳 社会的平等に関する近代の諸観念及歴史の心理的基礎――ギュスターヴ・ル・ボン著『諸国民の心理』序文」（第三巻第一号、一九二六年一月）。

「東方近時／シリア問題と仏国／土耳古《トルコ》に於ける露西亜《ロシア》の商業的の活動」（第三巻第三号、一九二六年三月）。

「民族性と政治組織」（第三巻第七号、一九二六年七月）。

月刊『国本』（国本社発行）

「民族思想史の一齣《こま》」（第六巻第八号、一九二六年八月）。

「新土耳古《トルコ》の興国原理」（第八巻第七号、一九二八年七月）。

「新国命説の提唱」（第九巻第三号、一九二九年三月）。

「政治と民族性」（第一〇巻第五号、一九三〇年五月）。

「ヒンデンブルグ・独逸《ドイツ》更正の偉人」（第一〇巻第六号、一九三〇年六月）。

「欧州連盟に対する考察」（第一〇巻第八号、一九三〇年八月）。

「人性論より観たる東西政治思想」（第一〇巻第九号、一九三〇年九月）。

「アメリカ外交政策の考察（一～三）」（第一〇巻第一一・一二・一三号、一九三〇年一一月・一二月・一九三一年一月）。

「国際現実の直視」（第一一巻第二号、一九三一年二月）。

「弗《ドル》帝国主義に就いて」（第一一巻第三号、一九三一年三月）。

「ファスシスチ国家の国民教育」（第一一巻第四・五号、一九三一年四・五月）。

「モズレーの新党運動と其反響」（第一一巻第六号、一九三一年六月）。

「現下日本に横流する三思潮」（第一一巻第七号、一九三一年七月）。

「翻訳H・ヘルラー社会思想と民族思想（一・二）」（第一一巻第八・九号、一九三一年八・九月）。

「国家思想の二潮流」（第一一巻第一〇号、一九三一年一〇月）。

「社会運動家の転向」（第一一巻第一二号、一九三一年一二月）。

「印度民族運動の史的考察」（第一二巻第二号、一九三二年二月）。

「ファシズムの本質とその国家観念」（第一二巻第四号、一九三二年四月）。

「躍進日本の急鼓動」（第一二巻第七号、一九三二年七月）。

「ファッシズムより皇道主義へ」（第一二巻第一二号、一九三二年一二月）。

半月刊『外交時報』（外交時報社発行）

「民族、民族意識及び民族主義（一～八）」（第五二五・五二六・五二七・五二九・五三一・五三五・五三七・五四一号、一九二六年一〇月一五日・一一月一日・一一月一五日・一二月一五日・一九二七年二月一日・三月一五日・四月一五日・六月一五日）。

「帝国主義と民族主義（上・中・下）」（第五四八・五四九・五五三号、一九二七年一〇月一日・一〇月一五日・一二月一五日）。

「国際主義の社会的過程」（第五六六号、一九二八年七月一日）。

「国民的帝国主義の考察」（第五七九号、一九二九年一月一五日）。

「国家意識と民族意識」（第五八九号、一九二九年六月一五日）。

「少数民族国際的保護の史的考察（上・下）」（第六〇八・六〇九号、一九三〇年四月一日・四月一五日）。

「亜細亜《アジア》連合は果して不可能なりや」（第六三一号、一九三一年四月一日）。

「英印円卓会議とガンデイの出処」（第六四四号、一九三一年一〇月一日）。

「本多熊太郎氏新著『国際連盟軍縮本会議と日本』を読む」（第六四七号、一九三一年一一月一五日）。

「国民社会主義の考察」（第六五七号、一九三二年四月一五日）。

「大亜細亜《アジア》主義と日支関係」（第六八二号、一九三三年五月一日）。

月刊『国民思想』（国民思想研究所発行）

「林癸未夫《きみお》博士の国家社会主義理論を批判す」（創刊号、一九三二年六月）。

「ファッシズム批判」（第一巻第二号、一九三二年七月）。

「政治時評」（前同号）。

「満州新国家の原理と体制」（第一巻第三号、一九三二年八月）。

「巻頭言／九月十八日！」（第一巻第四号、一九三二年九月）。

「皇国日本の世界経綸序説——単一雄邦の建設か民族連邦の結成か」（第一巻第五号、一九三二年一〇月）。

「巻頭言／汎亜細亜《アジア》への途」（第一巻第六号、一九三二年一一月）。

「時事批判」（前同号）。

「巻頭言／自由主義の小春日和」（第一巻第七号、一九三二年一二月）。

「時事批判」（前同号）。

「楠木正成座談会」（第二巻通第八号、一九三三年一月）。

「巻頭言／そ根芽つなぎて撃ちてしやまむ」（第二巻通第九号、一九三三年二月）。

「巻頭言／四十二対一」（第二巻通第一〇号、一九三三年三月）。

「巻頭言／連盟脱退後の国策」（第二巻通第一一号、一九三三年四月）。

「巻頭言／満州事変及び五月一五日事件の史的意義」（第二巻通第一二号、一九三三年五月）。

「天皇の御本質と天皇政治の本義（上・中・下）」（第二巻通第一一・一二・一三号、一九三三年四・五・七月）。

「時評」（第二巻通第一四号、一九三三年九月）。

「大亜細亜《アジア》主義と国内改造」（前同号）。

「生命体としての国家とその革命及び膨張の原理」（第二巻通第一六号、一九三三年一一月）。

「巻頭言／最大の国防と最大の国策」（第二巻通第一七号、一九三三年一二月）。

「巻頭言／皇太子殿下の御降誕をことほぎまつりて」（第三巻通第一八号、一九三四年一月）。

「巻頭言／尊氏論」（第三巻通第一九号、一九三四年二月）。

「緩急漫語」（前同号）。

「思想春秋」（第三巻通第二〇号、一九三四年四月）。

「巻頭言／草沢に於ける復古運動」（第三巻通第二一号、一九三四年五月）。

「思想春秋」（前同号）。

「巻頭言／国際危機と素朴日本」（第三巻通第二二号、一九三四年六月）。

「思想春秋」（前同号）。

「巻頭言／倫敦《ロンドン》条約問題の新展開」（第三巻通第二三号、一九三四年七月）。

「思想春秋」（前同号）。

「巻頭言／在満機構改革問題」（第三巻通第二四号、一九三四年九月）。

月刊『維新』（維新社発行）

「代議的民主政治と民族的全体政治――議会政治と天皇政治に関する一考察」（創刊号、一九三四年一一月）。

「国民運動の今明日を語る座談会」（前同号）。

「日本国家学の出発」（第一巻第二号、一九三四年一二月）。

「『軍縮問題』座談会」（前同号）。

「大学を何《ど》うする（座談会）」（前同号）。

「政治の今明日を語る（座談会）」（第二巻第一号、一九三五年一月）。
「時評」（第二巻第三号、一九三五年三月）。
『放送局批判』座談会」（前同号）。
「美濃部学説検討座談会」（第二巻第四号、一九三五年四月）。
「美濃部学説の思想的背景」（前同号）。
「座談会 日満経済総批判」（第二巻第五号、一九三五年五月）。
『内閣審議会批判』座談会」（第二巻第六号、一九三五年六月）。
「新興勢力の政治的進出（座談会）」（第二巻第七号、一九三五年七月）。
「北支問題再検討座談会」（第二巻第八号、一九三五年八月）。
「渥美勝大人の追憶／渥美さんと維新運動」（第二巻第一一号、一九三五年一一月）。
「故小栗慶太郎氏を憶ふ／思想人としての小栗君」（前同号）。
「支那問題の再認識と国策維新」（第三巻第一号、一九三六年一月）。
「北支自治を語る（座談会）」（前同号）。
「維新運動の反省」（第三巻第四号、一九三六年四月）。
「満川亀太郎氏の面影／満川さんの憶ひ出」（第三巻第六号、一九三六年六月）。

月刊『大亜細亜《アジア》主義』（大亜細亜《アジア》協会発行）
「創刊語／世界に志し、亜細亜《アジア》に行ふ」（名義は大亜細亜《アジア》協会同人だが文体・内容より中谷と推測 以降の場合も同じ、創刊号、一九三三年五月）。
「『亜細亜《アジア》人の亜細亜《アジア》』とは何ぞや――その政治的経済的及び文化的意義に就いて」（前同号）。
「巻頭言／満州国独立の意義を徹底せよ」（第二号、一九三三年六月）。

「巻頭言／日印通商問題と大亜細亜《アジア》主義」（第三号、一九三三年七月）。

「巻頭言／何時まで静観主義ぞ」（第四号、一九三三年八月）。

「世界政局の動向と回教諸民族」（前同号）。

「巻頭言／南方国策の重要性」（第五号、一九三三年九月）。

「回教民族運動の考察」（前同号）。

「巻頭言／船を遣るべき大潮——新外相に期待す」（第六号、一九三三年一〇月）。

「汎回教主義の新意義」（前同号）。

「巻頭言／新疆に注目せよ」（第七号、一九三三年一一月）。

「歳晩雑記」（第八号、一九三三年一二月）。

「巻頭言／創立第二年を迎へて」（大亜細亜《アジア》協会同人名義、第九号、一九三四年一月）。

「大亜細亜《アジア》主義の本質」（前同号）。

「巻頭言／南方国策の重要性再論」（第一〇号、一九三四年二月）。

「巻頭言／頌 満州新帝国」（大亜細亜《アジア》協会同人名義、第一一号、一九三四年三月）。

「巻頭言／創立一ケ年の業績」（大亜細亜《アジア》協会同人名義、第一二号、一九三四年四月）。

「大亜細亜《アジア》主義と南方国策」（前同号）。

「巻頭言／東亜自主への不退転の歩武」（第一三号、一九三四年五月）。

「巻頭言／英米の共同方略」（第一四号、一九三四年六月）。

「巻頭言／日蘭会商」（第一五号、一九三四年七月）。

「巻頭言／東洋の安定力と既存軍縮条約」（目次のタイトルは「東亜の安定力と既存軍縮条約」、第一六号、一九三四年八月）。

「巻頭言／日英同盟説と軍縮問題」（第一七号、一九三四年九月）。

「巻頭言／国際連盟と支那」（第一八号、一九三四年一〇月）。

「巻頭言／海軍問題と門戸開放・機会均等の原則」（第一九号、一九三四年一一月）。

「巻頭言／煙幕の効果」（第二〇号、一九三四年一二月）。

「巻頭言／危機の発展と経綸への勇躍」（大亜細亜《アジア》協会同人名義、第二一号、一九三五年一月）。

「巻頭言／対支実質工作急施の要」（第二二号、一九三五年二月）。

「座談会 亜細亜《アジア》民族運動」（第二三号、一九三五年三月）。

「満州国 皇帝陛下ヲ迎ヘ奉ル」（大亜細亜《アジア》協会同人名義、第二四号、一九三五年四月）。

「巻頭言／三国の侵略的攻勢」（第二五号、一九三五年五月）。

「巻頭言／天津の犠牲事件」（第二六号、一九三五年六月）。

「巻頭言／北支問題と日支関係の根本的調整」（第二七号、一九三五年七月）。

「巻頭言／絶大の関心を有す」（第二八号、一九三五年八月）。

「巻頭言／松井大将の勇退と大亜細亜《アジア》協会の運動」（大亜細亜《アジア》協会同人名義、第二九号、一九三五年九月）。

「北支思想工作の重要性を論ず」（前同号）。

「巻頭言／北支明朗化如何」（第三〇号、一九三五年一〇月）。

「巻頭言／北支の自治と防衛」（第三一号、一九三五年一一月）。

「巻頭言／北支自治と学生運動」（第三三号、一九三六年一月）。

「日支合作と国策維新」（前同号）。

「巻頭言／英蘇と東亜」（第三四号、一九三六年二月）。

「巻頭言／大亜細亜《アジア》協会創立三年の志業」（大亜細亜《アジア》協会同人名義、第三五号、一九三六年三月）。

「巻頭言／山西赤化の脅威と北支」（第三六号、一九三六年四月）。

「巻頭言／東方への道」（第三七号、一九三六年五月）。

「巻頭言／同人満川亀太郎氏を弔す」（第三八号、一九三六年六月）。
「巻頭言／北支と国民的圧力」（第三九号、一九三六年七月）。
「巻頭言／大陸政策と日英関係」（第四〇号、一九三六年八月）。
「巻頭言／成都事件の教訓」（第四一号、一九三六年九月）。
「巻頭言／日支関係の断面」（第四二号、一九三六年一〇月）。
「座談会 支那の人民戦線と蔣政権」（前同号）。
「巻頭言／思想戦線と支那」（第四三号、一九三六年一一月）。
「巻頭言／西安事変と支那の近代政治」（第四五号、一九三七年一月）。
「座談会 西安事件と日支関係」（前同号）。
「巻頭言／汪兆銘の演説と防共の問題」（第四六号、一九三七年二月）。
「巻頭言／三中全会後の日支関係」（第四七号、一九三七年三月）。
「巻頭言／支那に於ける英蘇の攻勢」（第四八号、一九三七年四月）。
「巻頭言／華北視察団を迎へて」（第四九号、一九三七年五月）。
「巻頭言／卑屈なる日英親善論を排す」（第五〇号、一九三七年六月）。
「巻頭言／赤軍清掃事件と東亜」（第五一号、一九三七年七月）。
「巻頭言／全面的且つ根本的解決」（第五二号、一九三七年八月）。
「巻頭言／亜細亜《アジア》民族解放戦としての支那事変」（第五四号、一九三七年一〇月）。
「巻頭言／英国に対する態度の決定」（第五五号、一九三七年一一月）。
「巻頭言／独逸《ドイツ》の調停と雖も謝辞すべし」（第五六号、一九三七年一二月）。
「座談会 支那事変と亜細亜《アジア》解放戦」（前同号）。
「巻頭言／新しき世界歴史の頁」（第五七号、一九三八年一月）。

「巻頭言／日支事変と回教民族の動向」（第五八号、一九三八年二月）。

「巻頭言／英国外交の転換却つて警《いまし》むべし」（第六〇号、一九三八年四月）。

「巻頭言／文化工作の新意義」（第六一号、一九三八年五月）。

「巻頭言／日本と回教亜細亜《アジア》」（第六二号、一九三八年六月）。

「巻頭言／第三国の効用」（第六三号、一九三八年七月）。

「巻頭言／歪曲せられむとする事変の歴史的意義」（目次のタイトルは「事変の歴史的意義の再認」、第六四号、一九三八年八月）。

「巻頭言／日英会談を中止せよ」（第六五号、一九三八年九月）。

「巻頭言／チェツコ・欧羅巴《ヨーロッパ》・亜細亜《アジア》」（第六六号、一九三八年一〇月）。

「巻頭言／事変の前後と新東亜体制」（第六七号、一九三八年一一月）。

「巻頭言／思想工作の問題」（第六八号、一九三八年一二月）。

「再建支那と東亜連邦の構想」（前同号）。

「巻頭言／東亜新秩序と第三国」（第六九号、一九三九年一月）。

「巻頭言／英米仏の対日通牒」（第七〇号、一九三九年二月）。

「巻頭言／租界問題」（第七一号、一九三九年三月）。

「巻頭言／英帝国を支ふるもの」（第七二号、一九三九年四月）。

「巻頭言／支那人の反英思想」（第七三号、一九三九年五月）。

「日支の思想合作と孫文主義」（前同号）。

「巻頭言／鼓浪嶼《コロンス》問題の示唆」（第七四号、一九三九年六月）。

「巻頭言／事変二周年と日英必戦の態勢」（第七五号、一九三九年七月）。

「巻頭言／東京会談とミユンヘン会談」（第七六号、一九三九年八月）。

「巻頭言／独ソ不可侵条約と所謂《いわゆる》自主外交」（第七七号、一九三九年九月）。

「新中央政権と大亜細亜《アジア》主義」（前同号）。

「巻頭言／対米外交の基調」（第七八号、一九三九年一〇月）。

「巻頭言／新政権に対する要望と自制」（第七九号、一九三九年一一月）。

「大亜細亜《アジア》主義の基本認識」（前同号）。

「巻頭言／史上の或る時代の政治」（第八〇号、一九三九年一二月）。

「大亜細亜《アジア》主義の基本認識（承前）」（前同号）。

「巻頭言／浅間丸事件と我が外交的性格の更改」（第八二号、一九四〇年二月）。

「巻頭言／新中央政権の成立」（第八三号、一九四〇年三月）。

「巻頭言／問題はこれからである」（第八四号、一九四〇年四月）。

「巻頭言／新国民政府と大亜細亜《アジア》主義の実践」（第八五号、一九四〇年五月）。

「巻頭言／眼前に見る世界史の転換」（第八六号、一九四〇年六月）。

「巻頭言／興るものと滅ぶるものの詩と哲学」（第八七号、一九四〇年七月）。

「巻頭言／新体制に興亜的性格を賦与せよ」（第八八号、一九四〇年八月）。

「巻頭言／日本新体制と亜細亜《アジア》体制」（第八九号、一九四〇年九月）。

「巻頭言／仏印進駐の史的意義」（第九〇号、一九四〇年一〇月）。

「巻頭言／日米対立の文明史的意義」（第九一号、一九四〇年一一月）。

「巻頭言／漢民族の希望と情熱を南方亜細亜《アジア》に開放せよ」（第九二号、一九四〇年一二月）。

「巻頭言／民族運動推進機構の確立」（第九三号、一九四一年一月）。

「巻頭言／民族運動の基底力」（第九四号、一九四一年二月）。

「巻頭言／極東危機説と我が南方政策」（第九五号、一九四一年三月）。

「巻頭言／英帝国の運命と印度」（第九六号、一九四一年四月）。

「巻頭言／バルカン作戦の完了と日蘇条約の成立」（第九七号、一九四一年五月）。

「巻頭言／興亜国民運動の性格について」（第九八号、一九四一年六月）。

「巻頭言／独蘇の開戦と東亜」（第九九号、一九四一年七月）。

「巻頭言／皇軍の仏印増派と南方亜細亜《アジア》」（第一〇〇号、一九四一年八月）。

「巻頭言／亜細亜《アジア》再侵略の脅威」（第一〇一号、一九四一年九月）。

「巻頭言／三国同盟の再確認」（第一〇二号、一九四一年一〇月）。

「巻頭言／東亜の民心を倚頼《いらい》せしめよ」（第一〇三号、一九四一年一一月）。

「巻頭言／日本的道義観とアングロサクソン的世界観」（第一〇四号、一九四一年一二月）。

「巻頭言／今ぞ起て亜細亜《アジア》民族！」（第一〇五号、一九四二年一月）。

「亜細亜《アジア》の解放と世界維新――解放戦並に建設戦としての大東亜戦争」（前同号）。

「巻頭言／重慶の反省」（第一〇六号、一九四二年二月）。

「巻頭言／印度問題の帰趨」（第一〇七号、一九四二年三月）。

「巻頭言／印度を救ふもの」（第一〇八号、最終号、一九四二年四月）。

あとがき

本書は、中谷武世に関する幾つかの小稿や学会・研究会での発表原稿をまとめ全面的な増補を加えたもので、実質的には書き下ろしである。

筆者がこの人物に着目し研究書をものそうと思い立ったのは、二〇〇七（平成一九）年頃、当時研究していた綾川武治との関連で中谷の回顧録『昭和動乱期の回想』を繙いたことがきっかけである。以来、「猶存社」、「行地社」、「新聞『日本』」、「清軍派」、「大亜細亜《アジア》協会」、等々、主要トピックごとに文献の蒐集・整理・分析を始めたものの、あとからあとから無尽蔵に出て来る未見史料・資料に閉口して幾度も筆を折りかけ、気が付けば初発心より実に一〇年以上の月日が経過してしまった。それでもどうにか中谷没後三〇年という節目の年に脱稿にこぎつけることが出来、安堵している。部分的にみて論じ足りない箇所（特に戦後）はあるが、みずからの学問と思想だけを武器に動乱の二〇世紀と対峙し続けた一人の真性ナショナリストの生涯の大枠を、肯定も否定もせず可能な限り客観的な筆致でえがき出す――それを以て近代日本政治思想史の深層に光を照射する――という目的の一半は達せられたと思う。

読者諸賢には、機会があれば、本書の姉妹篇というべき拙著『近代日本の国家主義エリート――綾川武治の思想と行動』（論創社、二〇一四年一一月）も御一読いただければさいわいである。

本書の刊行に当たり、まずは、中谷武世の次男昭世氏（元産業経済新聞社広告局長、サンケイリビング新聞社社長等）と三男英世氏（元ＮＨＫニューメディア推進本部事務局長、株式会社東京ハイビジョン社長等）に、心からの感謝を申し述べたい。お二方からご教示いただいた数々の得がたい情報なくしては、本書の完成など夢のまた夢であった。英世氏におかれては、長年厳重に管理しておられたご父君の写真や音声ＣＤ、手紙等を余すところなく提供していただくなど、史料面でも絶大なご協力をたまわった。

昭世氏と英世氏はともに早稲田大学第一法学部で学ばれ、片や新聞界において、片や放送界において、父親から受け継いだ行動力と才覚を遺憾なく発揮し日本のメディア産業の育成と発展に尽力された立志伝中の人物である。両氏のご健勝をひとえに祈念申し上げるとともに、中谷家の今後益々の弥栄《いやさか》を願ってやまない。

ただ一点残念なのは、長兄の紀世氏が既に鬼籍に入られており、お話を伺えなかったことである。

研究・執筆に際しては、中谷家はもとより、実にあまたのご厚意にあずかった。公益財団法人無窮会におかれては、貴重な収蔵資料である新聞『日本』の閲覧と写真掲載を快く許可していただいた。無窮会の頭山興助理事は、その姓から察せられる通り、本邦におけるアジア主義実践運動の先駆的「巨人」として中谷武世も一方ならぬ敬意を払っていたかの頭山満翁の孫に当たられる。

久留米大学比較文化研究所のアハマドM・F・Mラハミー教授におかれては、突然の不躾な依頼にもかかわらず資料中に登場したアラビア語の読解に関し懇切に教示していただいた。教授のご出身が、晩年の中谷武世と特にゆかりの深いエジプトというのも、不可思議なめぐり合わせである。

京都大学人文科学研究所の福家崇洋准教授におかれては、猶存社の機関誌『雄叫び（雄叫）』のレファレンスに当たり格別の便宜を図っていただいた。近現代日本の社会運動・社会思想に関する福家准教授の論著には、常に多くの示唆を与えられている。

他にも大学院博士後期課程の指導教授であった九州大学の松本常彦先生をはじめ、心ある先学・知友たちから折にふれ有益な助言や温かいご支援をいただいた。

方々には、ここに謹んで、深甚の謝意を表する次第である。

みなさま、本当にありがとうございました。

出版に際しては、前著『国文学とナショナリズム――沼波瓊音、三井甲之、久松潜一、政治的文学者たちの学問と思想』（二〇一八年四月）に続き、三元社のお世話になった。本書がまがりなりにも学術書として読者の通読に堪うるものたり得ているとするならば、それはひとえに、石田俊二社長の厳しい査読と上山純二氏の適切な校閲のおかげである。同社が所在する文京区本郷は、説明するまでもなく、若き日の中谷武世が溢れんばかりの矜持と「乃公出でずんば」の気概を胸に学殖の翼を養った地である。これもまた何かの縁であろう。

二〇二〇（令和二）年一〇月二四日
木下宏一

［追記］　本書校了後（二〇二〇年一二月）、中谷英世氏より、次兄昭世氏が満九一歳で逝去されたとのご連絡を頂戴した。謹んでみたまの平安をお祈り申し上げるとともに、生前のご高配に対し改めて満腔の謝念を捧げさせていただきたい。今頃はもう、幽明境を越えた常世でご父君と再会され、汲めども尽きぬ懐旧談に花を咲かせておられることだろうか。

著者紹介
木下宏一（きのした・こういち）

1974（昭和49）年3月、埼玉県上尾市生まれ。
九州大学大学院地球社会統合科学府博士後期課程修了等。
博士（学術）。博士（文学）。

現在、九州大学大学院比較社会文化研究院特別研究者、国立北九州工業高等専門学校・西日本短期大学非常勤講師等。
専攻：近代日本政治思想史・文学史、ナショナリズム論。
主要研究業績：『近代日本の国家主義エリート――綾川武治の思想と行動』（論創社、2014年11月）。『国文学とナショナリズム――沼波瓊音、三井甲之、久松潜一、政治的文学者たちの学問と思想』（三元社、2018年4月）。

二〇世紀ナショナリズムの一動態 中谷武世と大正・昭和期日本

発行日 二〇二一年一月二五日 初版第一刷発行

著 者 木下宏一

発行所 株式会社 三元社

〒一一三-〇〇三三 東京都文京区本郷一-二八-三六鳳明ビル

電話／〇三-五八〇三-四一五五 FAX／〇三-五八〇三-四一五六

郵便振替／00180-2-119840

印刷 モリモト印刷 株式会社

製本 鶴亀製本株式会社

コード ISBN 978-4-88303-520-5